렌터카로
미국 캐나다

자동차여행 바이블 01
렌터카로 미국 캐나다

초판 1쇄   2022년 4월 15일

지은이   이화득, 이미경
편집인   옥기종
발행인   송현옥

펴낸곳   도서출판 더블:엔
등 록   2011년 3월 16일 제2011-000014호
주 소   서울시 강서구 마곡서1로 132, 301-901
전 화   070_4306_9802
팩 스   0505_137_7474
이메일   double_en@naver.com

ISBN 979-11-91382-12-9 (03980)

※ 이 책은 저작권법에 따라 보호받는 저작물이므로 무단전재와 무단복제를 금지하며, 이 책 내용의 전부 또는 일부를 이용하려면 반드시 저작권자와 더블:엔의 서면동의를 받아야 합니다.
※ 잘못된 책은 바꾸어 드립니다.
※ 책값은 뒤표지에 있습니다.

자동차여행 바이블 | 01

렌터카로
미국 캐나다

이화득 · 이미경 지음

더블:엔

책 머리에

2020년 초, 코로나19 바이러스가 전 세계로 퍼져나가면서 여행은커녕 집 밖 출입도 자유롭지 못했다. 신속하게 백신이 개발되고 보급되면서 다시 여행할 수 있는 환경이 되었지만 책의 최종 교정을 마치는 지금 이 시간까지도 매일 저녁 뉴스의 첫 소식은 바이러스 이야기다. 어쩌면 우리는 앞으로도 영원히 코로나19 바이러스와 함께 살아가야 할지도 모르겠다.
코로나 이후의 여행에서 가장 두드러진 변화는 '안전한 여행'이 되었다. 단체여행에서 개별여행으로, 대중교통에서 렌터카로 옮겨가는 것이 세계 여행의 추세였지만 이번 코로나 사태를 계기로 그 변화의 속도가 훨씬 빨라진 느낌이다.

1991년부터 여행책을 쓰기 시작했고 그동안 쓴 여행 책도 많지만 그 중에 특히 기억에 남는 책이 2002년에 출간한 《렌터카 유럽여행》이다. 별 생각 없이 혼자서 잠깐 다녀왔던 유럽 자동차여행에서 정말로 강한 영감을 얻었고, 이 좋은 걸 나만 알고 있을 수는 없다는 '사명감'에 연거푸 몇 차례 유럽을 더 다녀와서 그 경험을 소상히 밝힌 책이었다.
그 책의 서문에 "이 책을 읽고 단 몇 십 명만 유럽 자동차여행을 다녀온다고 해도 좋겠다"고 썼었다. 그때까지도 유럽에서 차를 빌려 여행한다고 하면 달나라에 가서 렌터카 타고 다닌다는 소리처럼 황당하게 여겨지는 시절이었기 때문이다. 그게 벌써 20년 전 이야기이고, 지금은 유럽 자동차여행을 떠나는 사람들이 정말 많다. 내가 아니더라도 누군가는 그런 책을 썼을 테지만, 그 시작을 내가 했다는 건 지금 생각해도 뿌듯한 기억이다.

이전부터도 미국과 캐나다의 여행수단은 자동차가 중심이었다. 그러나 미국 캐나다 여행정보 책은 많아도 자동차여행 책은 따로 없다는 걸 뒤늦게 알았다. 그리고 무척 많은 사람이 그냥 떠나서 눈치껏 다니다가 눈총도 받고 벌금도 물면서 아슬아슬한 여행을 감행하고 있다는 것을 알게 되었다.

갑자기 또 '사명감' 같은 것을 느끼고 2017년에 서둘러 미국, 캐나다 답사를 떠났다. 여행지 취재보다는 교통과 운전 취재가 목적이었다. 취재하면서 보니 미국과 캐나다야말로 운전이 쉽지 않은 나라였고 책이 꼭 필요한 나라였다. 한국 사람들의 운전상식과 판이하게 다른 교통규칙도 많고, 엄청난 벌금을 미국에 기부하고 오는 사람들도 적지 않았다. 운전과 교통정보에 치중하느라 2018년에 출간된 책《이화득 이미경의 미국 캐나다 자동차 여행》에는 여행지 정보가 다소 부족한 섬이 있었다. 그것을 보완하기 위해 2019년 여름부터 가을까지 미 서부와 캐나다 여행지를 다시 한 번 돌았는데, 그게 팬데믹이 터지기 직전이었으니 얼마나 다행인지 모르겠다. 팬데믹 이후 최근까지의 여행지 정보도 2021년 말에 다녀온 답사팀을 통해 충실히 보완했다.

30년 넘게 자동차를 몰고 유럽과 미국, 캐나다를 여행해온 '여행 전문가'라면 알려줄 수 있고 알려주어야 할 노하우를 이 책에 고스란히 담으려고 노력했다. 첫 책을 낼 때보다 더 많은 시간을 들여서 원고 작업을 하고 보니, 그냥 이대로만 따라가시라고, 그러면 안전하고 알차게 미국, 캐나다를 돌아보실 수 있다고 자신 있게 권할 수 있는 책이 된 것 같다.

2022년 정초에 마포나루에서 이화득 이미경

안전한 여행
렌터카 여행

왜 렌터카인가?

- 16 자동차에 최적화된 미국과 캐나다
- 17 친지들도 바쁘다
- 18 가장 경제적인 여행
- 18 가장 안전한 여행

누구나 하는 걱정

- 20 운전은 어렵지 않을까?
- 22 영어회화가 약한데
- 23 사고라도 나면?
- 24 결국은 자신감
- 25 인종차별

여행계획 세우기

기본계획
28 지역별 여행시기
31 동반자

여행정보 얻기
32 객관성이 중요
32 가장 믿을 수 있는 정보는 책
33 구글지도의 여행정보
33 인터넷 여행정보

여행경비 계산
35 항공료
35 자동차 렌트비
36 숙식비
36 총 여행경비

여행코스
38 여행코스 짜기
39 구글지도상 소요시간은 비현실적

추천 여행코스
42 로스엔젤레스와 라스베이거스
46 로스엔젤레스와 샌디에이고
50 샌프란시스코와 요세미티 국립공원
54 샌프란시스코와 로스엔젤레스
58 샌프란시스코 ~ 요세미티 ~ 데스밸리 ~ 라스베이거스
62 시애틀/밴쿠버와 샌프란시스코 또는 LA
66 뉴욕 일주일
70 토론토, 나이아가라, 뉴욕
74 그랜드서클 투어
78 밴쿠버, 재스퍼/밴프 국립공원, 캘거리

미국 / 캐나다 여행지 베스트

뉴욕

- 86 01 탑오브더락 ★★★
- 90 02 타임즈 스퀘어 ★★★
- 91 03 메트로폴리탄 뮤지엄 ★★
- 92 04 자유의 여신상 ★★
- 94 05 센트럴파크 ★★
- 95 06 미국 자연사 박물관 ★
- 96 07 모마 (뉴욕 현대 미술관) ★★
- 97 08 엠파이어 스테이트 빌딩 ★★
- 98 09 익스체인지 플레이스 야경 ★★
- 99 10 덤보
- 100 11 브라이언트 파크
- 101 12 존스 피자
- 102 13 그리말디스 피자
- 103 14 쉑쉑버거
- 104 15 한국마켓
- 105 16 뉴욕의 지하철
- 106 추천 숙소
- 108 렌터카 영업소

샌프란시스코

- 112 01 금문교 ★★★
- 113 02 피셔맨스 와프 ★★
- 114 03 골든게이트 파크 ★★
- 115 04 드 영 뮤지엄 ★
- 116 05 캘리포니아 과학 아카데미 ★★
- 117 06 파웰스트리트 & 유니온스퀘어 ★★
- 118 07 트윈픽스 ★
- 119 08 알카트라즈 섬
- 120 09 코이트 타워
- 121 10 하이트-애쉬베리, 카스트로 거리
- 122 11 소살리토
- 123 12 그 외의 관광지들
- 124 13 몬테레이 수족관 ★★
- 126 14 17마일 드라이브 코스, 카멜 ★★
- 128 15 프리미엄 아울렛
- 129 16 중국음식점 R&G 라운지
- 130 17 한국식당/한국마켓
- 131 추천 숙소
- 134 렌터카 영업소

로스엔젤레스

- 140 01 테마파크 (디즈니랜드/유니버설 스튜디오/넛츠베리팜) ★★★
- 141 02 게티센터 ★★
- 142 03 헌팅턴 ★
- 143 04 산타모니카, 베니스 비치
- 144 05 파머스마켓 & 더 그로브
- 145 06 그리피스 천문대 ★★
- 146 07 LA 자연사 박물관 & 캘리포니아 과학센터 ★
- 147 08 공연장
- 148 09 헐리우드 명예의 거리 ★★
- 149 10 로데오거리, 비벌리힐즈
- 150 11 올베라 거리
- 151 12 아울렛
- 152 13 한인타운
- 154 추천 숙소
- 160 렌터카 영업소

샌디에이고

- 166 01 발보아파크 ★★
- 168 02 샌디에이고 동물원 ★★
- 169 03 씨월드 ★★★
- 170 04 올드타운 ★★
- 171 05 가스램프쿼터, 리틀이탈리아
- 172 06 마리나 지역 ★★
- 174 07 해변의 명소 ★
- 175 08 티후아나 ★
- 176 09 레고랜드
- 177 10 프리미엄 아울렛
- 178 추천 숙소
- 182 렌터카 영업소

시애틀

- 186   01 파이크플레이스 마켓 ★★
- 189   02 시애틀 센터 ★★
- 191   03 그 외 가볼 만한 곳
- 196   추천 숙소
- 200   렌터카 영업소

캐나다

- 204   01 밴쿠버
- 212   02 재스퍼 & 밴프 국립공원 ★★
- 224   03 토론토
- 232   04 나이아가라 폭포 ★★★

캘리포니아의 국립공원

- 240   01 요세미티 국립공원 ★★★
- 243   02 세쿼이어, 킹스 캐니언 국립공원 ★
- 244   03 데스밸리 국립공원 ★★
- 247   04 조슈아트리 국립공원

서부의 국립공원

- 250   01 라스베이거스
- 260   02 그랜드 캐니언 국립공원 ★★★
- 266   03 브라이스 캐니언 국립공원 ★★
- 270   04 아치스 국립공원 ★★
- 272   05 자이언 국립공원 ★
- 274   06 모뉴먼트 밸리 ★★
- 280   07 앤틸로프 캐니언, 호스슈 벤드 ★★
- 283   08 옐로스톤 국립공원 ★★★

여행준비

렌터카
- 298 미국 렌터카 보험
- 299 캐나다 렌터카 보험
- 299 연령규정
- 300 편도렌탈/입국제한
- 300 추가운전자
- 301 예약시기
- 302 렌트사 선택 기준
- 303 다양한 예약방법
- 305 미국 현지에서 예약하면 비싸진다
- 308 가장 안전한 예약방법
- 308 허츠 골드회원
- 310 차종 결정
- 311 옵션 선택
- 312 비용결제/보증금
- 313 변경과 취소
- 313 영업소

내비게이션 준비
- 314 내비게이션 기계
- 322 구글지도 내비게이션

여행물품 준비
- 324 국제운전면허증
- 325 국제운전면허증 발급방법
- 326 대리인 발급 방법
- 326 신용카드
- 328 체크카드/환전
- 329 한국에서 가져가야 하는 여행물품
- 329 상비약

전화/데이터 준비
- 330 자동 데이터로밍 서비스
- 330 미국 유심카드 구입
- 331 포켓 와이파이

비자 신청
- 332 미국 ESTA 신청
- 338 캐나다 eTA 신청

날짜별 체크리스트
- 341 출발 10일 전에 체크할 사항
- 343 출발 하루 전

현지에 도착하다

공항에서
- 348 입국심사
- 348 세관통과
- 350 국내선 환승
- 351 렌터카 영업소 찾아가기

렌터카 영업소에서
- 352 픽업할 때 주의해야 할 대화
- 353 추가 가능한 옵션
- 354 임차영수증은 중요한 계약서
- 356 임차영수증 보는 법
- 358 예약한 차가 없다고 할 경우
- 359 주차장으로 가서

도착 첫날의 스케줄
- 362 시차적응
- 363 쉬운 스케줄
- 364 짐 정리

여행이 시작되다

미국과 캐나다에서 운전하기
- 368 미국의 고속도로
- 371 캐나다의 고속도로
- 372 장거리 운전
- 374 졸음운전/차멀미 예방
- 375 유료도로

필수 교통규칙
- 376 STOP 사인
- 378 우선순위
- 378 꼬리물기 없음
- 379 신호등
- 381 횡단보도
- 382 양방향 좌회전 전용차로
- 383 속도규제
- 384 각종 규제 표지판
- 386 카풀레인
- 387 카시트/안전벨트
- 388 스쿨버스/소방차/경찰차/구급차
- 389 주정차 금지구역
- 391 전조등은 24시간

주유/주차/교통단속

- 392 주유소
- 398 주차장
- 401 경찰은 어디에나 있다
- 402 경찰차
- 404 경찰에 걸렸을 때
- 405 범칙금

숙소

- 407 모텔의 발상지 미국
- 409 숙소 선택 기준
- 412 숙소예약 방법
- 414 호텔 예약사이트 이용시 유의할 점
- 415 현지에서 숙소 구하기
- 415 야영장/호스텔
- 418 한인민박

식사

- 421 현지에서 한식 먹기
- 422 필요한 취사도구
- 424 한국마켓
- 426 게/랍스터/스테이크 먹기

기분 좋은 여행, 안전한 여행

최선의 안전수칙은 법대로 하기

- 430 로마에선 로마법대로 미국에선 미국법대로
- 433 금지되지 않은 것은 자유
- 434 그래서 나는 미국이 갑갑하다
- 435 순서 지키기, 기다리기
- 436 팁 문화

응급상황 발생

- 438 차량 사고발생 시 행동요령
- 438 고장/연료고갈/타이어펑크 등
- 439 차량털이
- 442 여행 마무리

ESSAY

- 88 자수성가한 사람들의 나라
- 162 위대한 개츠비
- 194 시애틀의 공주님들
- 294 미국의 원주민
- 444 세상에 한국같은 나라는 없다

AGE OF RENTAL CARS

안전한 여행 렌터카 여행

저녁 밥을 짓다가 슈퍼를 갈 일이 있어도 차 키를 들고 나가는 나라, 대중교통 요금보다 자동차 기름 값이 더 싼 나라가 미국과 캐나다. 이런 나라에서 외국인 여행자가 대중교통을 이용해 구석구석 여행한다는 것은 무척 어렵고 놀라운 일일 수 있다.

차가 있으면 편한 것은 물론이며 먹고 자고 다니는 모든 비용을 절약할 수 있다. 한 번도 해보지 않은 일에는 으레 두려움이 따르지만, 막상 가보면 그런 두려움과 걱정은 공연한 것이었다는 것을 깨닫게 된다. 미국과 캐나다 여행은 이미 렌터카가 대세다.

왜 렌터카인가?

자동차에 최적화된 미국과 캐나다

미국과 캐나다는 성인 인구 대부분이 자기 차를 가지고 있다. 그리고 대중교통의 수준은 한국이나 일본, 유럽에 미치지 못한다. 뉴욕, 샌프란시스코처럼 지하철을 갖춘 도시들도 있지만 이런 도시에서도 사람들은 대부분 자기 차를 몰고 다닌다. 차를 몰고 다니는 게 습관이 된 이유도 있겠지만 대중교통이 불편한 이유가 더 클 것이다. 뉴욕, 샌프란시스코에서 몇 십 년씩 살아온 지인들도 지하철이나 버스가 있는 줄은 알지만 한 번도 타 본 적이 없어서 어떻게 타는지 모른다고 할 정도다.

미국과 캐나다의 연료비는 한국의 절반 이하로 저렴한 반면 지하철이나 버스 같은 대중교통 요금은 한국의 두 배가 넘는다. 결론적으로 대중교통이 자가용보다 싸지도 않고 불편하므로 인기가 없다. 누구나 차를 가지고 움직이는 것이 상식처럼 되어 있기 때문에 공공기관은 물론이고 동네 슈퍼든 작은 식당이든 널찍한 무료 주차장은 기본으로 갖추고 있다. 그래서 저녁 밥을 짓다가 슈퍼를 갈 일이 있어도 차 키를 들고 나가는 것이 미국과 캐나다에선 일상적인 일이다. 이런 나라에서 차 없이 산다는 것, 더구나 외국인 여행자가 대중교통을 이용해 구석구석을 여행한다는 것은 무척 어렵고 '놀라운' 일일 수 있다.

샌프란시스코의 대중교통 수단인 전차. 걸어가는 것보다는 빠르지만 정거장 수도 많고 전용차로도 없어서 시간이 많이 걸린다. 요금은 한 번 타는데 3천 원 정도.

친지들도 바쁘다

미국과 캐나다 여행을 생각할 때 우선 떠올리는 것이 현지에 살고 있는 친지다. 미국, 캐나다엔 한국 교민들이 워낙 많이 살고 있어 가까운 일가가 없으면 친구라도 있고, 친구의 친구라도 찾아보면 신세질 만한 집 하나쯤은 다 가지고 있다.

그렇지만 친지에게 신세 지는 것에 대해서는 한 번 현실적으로 생각해볼 필요가 있다. 우리에겐 미국 캐나다가 관광지이고 휴양지이지만, 거기 사는 사람들에게는 생활의 현장이고 먹고사는 일터다. '빨리 빨리 한국사람' 누구나 그렇듯이 미국 캐나다에 살고 있는 친지들도 언제나 바쁘고 먹고살기 고단할 수 있다.

'시간은 돈'이라는 말도 있다. 바쁜 일 없는 은퇴자나 백수 생활자가 아니라면 직장인은 물론이고 자영업을 하는 사람이든 공부하는 학생이든 그 사람들의 시간은 돈보다 귀하다. 쉴 시간도 없는 우리의 친지들에게, 자기 일 다 접어두고 몇 날 며칠 나를 위해 기사 노릇 가이드 노릇을 해달라는 건 쉽지 않은 일이다.

입장을 바꿔서 미국에 살고 있는 누군가가 어느 날 한국에 들어와서 일주일 열흘을 지내면서 먹고 자는 것은 물론이고 N타워도 가고 서울랜드도 가고 동대문 새벽시장도 데려다달라고 한다면 어떨까? 그래 줄 수 있을까? 차라리 패키지 여행상품을 예약해줄 테니 그 쪽을 이용하라고 권할 것이다. 여행상품 비용을 내줄 수는 있어도 시간을 내주기는 정말 어렵다. 미국과 캐나다에 사는 우리 친지들의 형편도 똑같다.

나와 중학교 동창인 친구가 미국에 살고 있다. 그 친구 부부와 우리 내외도 물론 막역한 사이다. 예전에 아내와 함께 미국 갔을 때 그 친구의 아내가 나의 아내에게 이런 이야기를 했다고 한다.

"이건 동네 하숙집도 아니고, 일 년이면 몇 번씩 친구다 뭐다 단체로 찾아와서… 정말 생활이 안 돼요."

현지에 사는 친지들에게 폐 끼치지 말자. 세상에 공짜는 없는 법, 신세 지는 것도 맨입으로 되는 게 아니다. 사람의 체면상 최소한의 예의라도 차리려면 나갈 돈은 다 나간다. 호텔처럼 먹고 자고 내 볼일만 보면서 그 집을 드나들 수도 없고 식사라도 같이하고 어쩌다 보면 큰 마음 먹고 떠난 여행의 금쪽같은 시간만 없어진다.

친지와의 만남은 저녁 한 끼 먹는 것으로 충분하다. 어느 동네에서도 모텔은 주유소만큼이나 찾기 쉽고, 한국마켓 한국식당 찾는 것도 어렵지 않다. 그리고 주요 도시의 한국식당 한국마켓 위치도 이 책에 다 적혀있다. 관광지 찾아다니는 것은 내비게이션만 켜면 우회전 좌회전 얼마든지 찾아갈 수 있으므로 길안내도 필요 없다. 그래서 요즘같은 시대엔 친지의 도움 별로 필요 없다.

나도 어려서부터 단짝으로 지내던 친구가 미국에 여럿 있지만, 그 친구들과의 만남은 식당에서 밥 한 끼 먹는 것으로 그만이다. 아쉬워도 어쩔 수 없다. 그 친구도 나도 각자의 할 일이 있고, 나의 잠자리를 마련하고 나와 함께 먹을 식사를 준비하는 것이 그 집 안주인에게 얼마나 번거로운 일인지 피차가 잘 알고 있기 때문이다.

가장 경제적인 여행

여행경비에서 가장 큰 비중을 차지하는 것은 항공료다. 그리고 항공료를 제외한 여행경비의 대부분은 숙박비와 식비, 그리고 교통비로 이루어지는데, 자동차가 있으면 이 세 가지 비용 모두를 크게 절약할 수 있다.

도심의 비싼 호텔이 아니라 외곽의 싸고 좋은 숙소를 손쉽게 이용할 수 있으므로 숙박비가 절약되고 비싼 밥을 매번 사먹을 필요가 없기 때문에 식비도 절약된다. 미국과 캐나다에서는 대중교통을 이용하기도 어렵지만 두 사람 이상만 돼도 열차나 버스비용보다 차로 다니는 것이 적게 든다.

가장 안전한 여행

코로나 사태를 전후로 여행의 모습이 완전히 달라졌다. 가장 두드러진 변화를 꼽는다면 '안전한 여행' 이 될 것이다. 2년 넘게 경험하며 몸에 밴 '거리두기'의 기억은 앞

차가 있으면 마트를 이용해
먹고 싶은 대로 먹으며
여행다닐 수 있다.

이렇게 주방시설이 갖춰진
럭셔리한 호텔 4인실도
외곽으로 나가면
하루 10만원 대의 가격으로 묵을 수 있다.

으로도 이어져서 그룹으로 다니는 단체여행보다는 소규모 개별여행이 주를 이루게 될 것이고, 교통수단도 열차나 버스 같은 대중교통보다는 렌터카를 이용한 여행이 여행의 트렌드로 자리 잡을 것으로 전망된다. 안전한 여행, 자동차 여행에 최적화된 나라가 바로 미국과 캐나다다.

누구나 하는 걱정

운전은 어렵지 않을까?

결론부터 말하면 어렵지 않다. 어렵지 않은 것이 아니라 국내에서 운전하고 다니는 것보다 쉽다. 도로 자체가 안전하고 편하게 설계되어 있고, 미국/캐나다 사람들의 일상적인 운전태도가 신사적이기 때문이다.

운전이 어렵다 쉽다 하는 것은 '기계조작'의 문제가 아니다. 다른 차들과의 관계가 어려운 것이다. 텅 빈 도로를 나 혼자 운전해 간다면 쉽고 어려울 게 없다. 그러나 앞뒤 좌우에 다른 차들이 많이 있을 때, 그리고 그 차들의 움직임을 예측하기 어려울수록 점점 힘들어진다. 거기에 규칙을 벗어나 돌발행동을 하는 차들이 간간이 나타난다면 운전은 더욱 힘들어진다.

그러나 도로 위의 모든 차들이 정해진 규칙을 지키며 예측 가능하도록 움직인다면 차가 많든 적든 어려울 건 없다. 미국/캐나다의 도로는 지극히 합리적으로 만들어져 있고 모든 사람들이 규칙을 지키며 상식적으로 운전을 한다. 그래서 차가 많든 적든 어려울 건 없다.

예를 들어 한국에서는 직진이던 차로가 신호등을 앞두고 갑자기 좌회전 전용으로 바뀌는 일도 많다. 그래서 '본의 아니게' 끼어드는 차도 많고 일부러 끼어드는 차도 많다. 그러나 미국/캐나다에서는 그렇게 불합리한 도로는 없고 본의아니게 잘못할 일도 없다.

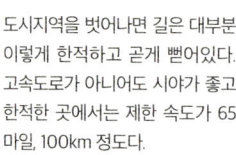
도시지역을 벗어나면 길은 대부분 이렇게 한적하고 곧게 뻗어있다. 고속도로가 아니어도 시야가 좋고 한적한 곳에서는 제한 속도가 65마일, 100km 정도다.

주정차 금지 구간에서 비상등 켜놓고 '잠깐' 볼일 보러 가는 사람도 없고 인도 쪽 차로가 번번이 막히는 일도 없다. 그러다보니 너도 나도 1차로로 몰리는 일도 없고 1차로나 2차로나 똑같이 달린다. 조금 더 빨리 가기 위해 요리 조리 차선을 바꿀 필요가 없고 그러는 사람도 없다. 그래서 누가 차로를 바꾸려 한다면 뒤 따르는 차가 양보해주는 것 또한 당연하다.

미국에서 가장 복잡하다는 뉴욕 맨해튼의 도심에서 운전하는 것도 서울에서 운전하는 것보다 쉽다. 지방도시 시골길은 말할 것도 없다.

한국과 미국/캐나다의 운전습관 비교

상황	한국	미국 / 캐나다
주차장에서 후진해 나오는 차를 보면	경적을 울려서 그 차가 나오지 못하게 하고 지나간다.	즉시 멈춰 서서 그 차가 나오기를 기다린다.
횡단보도 앞에 사람 서 있는 것이 보이면	재빨리 지나간다.	완전히 정지하고 사람이 건너가기를 기다린다.
인도 차도 구분 없는 골목길에서 앞에 사람들이 걸어가고 있으면	경적을 울리거나 사람들 사이를 헤치고 지나간다.	그런 길은 거의 없지만, 만약 그렇다면 사람들의 걷는 속도에 맞춰 조용히 움직인다.
고속도로의 1차로	누구나 1차로를 선호하고, 뒤에 차가 붙어도 비켜나지 않는다.	뒤에 다른 차가 다가오면 얼른 비켜난다.
고속도로에서 추월하기	좀 빨리 가려면 오른쪽 추월을 계속해야 한다.	많은 차들이 무리지어 달려가므로 추월할 일이 별로 없다. 오른쪽 추월도 가능은 하다.
지방도로	자전거나 농기구, 보행자들이 있어서 신경이 쓰이고 위험할 때도 있다.	지방도로는 너무나 한산하다.
교차로의 정지선	정지선을 넘어가는 차들이 많다.	정지선도 칼같이 지킨다.
한적한 동네의 신호등	감시카메라가 없으면 적당히 위반하는 차들이 있다.	신호위반은 상상할 수 없다.
신호등 없는 교차로	맥이 끊어지지 않도록 앞 차의 꼬리를 물고 교차로에 진입하는 것이 상식. 상대 차에 양보하는 사람은 드물다.	한 번에 한 대씩이며 꼬리를 물고 연속진입은 불법이다. 먼저 도착한 차가 먼저 지나가며, 애매한 경우라면 양보가 기본이다.

1 길 찾아가는 것은 한국에서 들고 나가는 GPS가 한국말로 안내해준다. 중요 목적지는 집에서 미리 입력해갈 수 있으므로 현지에 도착해서부터 척척 찾아다닐 수 있다.
2 샌디에이고 시내. 미국/캐나다 어디에서든 좌회전 차로는 반드시 마련되어 있고, 길가에 무단 정차해 있는 차도 없으므로 직진하는 차는 막힘없이 계속 직진한다. 차가 잘 빠지기 때문에 시내 도로도 복잡하지 않다.

영어회화가 약한데

모두가 영어를 하는 나라이므로 영어를 잘하면 물론 좋다. 그렇지만 여행이 목적이라면 영어를 능숙하게 하지 못해도 별 지장 없다.

길은 내비게이션이 안내해주는 대로 가면 되고, 상점이나 관광지에서도 가격이나 중요한 정보는 알기 쉽게 글로 써 있다. 영어가 꼭 필요한 때라면 입국심사 받을 때, 호텔 체크인 할 때 정도인데, 영어회화가 미숙한 관광객이라고 입국거절되었다는 말은 들어보지 못했고, 호텔에서도 영어회화가 미숙한 관광객이라고 방을 주지 않았다는 말은 들어보지 못했다.

사실 영어회화가 어렵다는 것은 속도의 문제다. 글로 써놓으면 정말 쉬운 문장이지만 그 사람만의 특이한 억양으로 빠르게 말하기 때문에 알아듣기 어려운 것이다. 그 때는 천천히 말해달라고 하면 된다. "나는 미국 사람이 아니다. 천천히 말해주시겠어요? 플리즈." 하면 대부분 천천히 또박또박 말한다. 그러면 쉽다. 그 말의 내용은 대부분 우리나라 중학교 교과서 문장보다 쉽기 때문이다. 말하는 사람의 입장에서도 고객이 자기 말을 잘 못 알아듣고 나중에 딴소리 하면 자기만 피곤해질 수 있으므로 최대한 알아듣게 이야기하려고 노력한다.

우리나라는 특히 영어회화에 대한 부담이나 강박증 같은 게 있지만 한국 관광 온 외국인이 한국말을 잘해야 할 의무가 없듯, 우리가 외국 관광 가서 영어를 잘해야 할 의무도 없다. 현실의 문제를 떠나서 그것은 당연한 일이다.

사고라도 나면?

미국/캐나다 렌터카의 보험은 국내 렌터카보다 더 확실하다. 모든 차량 완전면책 보험이 기본으로 들어있고 대인대물 배상은 무제한에 가깝도록 충분하다. 만약 병원 신세를 질 일이 생긴다 해도 비용 걱정은 없다. 모든 유형의 인사사고에 대해 보험이 적용되고 고객이 부담해야 할 금액은 제로, 10원도 없다.

드물긴 하지만 차를 통째로 잃어버리는 사람도 있다. 길가에 세워두었던 차가 아침에 나와 보니 없어졌다는 것이다. 이때도 차량 도난에 대한 신고절차만 완료되면 아무런 비용 부담 없이 새 차를 다시 받아 여행을 계속할 수 있다.

물론 보험 약관을 자세히 보면 차 키를 꽂아놓은 채 차를 잃어버렸다든지, 비포장 험로를 주행하다가 차가 파손되었다든지… 하는 경우는 보상하지 않는다는 예외조항이 있지만, 상식적으로 운전하다가 불가피하게 일어난 사고에 대해서는 염려할 것이 없다.

고장이나 사고, 타이어펑크 등의 응급상황에 대비한 24시간 응급전화도 렌트사마

1 미국과 캐나다 사람들은 대부분 친절하다. 외국인 관광객이 영어를 잘하면 얼마나 잘하길 바라겠는가. 고객이 못 알아들으면 자기만 피곤해진다는 것을 그 사람들도 잘 안다.
2 사막에서 기름이 떨어져도 응급센터에 전화 걸면 기름을 가지고 와서 넣어준다.

1 2

다 마련되어 있고 그 전화로 이야기하면 대부분 한두 시간 안에 출동해서 문제를 해결해준다. 허츠렌터카의 경우는 영어가 어려운 사람을 위해서 한국인 통역 서비스도 제공한다.

결국은 자신감

어둠 속에서는 모든 것이 두렵다. 보이지 않으므로 정체를 알 수 없고 알지 못하기 때문에 두려운 것이다. 그러나 눈으로 직접 보고 알 수 있게 되면 두려움도 없어진다. "알고 보니 별거 아니다"는 말이 그 뜻이다.

해외 자동차여행도 그렇다. 해보지 않았으므로 알 수 없고 알지 못하기 때문에 두렵다. 막연하게 상상해보지만 생각할수록 나쁜 쪽의 상상만 부각되어 떠오른다. 그것은 사람에겐 스스로를 위험에 빠지지 않게 하려는 보호본능이 있기 때문일 것이다. 그렇지만 여행 다녀온 사람 대부분이 돌아와서 하는 말은 "알고 보니 별것 아니더라"이다.

떠나기 전에는 별 생각이 다 들지만 우리가 하는 걱정 대부분은 실제로는 일어나지 않는다. 그리고 한 번 다녀온 사람들 대부분이 또 간다. 형편이 되는 사람은 세 번 네 번… 계속 간다. 패키지를 다니다가 자동차로 바꾸는 사람들은 있어도 자동차여행을 다니다가 패키지로 가는 사람은 보지 못했다.

1 어둠 속에서는 누구나 두려움을 느낀다. 보이지 않고 알 수 없기 때문이다.
2 그러나 알고 보면 아무것도 아니다.

1 2

인종차별

인종차별, 동양인 무시… 이런 것을 걱정할 수도 있다. 실제 그런 일을 당했다는 이야기도 심심치 않게 듣는다. 그러나 일반적이지는 않다. 그런 일을 당했다는 사람들의 이야기를 구체적으로 들어보면 주눅든 마음 때문에 생긴 오해인 경우도 있고, 내가 먼저 그 사람을 무시했기 때문에 그 사람도 나를 무시한 경우, 또는 원래가 누구에게나 무례하게 구는 사람을 만난 경우가 대부분이다.

인종주의, Racism이라는 것이 있기는 있다. 쉽게 말하면 외모로, 그것도 피부색만으로 사람을 단정 짓고, 자기가 속한 인종이 아닌 인종에 대해서는 배타적이고 무례한 행동을 하는 사람들. 사회학적으로는 대부분 하층민들 사이에 이런 경향이 나타난다고 한다. 자기가 속한 인종 외에는 내세울 게 없는 하층민들이 이방인들에게 부리는 텃세 정도로 이해할 수 있겠다. 하층이란 꼭 돈만을 말하는 건 아니고 문화적, 교양적 하층민도 포함된다.

어느 직업을 짚어 말할 수는 없는 일이지만, 공항이나 렌터카 영업소, 상점, 숙소를 다니면서 그렇게 무식하고 무례하게 생겨먹은 사람을 만나지 말라는 법은 없다. 그런 사람을 만나거든 내가 먼저 조심하고 피하는 게 상책인 것 같다.

안전하고 즐거운 여행을 위해 한국 사람들이 꼭 기억해야 할 일로 미국 할아버지가 몇 가지 조언을 해주었다. 누구에게 말을 걸 때도 그냥 "Excuse me" 하는 것보다는 남자에겐 "Sir~" 또는 "Officer~" 해주면 좋고, 여자에겐 젊었든 늙었든 "Mam~" 이렇게 최대한 예의를 갖춰서 불러주면 저쪽에서도 나에게 예의를 갖춰줄 마음이 든다는 것이다. 특히 평소 대접받지 못하고 살던 사람일수록 외국인이 그런 대접을 해주면 더 기분이 좋아져서 없던 친절까지 베풀 수 있다고.

미국에도 수많은 민족들이 살고 있지만 '코리안' 이라고 하면 '거의 모든 사람들이 대학졸업장을 가지고 중산층 이상의 생활을 하고 있는 1등 민족' 이라고 인식하는 게 일반적이라고 한다. 미국의 못배운 인종주의자가 한국인을 무시하는 것이야말로 어불성설이라고도 했다.

PLAN A TRAVEL

여행계획 세우기

여행코스를 짜는 것은 생각하면 생각할수록 끝도 없이 복잡한 일일 수도 있지만 의외로 간단히 끝낼 수도 있다. 그리고 많이 생각한 코스나 쉽게 짠 코스나 결과에 있어서는 비슷한 경우도 많다.

자동차를 몰고 다니는 여행의 최대 장점은 '자유로움'이다. 의식주 모든 생활이 자동차를 기반으로 이루어지는 나라에서 자동차와 신용카드 하나만 있으면 언제든 어디서든 먹고 자고 다니는 일은 어려울 게 없다.

아무 때나 떠날 수 있고 머물 수 있는 것이 자동차 여행이므로 계획은 촘촘할 필요가 없고 오히려 너무 촘촘하게 짠 여행계획이 여행의 걸림돌이 될 수도 있다.

기본계획

지역별 여행시기

여행시기를 결정할 때 가장 중요한 점은 휴가를 언제 낼 수 있느냐 이겠지만, 그 외에 고려해야 할 점이라면 지역별 기후조건이다. 북아메리카 대륙도 매우 큰 땅이어서 지역별로 기후의 차이가 크다.

북동부 지역

미국/캐나다의 동부와 내륙 지역은 한국과 같은 대륙성 기후여서 사계절이 뚜렷하고 겨울이 춥다. 뉴욕의 겨울 평균 기온은 서울보다 높지만 맨해튼의 빌딩지역은 '풍동현상' 때문에 바람이 많이 불어 몸으로 느끼는 추위는 서울 못지 않다. 뉴욕보다 북쪽에 있는 밴쿠버는 겨울 기온이 서울과 마찬가지다. 춥기도 하지만 때로 폭설이 내려 길이 막히는 일도 있고 해도 일찍 진다.

뉴욕과 토론토 등 동부지역은 한국과 같은 대륙성 기후로 연중 평균기온도 서울과 거의 비슷하다. 뉴욕의 겨울기온이 서울보다 조금 높게 나타나지만, 바닷가 빌딩 사이로 바람이 세차게 불어서 체감온도는 오히려 서울보다 더 춥게 느껴진다.

뉴욕의 기후는 서울과 거의 같다.
여름엔 덥고
겨울엔 추우며 눈도 많이 내린다.

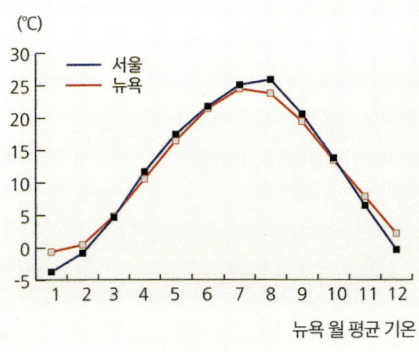
뉴욕 월 평균 기온

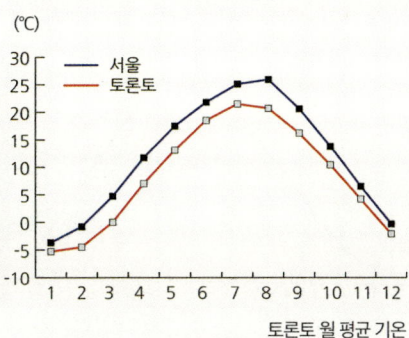
토론토 월 평균 기온

서부 해안지역

한국사람들이 많이 살고 있는 캘리포니아를 비롯해 서부 해안지역은 해양성 기후로 여름 겨울의 구별이 별로 없다. 그래서 연중 언제 가도 나쁘지 않다.

LA, 샌프란시스코 등이 있는 캘리포니아주는 지중해성 기후로 여름은 고온 건조하고 겨울은 온난 다습하다. 지중해성 기후는 여름이 건조한 것이 특징이어서 캘리포니아 지역의 여름 몇 달 동안은 비 한방울 내리지 않고 날씨는 매우 쾌청하다. 해가 쨍쨍하여 사막기후와 같으며 들판의 풀도 모두 말라서 초록색을 보기 어렵다. 반면에 겨울은 따뜻하고 비도 자주 내리므로 들판도 초록색으로 덮인다. 흐린 날도 있고 비도 내리지만 한국의 장마같은 우기는 없으므로 연중 여행하기 좋다. 그래서 굳이 나누자면 여름보다 겨울 여행이 더 좋다고도 할 수 있는 지역이 캘리포니아다.

샌프란시스코 역시 지중해성 기후로 기후그래프의 모양이 LA와 동일하지만 LA보다 북쪽에 있어서 전체적인 평균기온이 2도 정도 낮다.

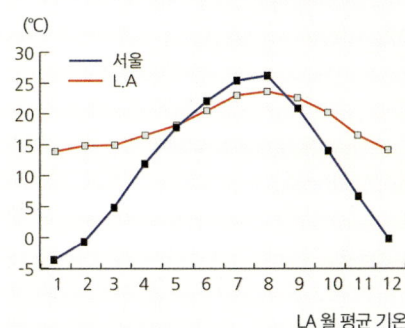
LA 월 평균 기온

지중해성 기후는 겨울이 포근해서 젊은 사람은 낮에 반팔차림으로도 많이 다닌다.

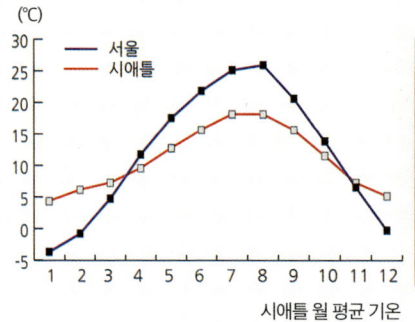
시애틀 월 평균 기온

시애틀과 밴쿠버의 겨울은 흐린 날이 대부분이고 오후 네 시만 넘어가도 어두워진다.

같은 서부에서도 시애틀과 밴쿠버 지역은 겨울 기온이 꽤 떨어진다. 얼음이 얼 정도로 추운 날은 별로 없지만 10월부터 다음해 3월까지는 우기여서 맑은 하늘 보기가 어렵고 하루 건너 한 번씩 비가 내린다. 고위도 지역이어서 겨울에는 오후 네 시만 넘어가도 어둑어둑해진다. 시애틀과 밴쿠버 지역은 4~9월 사이가 여행 적기라고 할 수 있다.

시애틀과 밴쿠버는 평균기온이 전체적으로 낮은 서안해양성 기후를 나타낸다. 여름에도 선선하고 겨울도 서울에 비하면 춥지 않은 편이다. 그러나 겨울이 우기여서 몇 달 동안 맑은 하늘 보기가 어렵고 하루종일 쌀쌀한 날씨는 여행자들을 움츠리게 만든다.

기타 지역

플로리다같은 미국의 남부지역은 겨울이 없는 아열대 기후여서 일년 사계절 반팔로 다닐 수 있고 연중 여행에 적당하다.

서부의 산악, 고원지역의 기후는 해발고도에 따라 달라진다. 캘리포니아에서도 요세미티나 세콰이어 국립공원 같은 산악지역은 겨울에 영하로 떨어지는 날이 많고 눈도 많이 오므로 여행에 제약을 받는다. 반면에 여름에는 날이 선선하여 여행다니기 좋다. 미국/캐나다는 한국과 같은 장마는 없다. 비가 많이 오는 우기에도 장대비가 아니라 흩뿌리는 이슬비로 내리는 경우가 많으므로 비 오는 날 우산 없이 다니는 사람들이 많다.

동반자

가족여행이라면 인원수 따질 것 없이 함께 가야 하지만, 친구나 동료들과의 여행이라면 동행하는 인원수에 대해서도 잘 따져보아야 한다. 얼핏 생각할 때 여럿이 다니면 그만큼 비용도 절약되고 협력을 통해 여행이 편해질 것 같지만 그건 막연한 짐작일 뿐이다. 오히려 사람이 많아짐으로써 비용도 늘어나고 여행도 힘들어질 수 있다. 여행비용을 따져볼 때 가장 경제적인 것은 2~3명이 함께 움직이는 것이다. 2~3명의 여행이라면 작은 차도 가능하고 방도 하나만 잡으면 된다. 그래서 자동차 렌트비와 숙박비에서 절약되는 것이 크다. 그러나 4명 이상이라면 차도 큰 차를 빌려야 하고 방도 4인실을 잡거나 두 개를 얻어야 하므로 비용이 더 들 수 있다.

6명 이상이라면 차를 무조건 두 대를 빌려야 한다. 한국의 카니발 같은 7인승이 있고 거기에 좌석 하나를 더 넣어서 8인승으로 만든 승합차도 있지만 좌석을 모두 펴면 짐 실을 공간이 거의 없어진다. 여러 사람 짐가방도 만만치 않으므로 그렇게 되면 짐가방을 안고 다녀야 하는데 그렇게 끼어타고 여행을 다닐 수는 없다. 결국 차 두 대를 빌려야 하고 차 두 대가 함께 움직이려면 기동력도 떨어진다. 꼭 그래야 할 이유가 있는 게 아니라면 많은 인원이 함께 가는 것은 좋을 것이 없다.

여러 사람이 함께 가서 나쁜 이유 중 하나는 사람이 많아지면 의견이 많아지고, 의견이 많아지면 충돌을 피할 수 없다는 것이다. 누구에게나 여행은 힘들다. 장거리 비행과 시차 때문에 힘들고, 먹고 자는 게 편치 않아서 힘들다. 서로가 힘든 상태에서 각자의 의견을 주장하다 보면 충돌을 피할 수 없고, 좋은 마음으로 함께 떠나서 원수가 되어 돌아오는 경우도 적지 않다. 특히 카페 같은 데서 동행자를 구해 함께 떠나는 여행은 그런 점에서 더욱 주의해야 한다.

7인승에 7좌석을 다 펴면 트렁크 공간은
두 뼘 정도밖에 남지 않게 된다.
여기에 짐을 실을 수는 없다.

여행정보 얻기

객관성이 중요

별다른 계획과 준비 없이 떠날 수도 있고, 그런 여행의 즐거움도 있다. 그러나 길지 않은 휴가를 마련해 큰 마음 먹고 떠나는 여행이라면 준비를 많이 할수록 여행의 '가성비'는 높아진다. 여행은 계획이 반이다. 단기간의 여행이라면 계획 잡는 시간이 실제 여행 다니는 시간의 몇 배가 될 수도 있다.

여행정보는 '객관성'이 가장 중요하다. 쉽게 접할 수 있는 것이 인터넷 블로그나 카페의 여행지 정보인데, 여기에는 주관적인 판단에 치우칠 우려가 있다. '현지인'이 전해주는 여행정보도 언제나 객관적인 것은 아니다. 그 지역에 대해서는 잘 알겠지만 다른 지역과의 비교평가에서도 객관성을 지니는지에 대해서는 확신할 수 없기 때문이다. "현지인이 알려주는 비경"이라고 소개된 곳을 막상 가보면 그런 정도는 아닌 여행지도 많다.

가장 믿을 수 있는 정보는 책

책으로 소개된 여행지라면 일단은 검증된 곳이다. 책의 원고작업은 블로그나 카페 글쓰기와는 비교할 수 없을 만큼 많은 노력이 들어가야 하며, 원고가 쓰여진 이후에도 여러 단계의 검증 절차를 거치고 비용이 투자되어야 비로소 만들어질 수 있기 때문이다. 그중에도 2쇄 3쇄… 여러 판을 찍은 책이라면 독자의 검증까지도 통과했다고 볼 수 있으므로 믿어도 된다.

참고로, 수많은 사람들이 여행을 다녀오고 글을 쓴다. 그중 책의 출간을 결심하고 원고를 쓰는 사람이 100명이면, 그중에 출판사에 채택되어 책으로 제작되는 경우는 20~30명 정도라고 한다. 그 20~30권의 책 중에 초판을 다 판매하고 2쇄까지 들어가는 경우는 10권 남짓이고 2쇄, 3쇄를 찍는 책은 그중에도 불과 몇 권 되지 않는 것이 출판의 현실이라고 한다. 그래서 2쇄 3쇄를 찍은 책이라면 현 시점 가장 믿을 수 있는 정보라고 할 수 있는 것이다.

구글지도의 여행정보

구글지도가 가지고 있는 기능은 무궁무진하다. 여행지 정보로부터 이용자들의 평가, 대중교통 이용법과 내비게이션 기능까지 구글지도 없이는 여행을 생각할 수 없을 만큼 많은 기능을 가지고 있다.

그중에 하나, 여행지 정보를 빼놓을 수 없다. 구글지도에서 원하는 여행지를 검색하면 그곳의 자세한 정보가 나온다. 그리고 사람들이 올려놓은 사진과 그곳에 대한 평가도 있다. 이것으로 그곳의 객관적 평가 점수를 판단할 수 있다. 리뷰가 많은 곳이라면 많은 사람들이 다녀왔다는 뜻이고 많은 사람들이 찾아가는 데에는 이유가 있기 때문에 그런 곳은 대부분 다 가볼 만한 곳이다. 평점은 어디나 다 높기 때문에 별 의미가 없다. 한 사람이 다녀와서 별 다섯 개를 매겨도 그곳은 별 다섯 개짜리 명소로 기록되기 때문이다.

책이나 인터넷 등을 통해서 가볼 만한 여행지가 추려지면, 그곳을 구글지도에 게재된 '리뷰 수'로 검증하고 결정하면 거의 틀림없다. 물론 구글지도의 리뷰도 100%는 아니다. 외국인들은 다 좋다 하지만 우리에겐 아닌 여행지도 있고, 개인적인 취향도 있기 때문이다.

인터넷 여행정보

여행지 정보가 필요할 때 가장 손쉽게 찾는 것이 블로그 정보다. 그러나 블로그는 대부분 개인적인 공간이고 거기 올라가는 여행정보가 언제나 객관성을 유지해야 할 의무는 없다. 글쓰는 이가 주관적으로 과장된 표현을 해도 누가 뭐라 할 수 없고 실제 그런 경우도 적지 않다. 그래서 블로그 포스팅을 보고 반해서 찾아간 관광지에서 실망하는 일도 적지 않다. 블로그 정보가 편리하고 다양한 점에서는 유용하지만 신뢰도나 객관성은 보는 사람이 판단해야 한다.

샌디에이고 해안에 '배 관광지' 두 곳이 있다. 하나는 매리타임, 하나는 미드웨이. 여행책 대부분이 이 두 곳을 다 샌디에이고의 동급 명소로 소개한다. 그러나 구글지도의 리뷰수에서는 3,142개와 34,394개로 차이가 많이 난다. 실제로 가보아도 그 정도 차이가 난다.

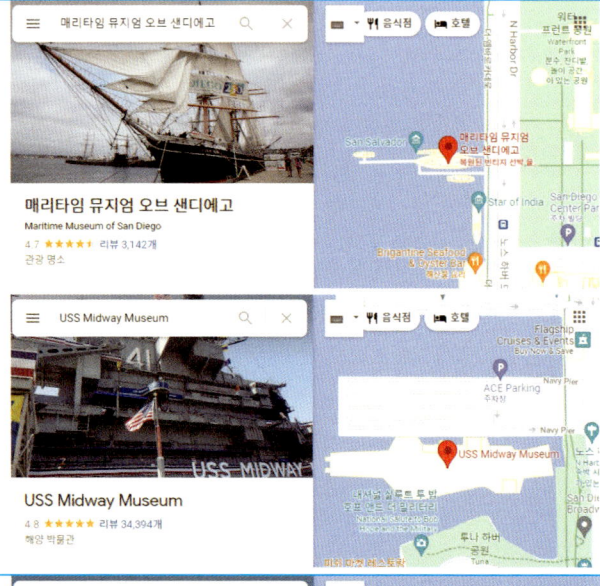

알카트라즈 섬은 외국인들이 꼽는 샌프란시스코 1위의 관광명소다. 구글지도에도 29,000개가 넘는 리뷰가 올라있다. 그러나 우리가 가보았을 때는 특별한 건 없었다. 한국사람에게는 알카트라즈 감옥보다는 서대문형무소가 더 인상적일 것 같다.

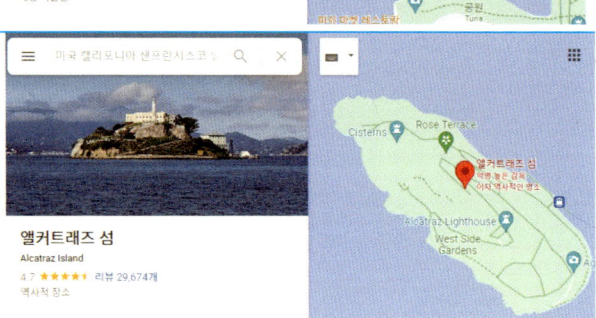

여행경비 계산

항공료

여행경비에서 가장 큰 비중을 차지하는 것은 항공권인데, 항공권 가격은 시기에 따라 차이가 많다. 그래서 성수기와 비수기의 항공료 차이는 두 배가 넘기도 한다.
학생들이 방학을 하는 7월 중순~8월 하순, 그리고 12월 하순~2월 말까지를 일반적으로 성수기로 치며 추석 연휴, 설 연휴, 그리고 공휴일이 연속된 5월 연휴기간도 일시적으로 성수기가 형성된다. 이 외의 기간은 모두 비수기로 볼 수 있고 10월부터 12월 중순까지는 여행하는 사람이 특히 적은 비수기라고 할 수 있다.
성수기의 미주지역 왕복 항공료는 외국항공사 직항의 경우에도 160만원 이상이고, 비수기에는 이것의 절반인 80만원 이하로도 구매 가능하다. 대한항공이나 아시아나를 이용하려면 요금은 20% 이상 올라간다.
그러나 코로나19 이후의 여행에서 성수기 비수기의 구분은 오직 코로나 상황에 좌우되어, 전통적 성수기에도 비수기보다 저렴한 특가항공권이 나올 수 있고, 전통적 비수기에도 성수기만큼 비싼 항공료를 지불해야 할 수도 있다.

자동차 렌트비

자동차 렌트비는 픽업하는 지역(주)별로 차이가 있고 렌트사별, 예약방법에 따라서도 차이가 있지만, 가장 저렴한 '허츠 선불예약'의 경우로 보면, 한국의 i30 정도 되는 콤팩트급은 일주일 렌트비가 280불 내외, 소나타~그랜저 정도 되는 풀사이즈는 340불 내외, 카니발 정도 되는 미니밴은 480불 내외다. 여기에는 필요한 보험 모두 포함, 주행거리 무제한의 조건이 들어 있다. 미국/캐나다의 연료비는 한국의 절반 이하로 저렴하므로, 연료비는 생각보다 적게 든다.

숙식비

숙박비도 숙소의 등급에 따라서 비용차이가 많지만, 가장 손쉽게 이용할 수 있는 중급 모텔을 기준할 때 하루당 80불 정도 잡으면 된다. 물론 숙박료도 성수기에는 이보다 올라가는데 숙박시설의 성수기는 '여름 겨울 방학기간' 처럼 일률적으로 정해지기보다는 지역별, 도시별로 다른 특성이 있다.

미국/캐나다에서도 학생들의 방학기간인 7월 중순~8월 말 사이가 가장 성수기이며, 크리스마스를 낀 12월 하순도 가족여행 다니는 사람들이 많으므로 성수기로 꼽는다. 미국의 학교는 겨울 방학이 짧고 방학기간도 지역마다 모두 다르므로 1~2월도 여행 비수기로 들어간다.

식비 역시 어떻게 먹느냐에 따라 차이가 많은데, 현지 슈퍼를 활용하고 사먹는 것을 최대한 줄인다면 국내에서의 식비나 그 이하로도 가능하다.

총 여행경비

현지 체류 7박8일 전 일정 렌터카 사용하는 조건이며 2인여행은 콤팩트급, 3인여행은 미드사이즈급 오토를 기준했다.

숙소는 하루 80불 정도 하는 중급 모텔 기준이며 2~3인 숙박요금을 동일하게 계산하였다.

성수기(여름 겨울 방학기간)에는 항공료가 두 배 이상 오르고, 여름방학과 크리스마스 시즌 등 미주지역의 성수기에는 렌트비와 숙박비도 20% 정도씩 더해야 한다.

항공료를 제외한 비용을 하루/1인당으로 계산하면 2인 기준 130,000원, 3인 기준 100,000원이 나온다. 10일 15일 장기간 여행이라면 항공료에 이 비용을 곱해 계산하면 대략의 여행경비가 산출된다.

예시한 비용은 '더 이상 줄일 수 없는' 최소한의 비용이므로 기념품 쇼핑이나 고급호텔 이용, 맛집 식사비용 등을 생각하면 그만큼씩 여행경비는 늘어난다. 성수기에 떠난다면 1인당 경비는 두 배까지도 생각해야 한다.

팬데믹을 거쳐오며 모든 요금이 불규칙하게 변동될 수 있으므로, 아래 예시한 비용은 참고용으로만 활용해야 한다.

비수기 미서부 7박8일 기준 여행경비 예시

항 목	2인 기준, 1인당 경비 (원)	3인 기준, 1인당 경비 (원)
항공료	800,000	800,000
렌트비	170,000	140,000
숙박비	370,000	250,000
식비	160,000	160,000
연료/주차 등 교통비용	170,000	100,000
관광지 입장료, 기타	150,000	150,000
합계	**1,820,000**	**1,600,000**

항공료 제외한 여행경비	2인 기준, 1일당 비용 (원)	3인 기준 1일당 비용 (원)
	130,000	100,000

여행코스

여행코스 짜기

여행코스를 짜는 것은 생각하면 생각할수록 끝도 없이 복잡한 일일 수도 있지만 의외로 간단히 끝낼 수도 있다. 그리고 많이 생각한 코스나 쉽게 짠 코스나 결과에 있어서는 비슷한 경우도 많다. 그래서 여행코스 짜는 일에 지치도록 많은 시간을 들일 필요는 없을 것 같다.

첫째, 여행정보 책을 산다. 앞에서도 이야기한 것처럼 책은 현 시점 가장 믿을 수 있는 정보원이며 초판 발행연도가 좀 되었더라도 2쇄 3쇄 많이 찍은 책이면 틀림없다. 책값은 비싸야 2만원 대이고 여행경비 중 책 구입비만큼 제 값어치를 하는 것도 없으므로 책 구입비를 아낄 일은 아니다.

둘째, 가벼운 마음으로 대충 훑어보면 그 책에서 특별히 강조하거나 추천하는 여행지들이 있다. 그중 평소에 가고 싶었거나 우선적으로 눈에 띄는 곳부터 체크해둔다.

셋째, 대략적인 지도를 놓고서 꼭 가보고 싶은 곳을 찍고 동선을 그려본다. 구글지도에서 별표로 저장해두고 전체 동선을 그려보는 것도 좋다.

넷째, 중요 목적지 사이에 거리가 많이 떨어져 있다면 그 중간에 들러 갈 만한 곳을 다시 찾아서 추가해본다.

다섯째, 이렇게 대강 짠 코스에 특별한 문제점은 없는지 전문가에게 검토를 요청한다. 활동하고 있는 여행카페에 질문글로 올려 다른 사람들의 조언을 얻을 수도 있다. 이렇게 책을 훑어보며 대강의 여행계획을 짜는 데에는 시간으로 열 시간, 날짜로 따져도 일주일이면 충분하다.

구글지도상 소요시간은 비현실적

구글지도에서 두 지점을 찍으면 두 지점간 이동거리와 소요시간이 바로 계산되어 나온다. 매우 편리한 기능이다. 그렇지만 구글지도의 소요시간을 기준으로 일정을 짜놓고 숙소까지 환불불가로 다 예약해놓고, 거기 맞춰 다니느라 여행 내내 고생하는 사람들이 간혹 있다.

구글지도에 표시되는 시간은 한 번도 쉬지 않고 전 구간 규정속도로 달려갈 때의 시간이다. 또 언제나 실시간 교통상황을 반영해서 계산한다. 그래서 한국의 일과 중 시간이면 미국은 대부분 밤이나 새벽시간이므로 교통정체는 고려되지 않고 계산되기 십상이다. 국내에서 구글지도로 알아본 소요시간에 통상 1.3배 정도를 곱하면 실제 걸리는 시간과 비슷하게 맞는다.

1 라스베이거스 아울렛에서 로스엔젤레스 공항까지 검색을 해보니 4시간 10분이 나온다. 중간에 한 번 쉬는 시간까지 합쳐서 4시간 30분, 넉넉잡고 5시간이면 충분할 것으로 판단된다.
그래서 아침 일찍 일어나 아울렛 잠깐 들렀다가 11시쯤 출발하기로 계획을 짚는다. 비행기 출발이 저녁 6시이므로 7시간이면 충분할 것 같다. 그래서 마지막 날 숙소도 라스베이거스에 '환불불가'로 저렴하게 잡아놓았다. 그러나 여기엔 함정이 있었다. 위에서 검색한 시간은 한국의 낮, 현지에선 밤중이었다. 그래서 밤에 떠나서 새벽에 도착하는 '실시간' 기준으로 계산된 것이었다.

2 이것을 11시 출발로 바꿔서 검색해보니 예상소요시간이 훌쩍 늘어나서 5시간 30분 걸리는 것으로 나온다. 오후시간 로스엔젤레스의 트래픽이 반영된 것이다. 로스엔젤레스의 트래픽은 미국에서도 유명하다. 쉬지 않고 달려도 5시에 도착하기 어렵고 급한 마음에 과속하다가 경찰에게 걸리기라도 하면 벌금은 벌금대로 물고 시간은 더 지체되어 비행기를 놓칠 수도 있는 일이다.

추천 여행코스

미국과 캐나다의 국토면적은 우리의 상상을 초월한다. 동부와 서부의 해안지역에는 그래도 도시도 있고 인구도 많지만 내륙으로 들어가면 차를 타고 몇 시간을 달려봐야 변변한 도시 하나를 만날 수 없는 지역이 대부분이다. 가볼 만한 관광지 역시 이렇게 멀리 멀리 흩어져 있어서 미국 캐나다 여행에서 장거리 장시간 운전은 피할 수가 없다.

미국/캐나다 여행코스를 짤 때 가장 주의해야 할 점은 이동거리와 소요시간이다. 아래 지도에서 대략 짐작할 수 있듯 어지간한 도시 사이를 이동할 때 '서울~부산 왕복 시간'은 기본이다.

거리가 멀면 빨리 달리면 되지 않을까 싶다.

그렇지만 안 된다. 과속카메라가 아니라 경찰이 지키고 있기 때문이다. 미국/캐나다의 경찰은 언제 어디서 나타날지 모르고 아무도 없는 사막에도 경찰은 숨어있다고 믿어지기 때문에 과속은 생각할 수 없다.

그래서 일주일 여행이라 해도 대도시 한두 군데와 국립공원 한두 군데 넣으면 끝이고 동부와 서부를 아우르는 일정이라면 보름으로도 빠듯하다.

장거리 이동은 국내선 비행기를 이용하는 방법도 있지만 비행기 한 번 탈 때마다 드는 시간도 작지 않으므로, 결론적으로 미국/캐나다 여행코스를 짤 때 가장 중요한 점은 '목적지 덜어내기, 이동거리 최소화하기'가 된다.

8박9일 정도라고 하면, 현지에서 사용가능한 날짜는 7박8일 정도가 될 것이다. 책에서는 여기에 맞춰 추천코스를 정해보았다.

이 코스를 기본으로 각자의 여건에 맞게 코스를 재구성하는 것은 어렵지 않을 것이다. 현지에서 10일 이상의 날짜를 확보할 수 있다면 추천 코스 두 개를 묶어 다니는 것도 가능하고, 15일 이상의 여유가 있다면 추천 코스 세 개를 묶는 것도 가능하겠다.

1 2 3

1. 미국/캐나다 여행의 반은 지평선을 바라보며 하염없이 운전해 가는 일이다.
2. 경치라도 볼 게 있으면 지루함은 덜어진다.
3. 고속도로가 아니어도 길은 뻥 뚫려있다.

- 01 로스엔젤레스와 라스베이거스
- 02 로스엔젤레스와 샌디에이고
- 03 샌프란시스코와 요세미티 국립공원
- 04 샌프란시스코와 로스엔젤레스
- 05 샌프란시스코 ~ 요세미티 ~ 데스밸리 ~ 라스베이거스
- 06 시애틀/밴쿠버와 샌프란시스코 또는 LA
- 07 뉴욕 일주일
- 08 토론토, 나이아가라, 뉴욕
- 09 그랜드서클 투어
- 10 밴쿠버, 재스퍼/밴프 국립공원, 캘거리

여행계획 세우기 41

추천 여행코스 | 01

로스엔젤레스와 라스베이거스

로스엔젤레스
라스베이거스

한국 사람들이 가장 많이 가는 여행코스다.

로스엔젤레스 4일과 라스베이거스 2일, 이동하는 시간 1일 잡으면 적당하다. 라스베이거스는 낮시간에는 할 일이 없는 도시이고, 라스베이거스 관광에서 가장 중요한 쇼는 모두 저녁시간에만 하므로 최소한 1박 2일은 필요하다. LA에서 라스베이거스는 자동차로 5~6시간 거리이므로 한 번은 차로 이동하더라도 한 번은 비행기로 이동하는 것이 시간을 절약하는 방법이다. 허츠렌터카의 경우 LA~라스베이거스 사이는 편도렌탈 비용이 없으므로 LA로 들어가서 차를 픽업해 LA와 라스베이거스 관광까지 마친 후 라스베이거스에서 차를 반납하고 귀국하는 일정으로 짜는 것도 좋고 역으로 해도 좋다. 여기에 그랜드 캐니언을 추가하기는 어렵다. 그랜드 캐니언은 라스베이거스에서 차로 왕복해야 하는데 운전하는 시간만 왕복 10시간이 걸리는 거리여서 1박2일을 잡아야 하므로 일정이 나오지 않는다.

LA 대도시권은 도시의 범위가 매우 넓고 교통체증도 심해서 외곽지역에 숙소를 잡으면 아침 저녁 이동하는 데에 많은 시간을 허비할 수가 있다. 숙소는 LA 시내 또는 헐리우드 쪽에 잡으면 여러 관광지들을 다니기 좋다. 디즈니랜드가 있는 오렌지 카운티 주변은 한국사람들이 많이 거주하는 지역으로 이 주변에 하루쯤 묵으면서 디즈니랜드 관광을 하는 것도 괜찮다.

LA는 미국에서 한국인들이 가장 많이 거주하는 지역이어서 한국사람이라면 친인척이나 친구 한두 명은 있게 마련이다. 처음 가는 미국 자동차여행이므로 아는 사람이 있으면 심적으로 도움이 많이 된다. 그러나 친인척의 집에서 숙식을 해결하거나 관광을 함께 다니자고 부탁하는 것은 재고할 필요가 있다. 미국 사는 한국 교민들 대부분이 생업에 바쁜 사람들이고 이름난 관광지 대부분 몇 번씩은 다 가봤을 것으로 짐작한다면 그런 부탁이 어려울 것이라는 건 쉽게 이해할 수 있을 것이다.

유니버설 스튜디오와 디즈니랜드

유니버설 스튜디오의 쇼는 유명하다. 디즈니랜드와 유니버설 스튜디오를 모두 가려면 그것만으로 최소 2일은 걸리고 돈도 많이 든다. 어린 아이가 있다면 디즈니랜드, 성인들의 여행이라면 유니버설 스튜디오를 추천한다.
입장권은 현장에서 구매하는 것보다 국내의 티켓 판매 사이트에서 미리 구매하고 가는 것이 싸고 편하다.

헐리우드 Hollywood

낮이나 밤이나 인파로 붐비는 헐리우드 거리. 가장 유명한 연예인들 핑거프린트는 차이니즈 시어터 앞 마당에 있다.

LA 대도시권의 교통체증도 유명하다.

여행계획 세우기　43

게티센터 The Getty

게티센터는 건물도 정원도 모두 구경할 만하다. 주차료 약간만 지불하면 모든 시설 무료다. 미술관을 모두 돌아보고 정원을 산책하면서 건물구경도 하려면 거의 한나절 걸린다. 점심 도시락 싸 가지고 가는 사람들도 많다.

파머스마켓 & 더 그로브
farmers market &The Grove

파머스마켓. 특별히 할 일이 있는 건 아니지만 '현대식 재래시장'을 구경하고 건너편에 있는 그로브 쇼핑몰을 구경하는 '쇼핑 관광' 명소다.

그리피스 천문대
Griffith Observatory

그리피스 천문대는 미국에서도 야경명소로 손꼽히는 곳이다. 주차공간이 넉넉하지 않으므로 해지기 전에 가서 뮤지엄 구경하고 야경을 보고 오면 좋다.

라스베이거스 쇼

'쇼'를 빼놓고 라스베이거스를 이야기할 수는 없다. 쇼 티켓도 국내의 티켓판매 사이트에서 미리 구매하고 가면 싸고 편하다.

라스베이거스 야경

라스베이거스는 밤이 되어야 본 모습이 드러난다.

라스베이거스 분수쇼

분수쇼, 화산쇼는 건전한 한국여행자들에겐 라스베이거스의 필수코스로 알려져 있다.

추천 여행코스 | 02

로스엔젤레스와 샌디에이고

로스엔젤레스
샌디에이고

장거리 구간도 없고 남녀노소 함께 즐길 수 있는 관광지들이 많아 특히 어린아이를 동반한 가족여행코스로 좋다. 로스엔젤레스 4일 샌디에이고 2박3일이면 이름난 곳은 모두 돌아볼 수 있고 일정도 바쁘지 않다. LA와 샌디에이고는 편도 2시간이면 갈 수 있는 정도로 가까이 있으므로 크게 보아 LA 대도시권 여행으로 생각할 수도 있다. 그러나 LA에 숙소를 잡고 샌디에이고를 왕복하는 일정은 길에서 보내는 시간이 너무 많으므로 추천하지 않는다.

이 두 도시는 테마파크들이 특히 많은데 하루에 테마파크 한 군데씩만 잡아도 며칠은 훌쩍 지나간다.

샌디에이고에서 반나절 정도의 시간을 내면 국경 건너 멕시코의 티후아나도 다녀올 수 있다. 샌디에이고와 티후아나는 연속된 시가지의 한가운데를 국경이 통과하고 있으므로 샌디에이고의 국경 가까운 곳에 차를 두고 걸어서 갔다올 수 있다. 국경 통과 절차도 간단해서, 멕시코로 들어갈 때나 다시 미국으로 입국할 때 여권만 잠깐 보여주면 된다.

국경 근처에는 사설 유료주차장도 많지만, '라스 아메리카 프리미엄 아울렛' 주차장에 차를 두고 다녀와도 별 문제 없다.

샌디에이고는 LA에 비하면 훨씬 작은 도시이고 출퇴근 시간 잠깐을 제외하면 교통체증도 거의 없다. 도심에도 숙소가 많지만 외곽으로 나가면 같은 가격에 훨씬 좋은 숙소를 얻을 수 있다.

항공권은 LA 인/아웃으로 하고 차도 LA 공항 픽업/반납으로 하면 된다. 샌디에이고와 LA 공항 사이는 평상시 두 시간 거리다.

유니버설 스튜디오와 디즈니랜드

디즈니랜드와 함께 많은 사람들이 찾아오는 유니버설 스튜디오. 한 군데에 최소 하루씩은 잡아야 하고 입장료도 만만치 않으므로 두 군데 다 가기는 무리다. 어린아이가 없는 성인들의 여행이라면 유니버설 스튜디오를 추천한다.

그리피스 천문대
Griffith Observatory

그리피스 천문대에서 보는 야경은 LA 관광에서 빼놓을 수 없는 명소다. 주말에는 사람들이 많이 오므로 천문대 앞 주차장에 자리가 없고 언덕 아래에 차를 두고 걸어 올라가는 경우도 있다. 해 지기 전에 미리 가는 것이 좋다.

게티센터 The Getty

세계 최고의 정원 설계사가 만든 게티센터 정원. 게티센터를 골고루 구경하려면 거의 하루 종일 걸린다. 점심 먹고 들어가서 저녁 해 질 때까지 구경하고 LA 야경까지 보고 오는 것도 좋다.

헐리우드 Hollywood

헐리우드 거리의 중심인 맨즈 차이니즈 시어터 앞 광장. 초특급 스타들의 손도장은 이 곳 마당에 모여있다.

발보아파크 Balboa Park

발보아파크는 동물원도 있고 민속촌도 있고 각종 박물관도 있어, 샌디에이고 사람들이 가장 즐겨 찾는 공원이다. 동물원 보고 관심 있는 뮤지엄도 보고 하려면 아침부터 저녁까지 꼬박 하루 걸린다.

씨월드 Sea World

샌디에이고 1순위 관광지 씨월드. 바다를 주제로 한 테마파크로는 세계 제일이라 할 만한 곳이다. 범고래 (샤무)의 점프와 물세례 쇼가 가장 인기있고, 물을 주제로 한 어트랙션도 많다.
입장권은 현장에서 사는 것보다 국내의 티켓판매 사이트에서 미리 사 가면 싸고 좋다.

샌디에이고 올드타운

올드타운은 샌디에이고의 발상지로 멕시코의 정취가 물씬 풍긴다. 미국에 빼앗기기 전 멕시코 영토였고 지금도 멕시칸 관광객들이 많이 찾아온다. 민속촌 격인 'Historic Park'와 그 건너편에 있는 'Fiesta de Reyes' 쇼핑타운은 꼭 가볼 만하다.

티후아나

샌디에이고 여행길에 잠시 짬을 내어 티후아나를 건너갔다 오는 것도 좋다.

추천 여행코스 | 03

샌프란시스코와
요세미티 국립공원

낭만 도시 샌프란시스코와 웅장한 대자연을 느낄 수 있는 요세미티 국립공원을 묶어서 일주일 가족여행코스로 구성하는 것도 좋다.
샌프란시스코는 도착날 포함해서 3박4일이면 넉넉하고 샌프란시스코에서 요세미티까지는 편도 5시간 거리이므로 1박2일 코스로 잡으면 된다. 요세미티 국립공원에서 트래킹 일정을 넣지 않고 차로 갈 수 있는 명소만 보고 온다면 1박2일 정도로 가능하고 산을 좋아하는 사람이라면 2박3박 일정으로 잡아도 좋다. 샌프란시스코 관광을 2박3일로 잡아도 이름난 곳은 모두 돌아볼 수 있다.
샌프란시스코 일정을 조금 줄여서 자동차로 2시간 거리인 몬테레이와 카멜시티를 넣는 것도 좋다. 몬테레이에서 1박을 하며 구경해도 좋고, 샌프란시스코에서 왕복하는 것도 가능하다.
몬테레이는 수족관이 가장 유명하고, 세계최고의 골프장이 있는 17마일 드라이브코스도 유명하다. 카멜은 아주 작은 도시지만 갤러리와 예쁜 카페들이 즐비한 도심 구경이 재미있고 다른 대도시들과는 달리 한적한 분위기를 느낄 수 있다.
몬테레이와 카멜시티를 넣는다면 1박2일이 빠듯하다.
요세미티 국립공원 구역 내에도 숙박단지가 있지만 방 구하기도 어렵고 값도 상당히 비싸므로 숙소는 국립공원에서 조금 떨어진 곳에 알아보는 것이 좋다. 그것도 여름 시즌에는 미리 예약해야 한다.

금문교 Golden Gate Bridge
금문교는 샌프란시스코의 상징이다. 샌프란시스코에서 다리 건너가기 전에 보는 전망이 멋지다.

피셔맨스 와프 PIER 39
예전 어시장이 있었던 '피셔맨스 와프' 지역은 언제나 관광객들로 넘친다. 그 중에도 39번 부두 끝에 '상주'해 있는 물개들이 가장 유명하다.

골든게이트 파크
Golden Gate Park

골든게이트 파크는 도심에 위치한 공원으로는 미국 내에서 손꼽히는 곳이다. 공원면적이 매우 넓지만 캘리포니아 과학 아카데미와 드 영 미술관, 식물정원(Botanical Garden)이 있는 동쪽 구역이 즐겨찾는 곳이다.

파웰스트리트 & 유니온스퀘어 Powell St. & Union Square

샌프란시스코의 명동 격인 파웰 스트리트. 가장 번화하고 언제나 관광객들이 가득하다.
케이블카 종점과 유니언스퀘어 사이가 그 중심이다.

카멜 Carmel-by-the-Sea

카멜은 유럽의 어느 도시처럼 아기자기하고 예쁘다. 갤러리와 상점 카페들이 많고 시내 모든 주차장이 무료여서 기분이 좋다. 몬테레이에서 출발해 17마일 드라이브코스가 끝나면 카멜시티가 나온다.

요세미티 국립공원
Yosemite National Park

그랜드 캐니언과 함께 미국에서 방문객이 가장 많은 국립공원이다. 화강암 바위로 이루어진 산세와 맑은 계곡이 한국의 설악산을 떠오르게 한다. 요세미티의 웅장한 경관을 한눈에 볼 수 있는 글래시어 포인트(Glacier Point)는 자동차로 올라갈 수 있으므로 놓치지 말고 꼭 가봐야 한다. 국립공원 초입에 있는 요세미티 폭포도 필수코스.

몬테레이 수족관
Monterey Bay Aquarium

몬테레이 수족관은 세계 최고의 수족관이라 해도 손색이 없을 만큼 여러 가지가 잘 되어 있고 운영하는 프로그램도 다양하다. 몬테레이 수족관을 보고 나면 다른 수족관들이 모두 시시해 보인다.

트윈픽스 야경
Twin Peaks

샌프란시스코 트윈픽스에서 보는 야경도 LA 그리피스 야경 못지않게 훌륭하다.

추천 여행코스 | 04

샌프란시스코와 로스엔젤레스

미 서부에서 가장 유명한 두 도시를 일주일 정도의 시간으로 돌아보는 코스다. 샌프란시스코와 로스엔젤레스 사이 이동하는 날 하루를 빼고 두 도시를 각각 3일씩 배분해도 좋고 샌프란시스코 2.5일, 로스엔젤레스 3.5일 정도로 배분하고 두 도시를 이동하는 데 하루 정도 배당하면 적당하다. 두 도시 사이는 운전하는 시간만 7시간을 잡아야 하므로 차로 왕복할 수는 없다.

두 도시 사이에 몬테레이를 들러 가는 것도 가능하다. 수족관과 17마일 드라이브코스만을 들러 내려가기로 하면 아침에 출발해 저녁에 숙소에 도착하는 것도 가능하다. 두 도시 사이를 1박2일로 잡아서 태평양 해안도로를 타고 가는 것도 좋다. 태평양 바다를 끼고 달리는 1번 국도는 고속도로는 아니지만 길이 잘 되어 있고 미국에서도 손꼽히는 드라이브 코스다. 해안도로 드라이브 코스를 택한다면 북에서 남으로 내려오는 코스로 잡는 것이 오른쪽으로 바다를 끼고 달리게 되므로 바다 경치 감상에 유리하다. 명승지로 유명한 'Bixby Creek Bridge' 근처의 해안경치도 웅장하고 중간중간 만나는 작은 도시들도 재미있다.

샌프란시스코와 로스엔젤레스 두 도시를 관광한다면 항공권의 인 아웃을 달리하고 차도 편도로 렌탈해야 한다. 어디로 In - Out 하든 조건은 동일하지만 같은 값이면 샌프란시스코 In, LA Out 하는 것을 추천한다. 같은 주 안에서의 편도 렌탈이므로 렌터카 편도렌탈비는 없다.

샌프란시스코는 미국에서도 집값 비싸기로 유명한 도시여서 도심의 숙박비도 무척 비싸다. 다행히 샌프란시스코 외곽과 시내를 연결하는 Bart 지하철 노선이 있으므로 외곽의 Bart 역 가까운 곳에 숙소를 정하고 시내 관광 다닐 수도 있고, 출퇴근 하듯 차로 다니는 것도 나쁘지 않다. 샌프란시스코 남쪽의 Daly City 나 공항 근처에도 비싸지 않은 숙소들이 많다. 공항에서 도심지까지 막히지 않는다면 20분 거리이고 출퇴근 시간에도 한 시간 이내면 다닐 수 있다.

금문교
Golden Gate Bridge

금문교는 샌프란시스코의 상징이다. 다리를 건너기 전에 보는 전망이 좋다. 자동차로 다리를 건너갔다 돌아오려면 무조건 통행료를 내야 하고 렌터카의 경우는 '하이패스 사용료'가 추가되므로 다리 건너가는 것은 재고해볼 필요가 있다.

파웰스트리트 & 유니온스퀘어 Powell St. & Union Square

샌프란시스코에서 가장 번화하고 관광객도 많은 파웰스트리트. 케이블카 종점이 있는 유니온스퀘어 지하철 역 주변에는 백화점과 쇼핑몰도 많고 거리의 악사들도 많아서 재미있다.

피셔맨스 와프
PIER 39

어부들 구역이었던 '피셔맨스 와프'는 샌프란시스코에서 관광객이 가장 많이 모이는 곳이다. 39번 부두 끝에 '상주'해 있는 물개들이 가장 유명하다.

유니버설 스튜디오와 디즈니랜드

디즈니랜드와 함께 많은 사람들이 찾아오는 유니버설 스튜디오. 한 군데에 최소 하루씩은 잡아야 하고 입장권 요금도 비싸므로 두 군데 다 가기는 어렵다. 어린아이가 있는 가족여행팀이라면 디즈니랜드가 우선.

게티센터 The Getty

게티센터는 건물 하나 하나가 다 예술작품이다. 대 부호 폴 게티 (Paul Getty)가 일생동안 수집한 예술품들을 보는 것도 좋지만 지어진 건물 하나 하나가 다 예술작품이며 곳곳에 마련된 정원과 휴식공간들도 모두 예술이다.

헐리우드 Hollywood

특별히 방문해야 할 명소가 있는 건 아니지만 헐리우드 중심가는 낮이나 밤이나 인파로 붐빈다. 유명 연예인들의 핑거프린트는 차이니즈 시어터 앞 마당에 있다.

몬테레이 수족관, 17마일 드라이브 코스

수족관이 유명한 몬테레이와 17마일 드라이브 코스도 빼놓기 아까운 명소.

추천 여행코스 | 05

샌프란시스코 ~ 요세미티 ~ 데스밸리 ~ 라스베이거스

장거리 운전이 부담스럽긴 하지만 운전을 즐기는 사람이라면 도전해볼 만한 코스다. 짧은 기간에 서부의 대표적인 여행지를 모두 돌아볼 수 있다. 샌프란시스코에서는 도착 날 포함해서 2박3일, 요세미티와 데스밸리 2일 그리고 귀국일 포함해서 라스베이거스 1박2일 정도로 짜면 가능하다. 장거리 구간들이 있지만 미국의 대자연을 만끽하는 드라이브로 생각하면 그 또한 즐거운 여정이 될 수 있다.

샌프란시스코에서 요세미티 국립공원까지는 5시간, 요세미티에서 데스밸리까지는 쉬지 않고 달린다 해도 6시간이 걸린다. 미국은 눈에 띄게 과속하는 것이 불가능한 나라이므로 빨리 가려야 빨리 갈 수도 없다.

요세미티에서 데스밸리로 넘어갈 때는 높은 고개(Tioga Pass)를 넘어야 하는데 10월부터 다음해 3월까지는 눈으로 통제되는 경우가 대부분이므로 이 점을 참고해야 한다. 또한 데스밸리는 미국에서 가장 뜨거운 지역으로 한여름 7, 8월에는 차가 더위를 먹어 퍼지는 일이 생기지 않도록 주의해야 한다. 여름에 큰 길에서 벗어나 외진 곳으로 들어갔다가 차가 멈추게 되면 큰 위험에 처할 수 있다고 한다. 데스밸리는 전화도 터지지 않는다.

항공권은 샌프란시스코 In, 라스베이거스 Out으로 구매하면 되고 차는 허츠 렌터카의 경우 캘리포니아~라스베이거스 사이는 추가비용 없이 편도렌탈이 가능하다.

샌프란시스코는 미국에서도 숙박비가 비싼 도시로 유명하므로 샌프란시스코 남쪽의 Daly City 나 공항 근처쪽에 숙소를 알아보는 것도 좋다. 공항에서 도심지까지 막히지 않는다면 20분 거리이고 출퇴근 시간에도 한 시간 이내면 다닐 수 있다.

요세미티 국립공원
Yosemite National Park

하루 정도의 짧은 시간으로도 중요한 뷰 포인트는 모두 방문할 수 있다. 요세미티의 웅장한 경관을 한눈에 볼 수 있는 글래시어 포인트(Glacier Point)는 자동차로 올라갈 수 있으므로 놓치지 말고 꼭 가봐야 한다.

데스밸리
Death valley

'데스밸리' 라는 이름처럼 생명체라고는 찾아볼 수 없는 '자브라스키 포인트'. 이곳에 서면 외계의 어느 행성에 온 듯 아리송하고 현실세계와 뒤섞여 혼란스런 기분도 든다.

여행계획 세우기

피셔맨스 와프
PIER 39

예전 어시장이 있었던 '피셔맨스 와프' 지역은 언제나 관광객들로 넘친다. 그 중에도 39번 부두 끝에 '상주'해 있는 물개들이 가장 유명하다.

골든게이트 파크
Golden Gate Park

골든게이트 파크는 도심에 위치한 공원으로는 미국 내에서 손꼽히는 곳이다. 공원면적이 매우 넓지만 캘리포니아 과학 아카데미와 드 영 미술관, 식물정원(Botanical Garden)이 있는 동쪽 구역이 즐겨찾는 곳이다.

파웰스트리트 & 유니온스퀘어 Powell St. & Union Square

샌프란시스코의 명동 격인 파웰스트리트. 가장 번화하고 언제나 관광객들이 가득하다.
케이블카 종점과 유니언스퀘어 사이가 그 중심이다.

라스베이거스
Las Vegas

라스베이거스는 미국 사람들에게 '환락의 도시'로 알려져 있다. 밤문화가 주를 이루는 곳이어서 낮에는 거리에 사람들도 별로 없다. 쇼 관람은 필수코스다.
쇼 티켓은 현장에서 구매하는 것보다 국내의 티켓판매 사이트에서 미리 구매하고 가는 것이 싸고 편하다.

금문교
Golden Gate Bridge

미국 동부의 상징이 자유의 여신상이라면 미 서부의 상징은 금문교다. 아침에 안개 낀 모습도 멋지고 오후에 지는 해를 받아 붉게 물든 모습도 멋지다. 다리 근처에는 유료 주차장이 여러 군데 있다. 주차 할 때는 차 안에 아무런 것도 남기지 말아야 한다. 유리를 깨는 도둑들이 많다.

글래시어 포인트
Glacier Point

글래시어 포인트는 요세미티 국립공원에서 단 한 곳만 추천하라고 하면 이 곳을 꼽을 만큼, 요세미티에서 가장 멋진 전망을 볼 수 있는 곳이다. 자동차로 산꼭대기까지 올라갈 수 있다.

추천 여행코스 | 06

시애틀/밴쿠버와
샌프란시스코 또는 LA

서부의 이름난 도시들을 묶는 코스다. 미국의 시애틀과 캐나다 밴쿠버는 가까이 있어서 하나의 대도시권으로 묶을 수 있고 당일에 두 도시를 왔다갔다 해도 된다. 여기에 샌프란시스코나 LA를 묶으면 서부의 이름난 도시 모두를 돌아보는 코스가 된다.
시애틀과 밴쿠버는 한데 묶어서 2박3일 정도로 잡으면 되고 항공편으로 샌프란시스코나 LA로 이동하여 3일 정도 여행하고 귀국하면 적당하다.
항공권은 시애틀 또는 밴쿠버를 스톱오버해서 샌프란이나 LA를 왕복하는 것으로 끊으면 된다. 그렇게 하면 갈 때나 올 때 시애틀/밴쿠버에 내려 구경하고 다음 행선지로 가는 비행기를 다시 타므로 항공료가 별도로 들지 않는다. 차는 시애틀 또는 밴쿠버에서 한 번 렌트해서 두 도시를 구경한 다음 픽업한 곳에 반납, 그리고 샌프란이나 LA로 이동해서 거기서 다시 한 번 렌트하면 된다.
미국과 캐나다 사이의 국경은 검문소에서 여권 보여주는 것으로 간단히 통과할 수 있다. 차는 편도렌탈이 안 되므로 픽업한 나라로 돌아가 반납해야 한다.
시애틀에서 샌프란시스코까지를 차로 가는 것은 어렵다. 시간이 넉넉한 사람은 간혹 이렇게 하기도 하지만 일반 여행자가 꼬박 이틀 동안 운전만 할 이유는 없다.
시애틀이나 밴쿠버는 작은 도시이며 교통체증도 없으므로 도심에 숙소를 정할 필요는 없다. 도심에서 조금 떨어진 외곽으로 가면 가성비 높은 숙소들이 많다. 외곽에 머문다 해도 관광지가 몰려있는 도심까지는 대부분 30분 이내의 거리다.

스페이스 니들 Space Needle

스페이스 니들은 전망대를 올라가 보는 것도 좋고 멀리서 보는 야경도 좋다. 스페이스 니들 옆에는 유리공예로 유명한 치훌리가든과 여러 뮤지엄들도 있으므로 이 일대에서 하루 종일 시간을 보내도 된다.

파이크플레이스 마켓 Pike Place Market

'파이크플레이스 마켓'은 오랜 역사를 이어 지금도 재래시장으로의 기능을 충실히 수행하고 있다. 주민들도 많이 오지만 관광객들이 더 많다. 생선전의 유쾌한 상인들이 재미있다. 게나 랍스터를 쪄서 팔기도 하므로 사다 숙소에서 전자레인지에 데워 먹으면 된다. 파이크플레이스 마켓 길 건너의 스타벅스 1호점도 유명하다.

그랜빌 아일랜드 Granville Island

밴쿠버 도심에 있는 그랜빌 아일랜드는 공장과 창고, 선박수리소 같은 것이 있던 섬인데 지금은 현대적 시장과 아트센터, 기념품점, 카페 같은 곳으로 탈바꿈한 곳이다. 그랜빌아일랜드에서 가장 인기있는 곳은 '퍼블릭 마켓'인데, 구경할 것도 많고 살 것도 많다. 퍼블릭 마켓에서 멀지 않은 곳에는 살아있는 게와 랍스터 파는 수산시장도 있다.

파웰스트리트 & 유니온스퀘어 Powell St. & Union Square

샌프란시스코의 명동 격인 파웰스트리트. 가장 번화하고 언제나 관광객들이 가득하다.
케이블카 종점과 유니언스퀘어 사이가 그 중심이다.

그리피스 천문대
Griffith Observatory

그리피스 천문대에서 보는 LA의 야경도 서부 여행의 필수코스다.

유니버설 스튜디오와 디즈니랜드

디즈니랜드와 함께 많은 사람들이 찾아오는 유니버설 스튜디오. 한 군데에 최소 하루씩은 잡아야 하고 입장권 요금도 비싸므로 두 군데 다 가기는 어렵다. 어린아이가 있는 가족여행팀이라면 디즈니랜드가 우선.

추천 여행코스 | 07

뉴욕 일주일

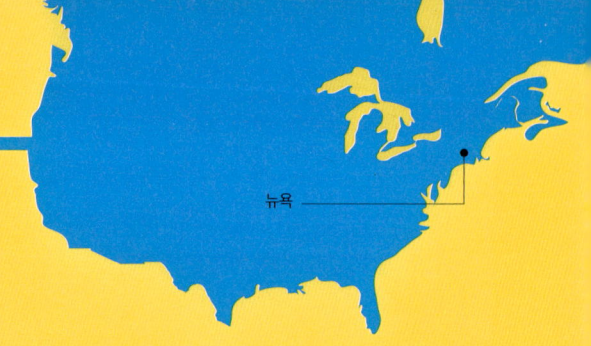
뉴욕

뉴욕에서만 일주일 머무는 사람들도 많다. 세계에서 제일 큰 도시 뉴욕에는 갈 곳도 볼 것도 많아서 일주일의 시간도 금방 지나간다. 나이아가라 폭포를 뉴욕 일정에 포함시킬 수도 있지만, 뉴욕에서 나이아가라를 차로 다녀오려면 운전하는 시간만 1박2일 잡아야 할 만큼 장거리이므로 쉽지는 않다. 뉴욕~나이아가라 폭포 사이는 약 600km, 쉬지 않고 운전만 계속 한다 해도 6시간 이상 걸린다. 뉴욕 ~ 버팔로까지 비행기로 가서 거기서 차를 픽업해 다녀올 수도 있지만 비행기 타러 시간 맞춰 공항 가고 공항에 내려서 렌터카 픽업해 폭포까지 가고… 하는 시간을 합치면 이 역시도 차로 가는 시간과 비슷하게 걸린다.

뉴욕에서 나이아가라를 갔다오는 일정보다는 토론토와 나이아가라를 별도 일정으로 빼고 항공권을 토론토 스톱오버 뉴욕 왕복으로 끊어 다녀오는 것이 좋다.

뉴욕 시내는 지하철이 잘 되어 있어서 차는 없어도 된다. 그래도 미국 사람들은 맨해튼 도심을 갈 때도 꿋꿋이 차를 몰고 가지만, 우리같은 관광객이 차를 몰고 도심의 여러 관광지들을 찾아다니는 것은 쉬운 일이 아니고 주차비도 무척 많이 들므로 권하지 않는다.

예전엔 뉴욕의 지하철에서 범죄도 일어나고 무서운 곳이라고 알려졌지만 지금은 그런 분위기를 느낄 수 없다.

맨해튼 섬은 숙소 가격이 비싸서 장기간 묵기가 부담스럽다. 한인타운으로 유명한 플러싱지역이나 포트리 팰리제이즈파크 같은 지역에는 한인민박집도 있고 비싸지 않은 호텔들도 많이 있으므로 맨해튼까지의 대중교통이 편리한 동네에서 숙소를 정하면 좋다.

탑오브더락 Top of the rock

록펠러 센터 건물 옥상에서 바라보는 맨해튼 야경은 가히 인상적이다. '탑오브더락'으로 올라가는 입장권도 국내 티켓판매 사이트에서 미리 구입하고 가는 것이 싸고 편하다. 뉴욕의 주요 관광명소들을 묶어서 할인가로 파는 티켓이 좋다.

타임즈 스퀘어 Times Square

모이는 것만으로 즐거운 타임즈 스퀘어는 뉴욕의 1순위 관광지다. 낮보다는 저녁 시간에 가면 더 화려하고 즐겁다.

자유의 여신상 Statue of Liberty

허드슨강 하구 리버티 섬에 햇불을 들고 우뚝 서 있는 자유의 여신상. 자유의 여신상으로 가는 배는 맨해튼 여러 곳에서 떠나는데 섬까지 가는 것도 있고 섬 가까이 갔다가 회항해 오는 것도 있다.

센트럴파크 Central Park

세계에서 제일 유명한 도심 공원. 빌딩숲 속에 이런 공원이 있다는 게 신기할 따름이다. 일찍이 뉴욕의 미래를 그리며 이곳에 공원을 조성한 선각자의 혜안이 존경스럽다.
공원은 남북으로 4km가 넘게 이어져 있고, 사람들이 즐겨 찾는 곳은 모마 쪽에서 들어가는 공원의 남쪽 지역이다.

자연사 박물관 American Museum of Natural History

뉴욕 자연사 박물관은 규모 면에서나 전시물의 내용면에서나 세계 최대로 꼽을 수 있는 곳이다. 다양한 공룡화석을 비롯해 과학적인 내용들이 많아 어린이를 동반한 가족여행팀의 필수코스다.

메트로폴리탄 뮤지엄
The Metropolitan Museum of Art

파리에 루브르 박물관이 있다면 미국에는 메트로폴리탄 뮤지엄이 있다. 유럽의 세계적인 박물관 못지않은 규모와 소장품을 볼 수 있다.

추천 여행코스 | 08

토론토,
나이아가라, 뉴욕

토론토 스톱오버로 뉴욕 왕복 항공권을 끊어서 토론토와 나이아가라, 뉴욕을 돌아보는 코스도 뉴욕 여행 하는 사람들이 많이 이용하는 코스다. 캐나다 토론토와 뉴욕 그리고 나이아가라 폭포까지 모두 볼 수 있어 알차다. 나이아가라 ~ 뉴욕 사이의 장거리 구간을 비행기로 이동하기 때문에 시간 절약이 된다.

뉴욕은 지하철만으로 충분히 다닐 수 있으므로 자동차는 토론토에서만 필요하다. 토론토는 그리 큰 도시가 아니므로 토론토 시내와 국경 건너 미국쪽 나이아가라까지 보고 다시 토론토 공항에 반납하는 2박3일 정도의 시간이면 바쁘지 않게 구경할 수 있다. 차는 미국 국경을 자유롭게 넘나들 수 있다. 이렇게 하면 뉴욕에서도 4~5일의 시간을 낼 수 있으므로 부족하지 않다.

토론토 스톱오버는 갈 때 할 수도 있고 올 때 할 수도 있는데 뉴욕을 먼저 보고 토론토를 가면 토론토가 시시해보일 수 있으므로 토론토를 들러서 뉴욕으로 가는 편이 낫다.

토론토는 그리 크지 않은 도시이므로 숙소를 도심의 비싼 호텔로 정할 필요는 없다. 비수기에는 나이아가라 폭포 주변의 전망좋은 호텔들도 매우 저렴한 가격에 나오기도 하므로, 폭포 주변의 4~5성급 호텔도 알아볼 만하다.

뉴욕은 연중 숙박비가 비싼 곳이어서 맨해튼 섬에 여러날 머물기는 부담스럽다. 한인타운으로 유명한 '플러싱'이나 '포트리' 같은 곳에는 한인민박도 있고 비싸지 않은 호텔도 많이 있다.

나이아가라 폭포
Niagara Falls

캐나다쪽 호텔에서 보이는 나이아가라 폭포. 캐나다와 미국의 국경에 걸쳐있는 나이아가라 폭포는 미국의 폭포로 유명하지만 가장 유명한 호스 슈 폭포는 캐나다 영토 안에 있고 유람선 선착장도 캐나다쪽에 있다. 미국쪽에 있는 'Luna Island' 섬까지 걸어들어가면 폭포 바로 위까지 가볼 수 있다.

토론토 번화가

대형 쇼핑몰 이튼센터 주변의 번화가. 언제나 젊은이들의 활기가 넘친다.
옛 양조장 건물들이 있던 공장 지대를 보행자 전용 거리로 개조한 디스틸러리 거리(Distillery Historic District)도 요즘 인기있는 곳이다.

CN 타워

CN 타워는 토론토의 1순위 명소로 꼽힌다. 멀리서 보는 모습도 멋지지만 전망대로 올라가 내려다보는 토론토 시가지의 모습도 멋지고 투명 유리를 통해 내려다보는 땅바닥의 모습도 스릴이 있다.

자유의 여신상 Statue of Liberty

"수고하고 짐 진 자 다 내게로 오라"는 성경말씀이 생각나는 '자유세계의 상징'. 미국 독립기념 선물로 프랑스에서 선물한 청동 조각이라고 한다. 이 거대한 조각상은 프랑스에서 제작하여 여러 조각으로 나눠서 배로 실어와 다시 용접해 세웠다고 한다. 파리의 에펠탑이나 뉴욕의 자유의 여신상이나 당시 프랑스 사람들의 스케일에 감탄하게 된다.

타임즈 스퀘어 Times Square

타임즈 스퀘어는 뉴욕 1경이다. 화려한 광고판으로 치장된 상점들밖에 없지만 세계 각지에서 모여든 사람들이 서로 서로를 보면서 즐거워하는, 특이한 곳이다.

뉴욕 야경

뉴욕여행에서 야경은 필수코스다. 탑오브더락의 야경이 가장 유명하지만, 허드슨 강 건너편에서 보는 야경도 멋지다. 사진은 맨해튼 섬 건너편 J Owen Grundy Park에서 보는 전망. 지하철을 타고 Exchange Place역에 내리면 역 앞에 바로 공원이 있다.

추천 여행코스 | 09

그랜드서클 투어

- 자이언 캐니언
- 브라이스 캐니언
- 앤틸로프 캐니언
- 모뉴먼트 밸리 & 호스슈 벤드
- 그랜드 캐니언

미서부의 대자연은 '자연친화적인' 여행자라면 언젠가 한 번은 꼭 가보고 싶어하는 버킷리스트 1순위의 여행지다. 드넓은 대평원과 황량한 사막을 하염없이 달려가다가 한 군데씩 만나는 대자연의 모습은 경이로움과 기쁨의 연속이다.

운전을 좋아하고 자연을 좋아하는 사람이라면 꼭 한 번 다녀올 만한 코스로 일주일 정도의 시간이면 아쉽지 않게 이름난 곳 모두를 돌아볼 수 있다.

여행의 시작과 끝은 라스베이거스다. 이곳에서 출발해 시계방향으로 자이언 캐니언, 브라이스 캐니언, 모뉴먼트 밸리, 그랜드 캐니언을 돌아 라스베이거스로 돌아오는 것이 가장 일반적이고 역으로 돌아도 가능은 하지만 시계방향으로 도는 것이 '점입가경' 점점 더 큰 스케일의 대자연을 만나는 감동을 만끽할 수 있는 코스다.

부지런히 다닌다면 아치스 캐니언까지도 이 코스에 넣을 수 있다. 아치스 캐니언까지 넣었을 때 이 코스의 총 주행거리는 2000km 정도, 하루 평균 운전거리 300km가 되지 않으므로 무리한 일정은 아니다. 서부 사막지역은 차량통행이 거의 없고 제한 속도도 높은 편이어서 운전하기는 매우 편하고 지평선을 바라보며 유유자적 운전해가는 멋도 있다. 길은 뻥 뚫려있고 과속카메라 같은 것도 없기 때문에 과속의 유혹이 계속 손짓하지만 과속은 금물이다. 이 지역은 하늘 높이 떠 있는 비행기에서 차들을 감시하다가 누군가 과속을 한다면 지상에 있는 경찰에게 연락한다고 한다. 어딘가에 숨어있던 경찰은 쏜살같이 그 차를 따라가 어김없이 과속딱지를 뗀다고 하므로 미국 사람 모두 다 크루즈컨트롤을 맞춰놓고 정속주행한다.

이 일대는 평균 해발고도가 1500m 이상의 고원지대여서 늦은 가을부터 눈이 내리기 시작하지만 사막 기후이므로 눈 내리는 날이 그리 많지는 않다. 교통이 통제되는 일은 흔치 않으므로 겨울에도 다녀올 수 있다.

항공권은 라스베이거스 인/아웃으로 구매하고 차는 라스베이거스 공항에서 픽업해 라스베이거스 공항에 반납한다.

라스베이거스를 떠나면 큰 도시를 만날 수 없으므로 숙소사정이 그리 넉넉한 것은 아니다. 성수기에는 당일 현장에서 숙소를 구하기 어려울 수도 있으므로 미리 예약하고 가는 것이 좋다. 그랜드 캐니언 안에도 숙박단지가 있지만 예약하지 않으면 이용하기 어렵고 방값도 비싸므로, 그랜드 캐니언 바깥지역에 묵는 것이 숙박비를 절약하는 방법이다.

공원마다 입장료를 받는데 연간 이용권을 끊으면 좋다. 두 군데 입장할 비용이면 미국 내 모든 국립공원을 일년 내내 입장할 수 있다. 입장권(카드)은 사람별로 구매하는 것이 아니라 카드를 소지한 사람이 운전하는 차에 탄 사람은 모두 동반입장이므로 저렴한 셈이다.

자이언 캐니언
Zion National Park

라스베이거스에서 출발하면 첫 목적지는 자이언 캐니언이 된다. 차를 타고 돌아볼 수 있는 구간은 한정돼 있지만, 하천을 따라 계곡 깊은 곳까지 트래킹 하면 좋은 경치를 볼 수 있다.

브라이스 캐니언
Bryce Canyon

브라이스 캐니언은 여러 뷰 포인트를 순회하는 재미가 있다. 하이라이트는 제일 위쪽에 있는 브라이스 포인트. 여러 뷰 포인트마다 주차장이 있으므로 쉽게 접근할 수 있고 계곡 아래로 내려가는 트래킹을 하지 않는다면 별로 걸을 일도 없다.

여행계획 세우기

호스슈 벤드
Horseshoe Bend

말발굽 모양의 계곡 호스슈 벤드도 근래에 유명해진 관광지다. 앤틸로프 캐니언과 가까운 곳에 있고 차로 접근하기가 쉬우므로 두 군데를 묶어서 다녀오면 좋다. 주차료만 내면 입장료도 없고 제한 시간도 없다.

앤틸로프 캐니언
Antelope Canyon

앤틸로프 캐니언은 위(Upper) 아래(Lower) 두 군데가 있다. 어느 곳으로 가든 비슷한 느낌을 받을 수 있다. 가이드 투어만 허용되며 입장 인원에 제한이 있으므로 한두 달 전에 일찌감치 예약해두어야 한다. 해가 머리 위에 있는 정오~2시 사이의 투어가 가장 인기가 있고 이 시간대 입장은 가장 먼저 마감된다.

모뉴먼트 밸리 Monument Valley

나바호 원주민들의 성지로 중요한 종교 의식을 하는 신성한 지역이라고 한다. 지형학적으로는 뷰트(Butte)와 메사(Mesa) 라고 부르는 위가 평평한 봉우리와 고원 지형이 신비스럽다. 자기 차를 몰고 계곡 아래로 내려가 멀리 돌아올 수도 있고 나바호 족들이 운행하는 오픈 트럭을 타고 더 깊은 곳까지 돌아올 수도 있다. 계곡으로 내려가려면 오후 4시 전에는 도착해야 한다.

그랜드 캐니언
Grand Canyon National Park

웅장하다는 말로는 부족한, 엄청나게 크고 깊은 계곡 앞에 서면 누구나 말문이 막히게 된다. 눈으로 보고 있으면서도 현실감이 없어서 실감이 나지 않는 계곡을 따라 말끔한 포장도로가 닦여있고 여러 뷰 포인트들이 있다. 뷰 포인트마다 특색있는 경치를 볼 수 있으므로 모두 들러보는 것도 좋다. 계곡 아래로 내려갈 수 있는 길도 있고 절벽을 내려다보면서 트래킹을 즐길 수 있는 코스도 있다.

추천 여행코스 | 10

밴쿠버, 재스퍼/밴프 국립공원, 캘거리

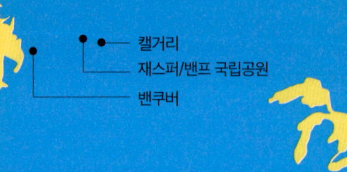

캐나다 서부의 자연과 도시를 모두 돌아보는 코스로, 캐나다 자동차여행자들에게 가장 인기 있는 여행코스다. 항공권은 밴쿠버 In, 캘거리 Out으로 끊고 밴쿠버에서 차를 픽업해 모든 코스를 돌고 캘거리에서 반납한 뒤 귀국행 비행기를 타면 된다. 인천에서 밴쿠버 직항편도 저렴한 것은 드물고 캘거리는 인천과 직항편이 없으므로 귀국할 때 비행기를 여러 번 갈아타야 하는 점이 불편하지만 그것 외엔 방법이 없다.

밴쿠버는 그리 큰 도시가 아니므로 도착날 포함해서 2박3일이면 충분하고, 밴쿠버에서 재스퍼 국립공원 북쪽 입구까지 이동에 하루 잡는다. 재스퍼, 밴프 국립공원은 서로 연결돼 있고 두 지역의 자동차로 접근 가능한 곳들을 돌아보는데 2박3일이면 부족하지 않다.

북쪽에 있는 재스퍼 국립공원까지 올라가는 것이 부담스러워서 밴프 국립공원만 다녀오는 사람들도 있지만 그렇게 하면 여행 다녀온 뒤에도 내내 아쉬움이 남아서 좋지 않다. 자동차로 네 시간 정도만 더 올라가면 두 국립공원 모두 다녀올 수 있고, 구경하는 시간 다해도 1박2일만 추가하면 되므로 두 군데 다 다녀오는 것을 권한다.

캘거리는 예전에 동계올림픽을 하면서 알려진 도시지만, 관광지로 알려진 곳은 없으므로 그냥 지나치고 비행기만 타도 아쉽지 않다.

재스퍼, 밴프 국립공원 지역 내에도 숙박시설들이 있지만 성수기에는 방 구하기가 쉽지 않고 요금도 매우 비싸다. 재스퍼 시내에 호텔이 많이 있고 재스퍼 국립공원 들어가기 전 Tête Jaune Cache 마을과 재스퍼, 밴프 중간 지점의 서쪽에 있는 Golden 마을에 가성비 높은 숙소들이 많다.

국립공원을 남북으로 가로지르는 93번 고속도로는 매우 평탄하고 경치도 좋지만 과속하지 않도록 유의해야 한다. 곳곳에 경찰들이 숨어있으면서 조금이라도 과속하는 차가 보이면 바로 따라가 잡는다. 캐나다 최고의 자연 관광지를 안전하고 쾌적한 곳으로 유지하기 위한 노력으로 보인다.

캐필라노 공원 Capilano Park

캐필라노 공원은 밴쿠버에서 가장 규모있고 유명한 관광지다. 도심에서 멀지 않은 곳에 있지만 심산유곡에 들어온 듯 울창한 숲과 계곡이 있고 깊은 계곡을 가로지르는 현수교, 절벽에 매달려 있는 산책로가 유명하다.

밴쿠버 퍼블릭 마켓
Public Market

밴쿠버 도심 그랜빌 아일랜드의 재래시장 퍼블릭 마켓도 밴쿠버에서는 손꼽히는 관광명소. 구경할 것도 많고 살 만한 것도 많다.

스탠리 파크 Stanley Park

스탠리 파크는 서울의 한강공원처럼 밴쿠버 사람들이 가장 아끼는 도심 공원이다. '밴쿠버 수족관' '토템폴'같은 곳이 사람들이 즐겨 찾는 곳이고 섬을 한 바퀴 도는 해안도로를 따라 자전거를 타는 사람들도 많다. 밤 시간에 이곳에서 바라보는 '캐나다 플레이스' 야경도 멋지다.

재스퍼 스카이 트램
Jasper SkyTram

알프스의 스릴 넘치는 케이블카 만큼은 아니지만 케이블카를 타고 올라가면 멋진 전망을 볼 수 있다.

말린 캐니언
Maligne Canyon

말린 캐니언은 석회암 협곡을 흘러내리는 폭포와 깊은 계곡이 인상적인 곳이다. 재스퍼에서 멀지 않은 곳에 있으므로 금방 다녀올 수 있다.

루이스 호수 Lake Louise

웅장한 산과 잔잔한 빙하호가 인상적인 루이스 호수는 밴프 국립공원의 랜드마크다. 호수 일대는 주변에 스키장도 있고 큰 호텔과 상가들도 있어서 밴프 국립공원의 중심지 역할을 한다.

존스턴 캐니언
Johnston Canyon

울창한 숲과 맑은 물이 우렁차게 흐르는 협곡이 인상적인 곳이다. 협곡을 따라 평탄한 산책로가 이어져 있고 산책로 끝까지 가면 Lower Falls 폭포도 있다. 주차장에서 폭포까지 왕복 30분 정도면 충분하다.

THE BEST PLACE
미국/캐나다 여행지 베스트

세계최대의 도시, 세계최대의 테마파크, 세계최대의 계곡, 세계최대의…
땅만 넓은 것이 아니라 미국에는 '세계적인' 것들도 정말 많고, 미국은 미국대로 캐나다는 캐나다대로, 또 동부와 서부 남부와 북부는 제나름의 특성을 지니고 여행자들의 발길을 이끌고 있다.
땅도 넓고 가볼 곳도 많지만 이 책에서는 그 중에도 꼭 가볼 만한 곳들을 골라서 우선적으로 소개했다. 한 번의 여행으로 모두를 다 볼 수는 없겠지만, 기회가 닿는 대로 야금야금, 미국과 캐나다도 한동안 다녀볼 만한 충분한 매력을 지닌 여행지다.

책에 소개된 곳은 모두 다 가볼 만한 곳이지만, 더 친절하게 추천한다면…

★★★ 이건 정말 세계적인 관광지, 천하 없어도 여긴 가야 해!
★★ 하루밖에 시간이 없다면 이곳으로 압축~!
★ 이틀 이상 시간을 낼 수 있다면 여기는 놓치지 마라!
별 없음 여기까지 보면 다 본 것이다.
그 다음엔 네 마음대로 다녀라.

New York

뉴 욕

놀랄 만큼 화려하며, 놀랄 만큼 소란스러운 도시. 2천만 명의 인구가 800개 넘는 언어를 사용하며 살고 있는, 세계의 수도. 1년에 5천만 명의 관광객이 방문하는 도시 뉴욕은 가히 '세계의 수도'라고 할 만한 곳이다.

뉴욕의 관광지는 거의 대부분 맨해튼 섬에 위치해 있고, 맨해튼 섬에는 지하철망이 촘촘히 짜여져 있어서 지하철만으로 충분히 다닐 수 있다.

미국의 밤거리는 어디나 위험하지만 도심의 번화가는 밤 늦은 시간까지도 관광객들이 넘쳐나므로 걱정 없이 다닐 수 있다.

NEW YORK_01 ★★★

탑오브더락 Top of the rock

탑오브더락에서 보는 야경은 뉴욕 경치의 으뜸이라 할 만하다. 에펠탑이 없는 파리를 상상할 수 없듯이, 엠파이어 스테이트 빌딩이 빠진 뉴욕은 상상할 수 없다. 그런데 엠파이어 스테이트 빌딩은 엠파이어 스테이트 빌딩에서는 볼 수 없다. Top of the rock - 록펠러 센터의 전망대로 올라가야 한다.

뉴욕의 야경 명소로 이름난 곳들이 많지만 록펠러 센터 전망대에서 보는 야경을 1순위로 꼽는 데에는 이견이 없다.

GE빌딩과 NBC방송국 등 10여 채의 건물로 이루어진 록펠러 센터의 GE빌딩 꼭대기에 전망대가 있다. 입장권은 미리 예매를 해야 하는데, 입장권만 있으면 되는 다른 전망대와는 달리, 이 탑오브더락은 미리 방문하여 올라갈 시간도 예약해야 한다. 입장인원에 제한이 있어 인기 있는 시간대에 올라가려면 예약은 필수다.

입장권을 개별로 구입하는 것보다 탑오브더락이 포함된 '뉴욕시티패스'를 구입하는 것도 경제적이다. 사진 찍기 좋은 자리는 경쟁이 심하므로 야경 사진을 찍으려면 일몰 1시간 전에 입장하여 기다리는 것이 좋다.

운영시간	10:00~22:00 (입장인원에 제한이 있으므로 입장시간 예약 필수)
정기 휴일	없음
입장료	성인 $40, 6~12세 $34.
지하철	9개의 지하철 노선이 록펠러 센터 주변을 지나가므로 지하철 역이 매우 많다. 지하철 N, Q, R, W선 49St 역. 4, 6호선 51St역. 지하철 역에서 올라오면 도보 5분 정도
주의사항	삼각대 반입금지 (짐 보관소 없음)

1 해가 지려면 아직 이른 시간이지만 사람들이 모여들기 시작한다. 2 엘리베이터를 타기 전에 보안검사를 받아야 한다.

엘리베이터 타러 가는 길에 유명한 사진이 붙어있다. 1930년대 초반 록펠러 센터를 짓던 노동자들의 모습.

3 해 지기 30분 전쯤 미리 올라가서 맨해튼의 전망을 보는 것도 좋다. 사진은 북쪽을 바라본 전망. 센트럴 파크가 보인다. 4 노을이 물들기엔 아직 이른 시간. 건물마다 불이 켜지기 시작한다. 5 점점 어두워지고 하늘에 붉은 노을이 걸리며 드디어 야경이 펼쳐진다.

자수성가한 사람들의 나라

록펠러센터 전망대로 올라가는 길에 이 사진이 붙어있다.
록펠러센터를 짓던 어느 날이었을 것이다. 손에 도시락으로 보이는 뭔가를 든 사람, 머리를 맞대고 옆 사람에게 담뱃불을 붙여주는 사람, 시원하게 웃통을 벗어제낀 사람…. 아마도 작업하다 맞이한 꿀같은 휴식시간이었을 것이다.
인부들이 입고 있는 낡은 작업복은 먼지투성이고 투박한 작업화도 땀에 절어있을 것이다. 하지만 사진속 인부들의 얼굴은 알 수 없는 무언가로 빛이 나고 있다는 느낌이 들었다. 기분 좋은 노곤함과 열심히 일한 사람만이 맛볼 수 있는 만족감, 땀 흘린 자의 당당함과 자부심일까?
사진을 들여다보고 있다가 지금까지 해보지 못했던 생각이 슬그머니 떠올랐다. 미국이란 나라가 저절로 생겨나지 않았겠다는 생각, 이 사람들 같은 수많은 노동자들의 땀과 노력이 모여 지금의 미국을 만들었겠다는 생각말이다.
그동안은 잘 사는 미국에 대해 "너희들은 원래 가진 것이 많았어" 같은 근거 없는 시기심이 없지 않았다. 그러나 이번 미국여행을 다녀오며 미국은 결코 금수저들의 나라가 아니라는 것을 알게 되었다. 오히려 미국은 흙수저들의 나라였다. 다 버리고 빈손으로 떠나온 사람들이 몇 대에 걸쳐 자신들의 영역을 일궈낸 나라.

빈손으로 이민을 갔던 우리 작은형님도 지금은 큰 옷가게를 두 개나 하고 있고 딸아이를 명문대 출신의 어엿한 미국시민으로 키워내셨다. 단돈 400불을 들고 혼자 미국에 건너갔다던 남편의 친구도 지금은 작지 않은 규모의 운송회사의 사장님이 되었다. 그러고 보니 내가 아는 미국교민 중에 자수성가하지 않은 사람은 단 한 명도 없었다. 이런 것이 어디 한국 사람만의 이야기일까.

미국의 역사를 이야기할 때 언제나 나오는 말이 '개척정신'이다. 낯선 땅에서 새롭게 시작하는 것을 두려워하지 않는 사람들, 그런 용감한 사람들이 만들어낸 나라가 지금의 미국이라는… 이 생각에 확신을 더하게 된 것이 탑오브더락의 땀내 나는 흑백사진이었다.

NEW YORK_02 ★★★

타임즈 스퀘어 Times Square

타임즈 광장에서 딱히 할 일이 있는 것은 아니지만 누구에게나 이곳은 뉴욕 관광지 1순위다.
맨해튼 도심의 보행자 거리 타임즈 스퀘어는 세계에서 가장 많은 관광객이 방문하는 장소 1위로 꼽히는, '세계의 교차로'라는 별명이 어색하지 않은 곳이다. 지도에서는 맨해튼 섬의 한 가운데, 7번가와 42번가, 브로드웨이가 교차하는 곳이다.
1980년대까지도 성인영화관이 즐비한 환락가 범죄 소굴로 유명했지만 1990년대에 대대적인 재개발이 이루어졌고 21세기 들어서며 지금 같은 번화가, 가족 여행자들도 안심하고 찾아올 수 있는 뉴욕의 명소로 탈바꿈했다. 연말에 이곳에서 진행되는 '송구영신' 행사가 유명하다. 카운트다운과 함께 새해의 시작을 알리는 불꽃놀이같은 것도 했었지만 지금은 불꽃놀이는 하지 않고 'Ball Drop' 행사가 열린다.
이 지역의 탈바꿈에는 '월트디즈니'의 공헌이 컸다고 한다. 이곳 브로드웨이에 '청소년 전용극장'을 개장함으로써 관련법규에 따라 일대의 '청소년 유해업소'가 자연스레 퇴출되게 된 것. 원래는 다른 이름이었는데 광장 근처에 '뉴욕 타임즈' 신문사가 있어서 자연스럽게 타임즈 스퀘어로 불리게 되었다고 한다.
타임즈 스퀘어에 특별한 구경거리나 명소가 있는 건 아니다. 타임즈 스퀘어의 볼 거리 1순위는 바로 '사람'. 세계 각지에서 모여든 사람들은 엄청난 인파 속에서 서로 서로를 보며 묘한 흥분과 즐거움에 들뜬다.

1

2 3

1 춤꾼들의 거리공연에 매료된 관광객들. 춤꾼들 실력도 실력이지만… 이 거리에서 뭔들 재미있지 않을까. 2 전 세계에서 가장 비싼 광고판이라는 타임즈스퀘어 광고판을 마주보고 있는 계단 3 기념사진을 찍는 관광객들. 뭔가 재미난 꺼리를 찾아 두리번거리는 눈빛에 여행자들의 기대감이 가득 담겼다.

NEW YORK_03 ★★

메트로폴리탄 뮤지엄 The Metropolitan Museum of Art

파리에 루브르 박물관이 있다면 미국에는 메트로폴리탄 뮤지엄이 있다. 1866년 '재불미국인'들의 모임에서 '미국도 멋진 미술관을 가져보자'는 제안이 채택되어 민간 주도의 모금운동이 시작되었고 큰 호응을 얻어 1880년 지금의 자리에 미술관을 짓고 예술품을 모으게 되었다고 한다.

고대 이집트의 미라로부터 시작하여 아라비아 여러 제국의 유물, 그리스의 도자기, 중국의 불상과 벽화, 조선의 어느 절에서 가져왔음직한 탱화와 불상까지 세계 각국의 미술품들을 총 망라해놓아, 흡사 런던의 영국박물관을 연상케 한다.

그러나 한 발 늦게 미술품 수집에 뛰어든 미국이므로 영국박물관의 '로제타 스톤'이나 루브르의 '모나리자'같은 초특급 소장품은 없지만, 300만점이 넘는 소장품을 가지고 있어 세계 3대 박물관의 하나로 꼽힌다.

운영시간	일~화요일 10:00~17:00, 목~토요일 10:00~21:00
정기 휴일	매주 수요일 (1월 1일, 5월 첫주 월요일, 추수감사절, 12월 25일 휴일)
입장료	성인 $25, 12세 이상 학생 $12, 어린이 무료
지하철	4,5,6호선 86 Street역에서 도보 10분

1 메트로폴리탄 뮤지엄은 민간기관이 만들었고 지금도 운영한다. **2** 이집트관. 이렇게 많은 유물이 해외로 유출된 이집트에는 지금 얼마나 남아있을까 싶다. **3** 중국관이 특히 규모가 크고 어느 절 하나를 그대로 뜯어온 듯한 대형 작품들도 많다. **4** 그리스 실 **5** 아랍관에도 다양한 작품들이 많다.

NEW YORK_04 ★★

자유의 여신상 Statue of Liberty

미국의 상징이자 '자유세계'의 상징으로 널리 알려진 동상이 허드슨 강 하구의 섬에 서 있다.
높이 93미터의 거대한 동상은 미국 독립 100주년 축하 선물로 프랑스 사람들이 만들어 보냈는데 에펠탑을 설계한 구스타프 에펠 등 여러 사람이 동상의 설계와 제작에 참여했다고 한다. 프랑스에서 완성된 225톤짜리 동상을 200여 개의 조각으로 분해하여 프랑스 해군들이 배로 실어와서 다시 조립했다고 한다.
받침대 부분에 동상과 관련된 박물관이 있다. 동상 내부는 빈 공간으로 되어 있는데 여기 있는 나선형 계단을 걸어서 동상의 머리 크라운 전망대까지 올라갈 수 있다. 올라가서 보는 전망이 특별한 것은 없지만 이것도 하루 입장수가 정해져 있고 몇 달 전에 인터넷으로 예약을 해야 하므로 쉽지 않다. 1984년에 세계 문화유산으로 지정되었다.

자유의 여신상 받침대에는 동상 건립당시 받침대 비용을 모금하기 위해 'Emma Lazarus'가 지었던 <The New Colossus> 시 구절이 새겨져 있다. 시는 아래와 같은 내용으로 끝을 맺는다.

Give me your tired, your poor,
Your huddled masses yearning to breathe free,
The wretched refuse of your teeming shore.
Send these, the homeless, tempest-tost to me,
I lift my lamp beside the golden door!

지치고 가난한 사람들, 자유를 목말라하는 사람들,
풍성한 땅의 쓰레기처럼 비참한 존재들을
나에게 보내다오.
집을 잃고 폭풍우에 시달린 자들을 나에게 보내다오.
나는 황금의 문에 서서 등불을 들어 올리겠노라!

1 허드슨 강 하구에 우뚝 서 있는 자유의 여신상 2 3 동상을 가까이 보려면 배를 타야 한다. 배는 여러 가지 노선이 있는데 동상 앞까지 갔다가 돌아오는 코스와 섬에 내려주는 코스가 있다. 4 배를 타고 얼만큼 나오면 맨해튼 빌딩들이 보인다. 이 풍경도 멋지다. 5 자유의 여신상에 가까이 가면 배 안에 있던 사람들은 일시에 한쪽으로 몰려 사진 찍기에 여념이 없다. 사람들이 한쪽으로 몰리지만 배가 크므로 기울어질 염려는 없다.

운영시간	09:00~17:00
정기휴일	없음

배

동상이 있는 리버티 섬과 엘리스 섬에 내려주는 배는 맨해튼 섬의 남쪽 Battery Park에서 탄다. 운항시간은 계절별로 조금씩 다른데 보통 09:00~16:00까지 30분마다 출발하며 돌아오는 것은 17:30 정도에 엘리스 섬에서 출발하는 것이 마지막이다. (https://www.statuecruises.com)

표는 인터넷으로 미리 예매해야 하며, 섬에만 내리는 것, 받침대까지 올라가는 것, 크라운까지 올라가는 것 세 종류가 있다. 요금은 $18.5인데 크라운에 올라가는 사람은 $21.5 이다.

'City Pass'에 포함되어 있는 '서클라인' 유람선은 섬에 내리지 않고 동상 앞까지 한바퀴 돌아온다. 하루 한 번 아침 10시에 Pier83에서 출발한다. (https://www.circleline42.com)

맨해튼에서 스테이튼 섬(Staten Island)을 왕복하는 무료 페리를 타도 자유의 여신상 근처를 지나가지만, 무료 페리인 만큼 섬에 가깝게 지나가지는 않는다. (www.siferry.com)

NEW YORK_05 ★★

센트럴파크 Central Park

고층 빌딩이 즐비한 맨해튼 섬의 한가운데에 믿기 어려울 만큼 큰 공원이 자리잡고 있다. 19세기 후반 맨해튼 섬의 개발이 시작되면서 채석장이나 무허가 판자촌이 즐비하던 시유지에 대대적인 공원을 조성했다고 한다. 자연발생적인 녹지대가 아니라 호수와 언덕, 나무 한그루 한그루를 다 계획하고 심어 만든 공원으로 4계절 아름다운 경치를 볼 수 있다.

공원의 면적이 매우 넓어서 남쪽 끝에서 북쪽 끝까지의 직선거리는 4km가 넘는다. 서울로 치면 동대문에서 서대문 사이의 도심 전체가 다 공원인 셈이다. 공원에는 야구장, 동물원, 큰 저수지, 작은 호수 등 많은 시설이 있지만, 여행자들이 찾아갈 만한 곳은 59번가에서 들어가는 공원 남쪽지역이다. 이곳으로 가면 아름다운 연못과 다리, 숲, 그 사이로 난 산책로를 걸을 수 있고 겨울엔 스케이트도 탈 수 있다.

1 센트럴파크가 없었으면 뉴욕은 얼마나 숨막히는 도시였을까. 뉴욕의 빌딩숲에서 더욱 돋보이는 센트럴파크. 2 겨울에는 아이스링크도 생긴다. 3 맨해튼 한복판이라고는 믿기지 않는 가을 풍경 4 마차를 타고 공원을 돌 수도 있다.

NEW YORK_06 ★

미국 자연사 박물관 American Museum of Natural History

자연사 박물관으로는 세계 최대 규모를 자랑하는 곳이다. 1877년에 건립되었으며 관람객들에게 가장 인기있는 공룡관을 비롯해 포유류관, 해양관, 우주관, 아메리카 원주민관 등에서 다양한 전시물을 볼 수 있고 아이맥스 영화관도 있어서 아이들을 동반한 가족여행팀에겐 필수 코스다. 박물관 바로 앞까지 지하철 노선 여러 개가 연결되므로 찾아가기도 편하다.

1 미국 자연사 박물관은 세계 최대 규모를 자랑한다. 2 박물관에 들어가면 제일 처음 만나게 되는 지질관. 지구의 생성과 지각운동 관련 자료들이 전시되어 있다. 3 포유류관도 인기있다.

운영시간	수~일요일 10:00~17:30
정기휴일	없음 (추수감사절과 12월 25일에만 휴관)
요금	13세 이상 성인 기준 $23~$33. (아이맥스와 특별전 관람 포함)
지하철	A B C선 Museum of Natural History 역에서 내리면 바로 연결됨

모마　Museum of Modern Art

모네와 고흐, 앤디 워홀과 프리다 칼로 등 근현대 거장들의 작품과 현대의 설치미술, 사진까지 한 곳에서 만날 수 있는 곳이다. 정식 명칭은 '뉴욕 현대 미술관'이지만 영문 첫 글자를 따서 보통 MOMA로 부른다.
1층 정원에는 로댕의 작품을 비롯해 여러 조각 작품이 전시되어 있고, 5층 갤러리에 근대 회화작품들이 있다. 근현대 미술관으로는 유럽의 미술관 못지 않은 규모와 내용을 자랑한다.

1 모마는 근현대 미술로는 세계적인 규모와 내용을 자랑한다. 2 스케일이 큰 설치미술도 있다. 3 고흐의 대표적 작품인 '별이 빛나는 밤'도 이곳에 있다. 4 사진작품과 설치미술도 있다.

운영시간	일~금요일 10:30~17:30 (토요일 10:30~19:00)
정기휴일	없음 (추수감사절과 12월 25일만 쉼)
요금	17세 이상 성인 $25. 학생 $14, 16세까지는 무료
지하철	B D E M 선을 타고 7th Avenue 또는 5 Av/53 St역에서 내리면 도보 5분 거리

NEW YORK_08 ★★

엠파이어 스테이트 빌딩   Empire State Building

눈부신 뉴욕야경의 화룡정점, 엠파이어 스테이트 빌딩은 뉴욕의 영원한 랜드마크다. 40년 이상 세계 최고층 빌딩의 자리를 지키다가 1972년 세계무역센터에 '최고층'의 자리는 내어주었지만 지금도 엠파이어 스테이트 빌딩은 뉴욕의 상징이다. 뉴욕에도 다른 나라에도 이보다 높은 건물은 많지만, 이렇게 멋있는 건물은 아직 없다.
그러나 정작 엠파이어 스테이트 빌딩으로 들어가서는 이 모습을 볼 수 없다. 그리고 그 생각은 무척 갑갑하게 느껴지기도 하는데, 그래도 엠파이어 스테이트 빌딩은 한 번 방문해볼 만한 가치가 있다.

운영시간	08:00~02:00 (예약 불필요)
정기휴일	없음
입장료	86층 전망대 성인 $42, 6~12세 $36 86층, 102층 전망대 성인 $75, ~12세 $69
지하철	9개의 지하철 노선이 록펠러 센터 주변을 지나가므로 지하철 역이 매우 많다. 1, 2, 3호선 34St역, 4, 6호선 33 St역. 지하철 역에서 올라오면 건물 입구까지는 도보 5분 정도.

주의사항   입장시킨 예약 제도는 없고 선착순 입장이지만 성수기 피크 타임에는 입구에서 전망대까지 두 시간 이상 걸릴 수도 있다. 전망대로 올라가는데 필요한 소요시간은 홈페이지 상단에 실시간 업데이트 되므로 이것을 살펴보고 가는 것도 좋다.
입장권은 홈페이지에서 구매할 수도 있고 엠파이어 스테이트 빌딩이 포함된 시티패스를 구입해 사용할 수도 있다.
홈페이지 : www.esbnyc.com

1 엠파이어 스테이트 빌딩은 지금도 뉴욕에서 가장 멋진 건물이다. 2 엠파이어 스테이트 빌딩의 전망대에서 보는 뉴욕의 야경. 가운데 보이는 보라색 건물이 록펠러 센터. 엠파이어 스테이트 빌딩의 멋진 모습은 저 건물로 올라가야 볼 수 있다. 3 1층에는 기념품점도 있다.

NEW YORK_09 ★★

익스체인지 플레이스 야경　Exchange Place

불야성을 이루는 뉴욕의 야경은 뉴욕 여행의 필수 코스다.

높은 건물에 올라가 보는 야경도 있지만 허드슨 강 건너에서 바라보는 맨해튼 야경도 뉴욕에서만 볼 수 있는 장관이다. 미국은 기본적으로 밤에 돌아다니는 것이 위험한 나라지만, 허드슨 강변의 야경 명소는 밤에도 사람들이 많이 모이고 경찰도 늘 신경쓰는 곳이어서 걱정이 없다. 허드슨 강변의 야경 감상은 돈도 안 든다. 허드슨 강변의 여러 야경명소 중에서도 으뜸은 Exchange Place 공원에서 보는 야경이다.

운영시간　연중무휴 24시간. 무료
교통　지하철 PATH를 타고 허드슨 강을 건너가 첫 번째 정거장인 Exchange Place에서 내린다. 지하철에서 올라오면 바로 강변 공원이다.

1 허드슨 강 건너에서 바라보는 물 위의 맨해튼 야경도 멋지다.　2 맨해튼에서 PATH 지하철을 타고 저지시티의 'Exchange Place' 역에서 내리면 바로 작은 공원(J. Owen Grundy Park)이 나온다.　3 이곳에서는 무역센터, 엠파이어 스테이트 빌딩 등 맨해튼의 모든 빌딩이 다 보인다. 이곳에서 바라보는 야경이 '탑오브더락' 야경보다 낫다고 하는 사람들도 있다.　4 경치 감상용 벤치도 넉넉하게 마련되어 있다.

덤보 DUMBO

묘한 매력을 지닌 뉴욕의 변두리 동네가 언제부턴가 뉴욕의 관광명소로 유명해졌다. 1984년 개봉, 2014년 재개봉된 미국 갱 영화 'Once Upon a Time in America'의 영향이 큰 듯 하다.

DUMBO 라는 이름은 'Down Under the Manhattan Bridge Overpass'의 줄인 말로 허드슨 강을 건너는 두 다리 맨해튼 브리지와 브루클린 브리지 사이의 고가도로 아래동네를 말한다. 고가도로 아래가 대부분 그렇듯, 이 지역도 예전엔 허름한 공장이나 창고들이 있었던 지역인데, 개성을 지닌 카페와 갤러리, 아트숍 등이 낡은 건물들에 들어서면서 뉴욕의 관광명소로 탈바꿈하였다.

강쪽으로 내려가면 다리 아래의 'Pebble Beach'나 여러 강변 공원들이 이어지는데, 이곳에서 보는 야경도 멋지다.

1 이곳을 유명하게 만든 것은 바로 이 장면. 이 느낌으로 사진을 찍으려면 인물에서 30m 이상 떨어진 거리에서 초점거리 200mm 이상의 망원렌즈를 가지고 당겨 찍어야 한다. 그러면 웅장한 다리와 건물을 배경으로 그럴듯한 사진이 나온다. 2 이스트 강변의 '페블비치'에서 보는 야경도 멋지다. 3 예전의 창고가 멋진 인테리어 숍으로 변신했다. 4 지도 왼쪽의 다리가 브루클린 브리지, 오른쪽 다리가 맨해튼 브리지다. 덤보 DUMBO 글자 왼쪽의 노란별 위치에서 맨해튼 브리지를 바라보면 영화의 포스터 장면처럼 보인다.

운영시간	연중무휴 24시간
교통	지하철 F선 York Street역 또는 지하철 A, C선 High Street역에서 내려 조금 걸으면 된다.

브라이언트 파크 Bryant Park

엠파이어 스테이트 빌딩과 록펠러 센터 사이의 빌딩 숲속에 옹달샘처럼 아담하고 예쁜 공원이 자리잡고 있다. 타임즈 스퀘어와도 가까운 위치에 있어서 뉴욕 여행자라면 이 공원을 들르지 않으려야 않을 수 없다. 공원의 절반을 뉴욕 도서관이 차지하고 있는데 도서관을 빼면 공원의 가로 세로 길이는 100m 남짓한 면적이어서 매우 작고 아담하다. 그러나 우거진 나무와 벤치 상가까지 들어서 있고 겨울이면 스케이트장도 생겨서 공원은 언제나 활기차고 즐겁다.

1 맨해튼 빌딩 숲속에 옹달샘처럼 브라이언트 공원이 자리잡고 있다. 2 4 상가 구경도 재미있다. 3 뉴요커들에게는 브레이크 타임, 관광객들에게는 달콤한 휴식공간을 제공한다.

운영시간 연중무휴 24시간
교통 근처를 지나가는 지하철 노선이 매우 많다. 'Times Sq-42 St' 또는 5Av, 42 Street - Bryant Park 역에서 내린다.

존스 피자 John's of Times Square

맨해튼 도심의 타임즈 스퀘어 가까운 곳에 오랜 역사를 가진 '존스 피자'가 있다. 지금도 석탄을 때는 화덕에서 구워내는 피자집으로 가까운 곳에 있는 Carmino's Pizza가 더 유명하지만, 그곳의 엄청난 대기 순번과 소란스러운 분위기를 감내할 여유가 없다면, 충분히 대안으로 선택할 만한 집이다. 트립어드바이저 평점도 높다.

1 존스 피자는 '뉴욕 대표피자'의 명성을 가지고 있다. 2 이탈리아 본토의 피자와 다르지 않은 맛이 훌륭하다. 3 존스 피자는 타임즈 스퀘어에서 서쪽으로 150m쯤 가면 나온다. 4 피자 한 판과 콜라 한 잔에 $24.50이면 가격도 저렴하다.

영업시간	11:30~23:30 (연중무휴)
위치	260 W 44th St, New York. 타임스 스퀘어에서 도보 5분
홈페이지	www.johnspizzerianyc.com

그리말디스 피자 Grimaldi's Pizza

그리말디스 피자는 '뉴욕 3대 피자'의 하나를 자처하는 집이다. 이탈리아에서 건너온 이민자가 뉴욕에 처음 연 피자집이 롬바르디스 피자이며 그 기술을 전수받은 손자가 오픈했다고 한다. 이탈리아 피자처럼 얇은 도우에 원하는 대로의 토핑을 얹어 구워준다. 피자의 가격은 얹어지는 토핑의 종류와 가짓수에 따라 달라지는데 피자 한 판과 콜라 두 잔 가격이 $25 정도 한다. 실내에선 묘한 이태리 분위기가 느껴지며 이탈리아 본토의 피자집같은 활기가 느껴진다. 신용카드가 안 되고 오직 '캐시' 현금만 받는 점도 특이하다.

1 덤보 거리 한쪽에 뉴욕 3대 피자의 하나로 꼽히는 그리말디스 피자가 있다. 2 화덕에 갓 구워 먹음직스러운 비주얼과 푸짐함이 보기만 해도 행복하다. 맛도 물론 최고. 3 실내는 소박하지만 활기찬 분위기다. 4 피자 종류는 그리 많지 않은데, 토핑을 다양하게 선택할 수 있다. 가격도 착하다.

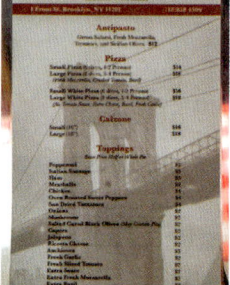

영업시간	일~목요일 11:30~21:00
	금~토요일 11:30~22:00
위치	1 Front St, Brooklyn, NY. 브루클린 다리 아래 길 모퉁이에 있다.
홈페이지	grimaldis-pizza.com

쉑쉑버거 Shake Shack

미국 햄버거 시장의 새로운 강자로 떠오른 쉑쉑버거도 뉴욕 여행길에 한 번은 먹어보아야 할 별미다. 쉑쉑버거는 맥도날드나 버거킹 같은 기존 햄버거보다 좋은 재료와 조리방식으로 만든 '건강한 햄버거'를 자처하는데 뉴욕을 비롯해 미국 여러 도시에 체인점이 있고 서울에도 들어와 있다. 뉴욕 센트럴역 지하의 푸드코트에 있는 쉑쉑버거로 가면 센트럴역 구경도 하고 햄버거도 먹을 수 있어 일석이조다. 점심 저녁 시간에는 대기줄이 길므로 기다리는 것은 각오해야 하지만 그리 오래 걸리지는 않는다.

주문할 때 주문하는 사람의 이름을 적게 되어 있고 조리가 다 되면 '마이클~' '메리~'처럼 이름을 부른다.

1 영양만점의 쉑쉑버거 2 대기줄이 언제나 길지만 그리 오래 걸리진 않는다. 3 쉑쉑버거 앞에는 유명한 빵집 'Magnolia Bakery'도 있다. 4 센트럴 역

영업시간	10:30~22:00 (연중무휴)
위치	그랜드센트럴역 지하
홈페이지	www.shakeshack.com

NEW YORK_15

한국마켓

LA 다음으로 한국인들이 많이 사는 뉴욕에는 한인 타운도 여러 군데 있다. 한인타운의 상점가로 가면 온통 한글 간판이어서 한국인지 미국인지 모를 정도. 한국마켓도 많이 있어서 여행자들도 편리하게 이용할 수 있다.

뉴욕 대도시권에서 한국인들이 특히 많이 거주하는 지역은 맨해튼 동쪽의 퀸스(Queens)시 '플러싱(Flushing)' 지역과 맨해튼 서쪽의 '포트리 (Fort Lee), 팰리세이즈파크 (Palisades Park)' 지역이다. 이들 지역에는 한국식당도 많고 한국마켓, 한인민박들도 많아서 한국인 여행자들도 많이 모인다.

1 2 뉴저지 포트리에 있는 한국마켓 H Mart 3 포트리 H Mart. 전기밥솥도 판다. 4 플러싱에 있는 한양마트

포트리 H Mart	
영업시간	09:00~22:00 (연중무휴)
위치	112 Linwood Plaza, Fort Lee, NJ
주차장 좌표	40°51'39.6"N 73°58'13.1"W

플러싱 한양마트	
영업시간	연중무휴 24시간 영업
위치	150-51 Northern Blvd, Flushing, NY
주차장 좌표	40°45'55.1"N 73°48'48.7"W

뉴욕의 지하철   New York City Subway

뉴욕에 지하철이 처음 생긴 것이 1904년이라고 하니까 뉴욕의 지하철 역사는 100년이 넘는다. 그러나 오래 동안 시민들에게서 외면 받아왔다. 차 없는 사람들이 주로 이용하는 교통수단, 위험한 교통수단으로 인식되었고 실제로 강력사건도 여러 번 일어났었다고 한다. 그러나 최근에 뉴욕의 지하철은 크게 변모되었다. 시설은 예전 그대로여서 낡은 느낌이지만 분위기는 많이 달라져서 유럽의 지하철 정도 된다.(서울이나 도쿄의 지하철만큼은 아니다)
특히 맨해튼 지역의 지하철역은 역사 곳곳에 경찰들이 지키고 서 있어서 더욱 안심이 된다. 그래서 이제는 여성 여행자들도 걱정 없이 뉴욕 지하철을 이용하라고 권할 수 있을 것 같다. 지하철 요금은 한 번 타는 데 $3 인데, 여러 날 머물 것이라면 '메트로카드 Metro Card'를 사는 게 낫다. 일주일짜리를 사서 하루 두 번씩 3일만 이용한다 해도 비용적으로 이익이며 매번 표를 사지 않아도 되므로 편하다.
단, 맨해튼에서 뉴저지 쪽으로 건너가는 PATH 노선은 표를 따로 사야 한다. ($2.75)

1 뉴욕의 지하철 분위기도 한국의 지하철과 별로 다르지 않다. 2 맨해튼의 주요 역에는 경찰들이 지키고 서 있다. 3 도심의 역에서는 실력있는 밴드들의 연주도 들을 수 있다. 4 5 메트로 카드는 자판기에서 신용카드로 손쉽게 살 수 있다.

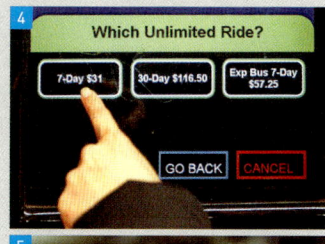
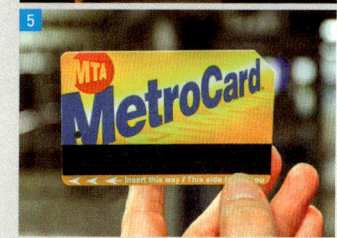

NEW YORK

Hotel Vetiver

호텔 베타이버는 걸어서 1~2분 거리에 지하철이 있어서 지하철을 타고 맨해튼 도심을 다니기 좋은 곳이다. 주방시설이 있는 방도 있고 없는 방도 있다. 주차장은 호텔 주변의 골목에 무료주차를 할 수도 있고 근처에 있는 하루 12불짜리 유료주차장을 이용할 수도 있다. 부킹닷컴 평점 7.9면 나쁜 점수는 아니지만 무엇보다도 저렴한 가격을 생각한다면 그 이상의 점수도 줄 만하다. 2인실~4인실.

1 2인실은 넓지도 좁지도 않고 두 사람이 지낼 만하다. 방마다 작은 테라스가 달려있다. 2 3 주방시설이 있는 방도 있다. 이 방은 면적도 더 넓다. 4 테라스에서 보이는 맨해튼 야경도 그럴듯하다.

시설	2인실 ~4인실. 간이주방 있는 방 있음. 방마다 작은 테라스 있음.
요금	비수기 기준 130달러부터
호텔좌표	40°45'11.9"N 73°56'02.5"W

NEW YORK

Grandview Hotel New York

뉴욕 플러싱의 한인타운 가까운 곳에 있는 호텔이다. 라과디아 공항은 자동차로 5~6분 걸릴 만큼 가까운 위치에 있다. 부킹닷컴 평점 7.9점이면 평점도 높은 편이며 가격을 생각하면 더 높은 점수도 줄 만하다. 건물 뒤에 넓은 주차장이 있어 주차비가 들지 않고 라과디아 공항은 자동차로 5~6분이면 간다. 오너가 홍콩 사람이라고 하며 카운터 직원들도 중국인들이어서 한국인이 운영하는 호텔인 듯 친근한 느낌도 든다.
호텔 문앞에 버스 정거장이 있어서 버스와 지하철을 타고 맨해튼 도심지를 드나들기도 나쁘지 않다. 버스와 지하철을 갈아타고 맨해튼 도심까지 50분~1시간 정도 걸린다.

1 중국인이 운영하는 그랜뷰호텔. 2 건물 뒤에 무료 주차장이 있어서 편하다. 3 4 방은 좁지만 크게 불편하지 않고 화장실도 깔끔하다.

시설	2인실 (주방 없음). 주차장 있음 (무료)
요금	비수기 기준 100달러
호텔좌표	40°46'09.3"N 73°49'58.7"W
홈페이지	grandviewhotelnewyork.com

NEW YORK

JFK 공항 영업소 픽업

1 JFK 공항은 도착층에 렌터카 안내판이 없어 살짝 당황된다. 어느 터미널에서 내리든 렌터카를 픽업하려면 'Air train'을 타고 'Federal circle'까지 가야 한다.

2 에어트레인 화살표를 따라가면 정거장이 나온다. 에어트레인은 공항을 한 바퀴 돌아서 가까운 지하철역까지 연결되는 무료 전철이다. Red, Green 아무거나 타고 Federal circle에서 내린다.

3 허츠 골드회원은 전광판 확인 후 주차장으로 직행, 비회원은 카운터에 가서 예약번호 알려주면 된다.

4 Federal Circle 역에 내려서 1층으로 내려오면 건물 밖에 렌터카 영업소가 있다.

NEW YORK

JFK 공항 영업소 반납

반납장 좌표
40°39'31.0"N 73°48'12.8"W

1. 공항에 도착하면 'Rental Cars' 안내판이 계속 나온다. 안내판만 따라가면 된다.

2. 렌터카 주차건물에 도착하면 다시 렌트사별 구역이 나뉘고, 그리로 들어가면 최종 반납 위치가 나온다.

3. 차 반납은 연료만 체크하는 것으로 간단히 끝난다. 차를 반납한 후 화살표를 따라 비행기 타러 가면 된다.

4. 비행기에서 내려 차 받으러 갈 때도 에어트레인, 차 반납하고 비행기 타러 갈 때도 에어트레인을 탄다. 에어트레인은 무료다.

미국/캐나다 여행지 베스트   109

San Francisco

샌프란시스코

왠지 머리에 꽃을 꽂아야 할 것 같은 도시, 누군가와 사랑에 빠지게 될 것 같은 도시, 평화, 평등, 다양함… 샌프란시스코를 설명하는 많은 말들이 있지만 그중에 가장 중요한 한 마디는 바로 '낭만'이다.

샌프란시스코는 19세기 골드러시로 급격히 성장한 뒤 미국 서부 경제와 문화의 중심지가 되었다. 60년대 반전 히피 운동도 이곳에서 시작되었고 성 소수자의 메카로 알려진 카스트로 거리도 이곳에 있다.

노동자들의 작업복으로 시작된 리바이스 청바지를 비롯해 우버택시, 에어비앤비, 트위터의 본사가 이곳에 있고, 애플을 비롯해 21세기 신 산업혁명을 주도해온 여러 기업들이 샌프란시스코 대도시권의 실리콘밸리에 자리 잡고 있다. 신천지 미국에서도 가장 앞서가는 새 도시가 샌프란시스코인 듯하다.

SAN FRANCISCO_01 ★★★

금문교   Golden Gate Bridge

낭만도시 샌프란시스코를 상징하는 거대한 랜드마크, 저녁 햇살에 붉게 물든 금문교의 모습은 미국, 서부, 샌프란시스코를 차례로 연상시킨다. 금문교 빼고 샌프란시스코를 상상하기는 어렵고 금문교를 뺀 샌프란시스코 여행도 상상하기 어렵다.

그러나 막상 가 보면 조금 허무한 느낌도 든다. 입장료도 없고 전망대도 없고 자리다툼도 없다. 금문교는 어디서나 보이므로 금문교 주변 여러 곳에 있는 주차장에 차 대고 바라보다 오면 그만이다. 그런 것도 낭만도시 샌프란시스코의 랜드마크답다.

1 금문교는 '미국 서부'를 상징하는 랜드마크다. 2 금문교는 여러 곳에서 볼 수 있지만 다리 건너기 전 'Golden Gate Bridge Welcome Center' 쪽에서 보는 전망이 가장 멋지다. 3 다리 건너 북쪽으로 가도 무료 주차장이 있지만 전망은 못하다. 4 시내에서 금문교를 건너갔다가 다시 돌아오려면 통행료를 내야 한다.

SAN FRANCISCO_02 ★★

피셔맨스 와프 Fisherman's Wharf

항구도시 샌프란시스코는 반도의 북동쪽으로 수십 개의 부두가 있나. 각각 어색선 부두, 어선 부두, 회물선 부두 등으로 쓰이는데 그 중 어선 부두로 쓰이던 39번~43번 부두 사이의 'Fisherman's Wharf'가 관광객들이 가장 많이 모이는 지역이다. 주변에는 이 지역 특산물인 게 요리집도 많고 유명한 빵집, 햄버거집도 많아서 하루 종일 사람들이 북적인다.

39번 부두의 끝에 있는 바다사자 무리가 피셔맨스 와프에서 가장 유명한 볼거리다. 43번 부두로 가면 잠수함과 군함도 있고 입장료를 내고 들어가 볼 수 있다. 부둣가 넓은 광장 곳곳에 있는 거리의 악사나 행위예술가들을 보는 것도 재미있다.

1 39번 부두 끝에 있는 바다사자들은 피셔맨스 와프의 스타다. 2 피셔맨스 와프의 상징은 '게(Crab)' 인 듯하다. 3 43번 부두쪽에는 한국의 바닷가 먹자골목 같은 분위기의 식당가도 있다. 4 중남미의 냄새를 풍기는 이 팀도 피셔맨스 와프의 터주대감인 듯하다. 몇 년째 같은 장소에서 연주하고 돈을 번다.

SAN FRANCISCO_03 ★★

골든게이트 파크 Golden Gate Park

도심에 조성된 공원으로는 미국에서 가장 큰 공원이며 이용자 수도 미국 내에서 두 번째라고 한다. 동쪽 끝에서 서쪽 끝까지의 직선 거리가 5km에 달하므로 쉬지 않고 걸어도 한 시간이 더 걸린다. 그렇지만 공원의 서쪽지역은 운동장과 호수, 숲으로 되어 있고 사람들이 즐겨 찾는 명소는 공원의 동쪽 지역에 모여 있으므로 이름난 곳들을 모두 돌아보는 것도 어렵지 않다.
골든게이트 파크에서 꼭 가볼 만한 곳은 캘리포니아 과학 아카데미, 드 영 뮤지엄, 야외 식물원, 그리고 일본 정원 정도다. 공원 입장료는 없지만 각 시설마다 입장료를 받고 주차는 캘리포니아 과학 아카데미 지하주차장이 매우 넓으므로 거기에 하면 된다. 공원 내 도로에 무료 주차할 수는 있지만 빈자리 찾기가 쉽지 않다.

1 골든게이트 파크는 미국에서 가장 큰 도시공원이다. 2 야외 식물원은 각 대륙별 구역으로 조성돼 있고 규모가 크다. 3 휴일에는 푸드트럭도 있다. 4 야외음악당에서는 연주회도 열린다. 5 소박한 일본풍 정원도 있다. 입장료를 받는데 일본여행을 다녀온 사람이라면 굳이 볼 필요는 없을 듯.

SAN FRANCISCO_04 ★

드 영 뮤지엄 de Young Museum

드 영 뮤지엄은 골든게이트 파크로 사람들을 이끄는 중요 포인트다. 미국의 근현대 미술품을 중심으로 아프리카와 중남미, 태평양 제도의 민속 예술품 그리고 유럽의 근현대 회화 작품과 사진, 고가구 등 많은 전시물을 볼 수 있다. 건물은 모두 2층으로 이루어져 있는데 전시물들이 다양하고 면적이 그리 넓지 않아서 알뜰히 관람할 수 있다.

최초의 박물관은 20세기 초에 지어졌는데 여러 차례 증축과 개축을 거듭하다가 2005년에 지금의 모던한 건물이 완성되었다고 한다. 건물 한쪽에는 9층 높이의 전망대가 있고 이곳에 올라가면 금문교를 비롯해 샌프란시스코 시가지가 모두 보인다.

1 드 영 뮤지엄은 건물이 특히 멋지다. 2 3 아프리카 오세아니아의 다양한 민속예술품들도 볼 수 있고 4 모딜리아니같은 유명 화가의 그림도 볼 수 있다. 5 기획전도 다양하게 열린다.

운영시간	09:30~17:15 (월요일 휴관)
입장료	$15. 만 17세 미만은 무료
주차	캘리포니아 과학 아카데미 주차장 이용
웹사이트	https://deyoung.famsf.org

SAN FRANCISCO_05 ★★

캘리포니아 과학 아카데미 California Academy of Sciences

캘리포니아 과학 아카데미는 150년 역사를 지닌 서부지역 최대의 자연사 박물관이자 과학 박물관이며 연구기관이다. 2008년 명실상부한 과학 아카데미이자 자연사 박물관의 모습으로 태어났다. 아이들에게 인기 있는 공룡화석을 비롯해 4층 높이의 초대형 수족관과 다양한 해양생물관, 여러 가지 체험할 것들이 많아 가족단위 방문객들이 많고 체험학습 나온 어린이 학생들도 많다. 어린이를 동반한 가족여행팀이라면 필수 코스다.

1 캘리포니아 과학 아카데미는 어린이를 동반한 가족여행의 필수코스다. 2 입구에 있는 '티라노사우루스'는 인기만점. 3 머리 위로 상어가 돌아다니는 수족관의 규모도 거대하다. 4 체험코너도 다양하게 있다.

운영시간	09:30~17:00 (일요일은 11:00 개관. 연중무휴)
입장료	성인 $42. 3~17세 $23.5~32.75 (날짜, 입장 시간에 따라 상이)
주차장 좌표	37°46'08.9"N 122°28'05.3"W
웹사이트	https://www.calacademy.org

SAN FRANCISCO_06 ★★

파웰스트리트 & 유니온스퀘어   Powell St. & Union Square

특별히 이름난 명소는 없지만, 파웰스트리트의 전차 종점은 언제나 관광객들로 북적인다. 굳이 볼 게 있다면 전차를 등으로 밀어서 돌려세우는 모습 정도이지만, 백화점, 쇼핑몰도 많고 관광객도 많고 그 틈에 거리의 악사들도 많고… 아무튼 샌프란시스코에서 가장 번화한 거리다. '유니온 스퀘어'는 전차 종점에서 조금 떨어진 곳에 있다. 광장은 아담한 크기로 각종 전시회나 집회 장소로 쓰이기도 하고 겨울에는 스케이트장으로 쓰이기도 한다. 점심시간에는 인근 직장인들의 휴식처이기도 하다.

1 파웰스트리트는 샌프란시스코에서 가장 번화한 거리다. 2 도심의 빌딩 숲 속에, 옹달샘처럼 유니온 스퀘어 공원이 있다. 3 파웰스트리트 지하철 입구 주변에는 거리의 악사들도 많다. 4 샌프란시스코의 명물 전차. 파웰 거리를 달려 피셔맨스 와프 Fisherman's Wharf까지 왕복한다. 이 전차는 완전히 옛날 방식으로 운행하며 요금도 비싸다. 한 번 타는데 7달러.

SAN FRANCISCO_07 ★

트윈픽스 Twin Peaks

서울의 남산처럼 샌프란시스코 한가운데에 나지막한 산봉우리 두 개가 솟아 있다. 여기서 보는 샌프란시스코 전망도 멋지다. 전망은 낮에 보아도 좋지만 밤에 보는 야경이 더 유명하다. 산 정상까지 자동차로 올라갈 수 있고 주차장도 마련돼 있다. 입장료는 없으므로 아무 때나 자유롭게 올라가 볼 수 있다.
늦어도 일몰시각 30분 전에는 주차장에 도착해서 저녁노을을 보고 야경도 보는 게 좋다. 일몰풍경은 남쪽 산봉우리로 올라가면 더 잘 보인다. 여름 성수기 주말에는 산 정상에 주차 공간이 부족할 수 있으므로 미리 올라가는 게 좋다.

1 샌프란시스코 여행이 더욱 특별해지는 순간 2 태평양 바다위의 붉은 노을을 먼저 보고 조금 기다리면 3 이윽고 샌프란시스코의 야경이 펼쳐진다.

주차장 좌표   37°45'16.9"N 122°26'47.2"W

SAN FRANCISCO_08

알카트라즈 섬　Alcatraz Island

여러 영화의 무대가 되면서 유명해진 샌프란시스코의 명소. 한 시대를 풍미했던 조폭 두목 알카포네, 기관총 켈리 등이 수감되었던 곳이며, 탈출 절대 불가로 여겨졌지만 1962년에 죄수 세 명이 행방불명(탈출했다는 증거가 없다)된 이후 폐쇄되었다고 한다. 이곳을 소재로 한 영화로는 〈더록〉〈알카트라즈 탈출〉〈일급살인〉〈셔터 아일랜드〉 등이 유명하다.

샌프란시스코에서는 손꼽히는 관광지이지만 한국사람들에겐 그다지 인기가 없는 듯하다. 이곳보다는 서대문 형무소가 더 실감나고, 서대문 형무소를 본 사람이라면 그것과 비슷한 느낌의 관광지로 생각하면 된다.

예매 알카트라즈 섬으로 들어가는 배는 09:10~15:50까지 30분 정도 간격으로 떠난다. 인기있는 곳이므로 당일 현장으로 가면 표가 없는 경우가 대부분이다. 표는 일찌감치 사두어야 한다. https://www.alcatrazcruises.com

입장료 인터넷으로 구매한 예매권은 당일 부두에 가서 승선권으로 교환해야 한다. 들어가는 배는 정해져 있지만 나오는 배는 자유롭게 탈 수 있다. 알카트라즈 섬에 도착해서 나오는 배 시간을 알아두고 움직이면 좋다. 배는 33번 부두에서 떠난다. 요금은 성인 $41, 5~11세 $25.

주차 33번 부두에는 주차장이 없고 주변의 사설 주차장을 이용해야 하는데 가까운 곳에 주차장들이 여러 곳 있으므로 주차가 어렵지는 않다.

1 샌프란시스코 만의 육지에서 멀지 않은 곳에 알카트라즈 바위섬이 떠 있다. 2 알카트라즈로 가는 배는 33번 부두에서 떠난다. 3 배를 타고 가면서 바라보는 샌프란시스코 풍경도 멋지다. 4 감옥 둘러보기

코이트 타워 Coit Tower

샌프란시스코 '텔레그라프 힐'의 언덕 위에 용도를 알 수 없는 탑이 솟아있다. 봉수대도 아니고 등대도 아니고 종교적 기념물도 아닌, 그냥 콘크리트 탑이다. 탑은 '샌프란시스코를 아름답게 만드는 데 써 달라'며 시에 유산을 남긴 '코이트(Lillie Hitchcock Coit)'의 이름을 따서 코이트 타워라고 지었다고 한다.

탑 꼭대기까지는 엘리베이터를 타고 올라갈 수 있고, 올라가면 샌프란시스코 일대가 한눈에 보인다. 밤에 멋진 야경을 볼 수 있겠지만 밤에는 출입금지다.

탑 아래에 주차장이 있지만 터가 좁아서 차 대기가 쉽지 않다. 언덕 위에서도 샌프란시스코 전망이 잘 보이므로 굳이 탑 꼭대기로 더 올라가지 않아도 될 듯하다.

1 이곳에서는 샌프란시스코 시가지가 한눈에 보인다. 2 꼭대기로 올라가면 샌프란시스코 시가지가 한눈에 보인다. 3 벽화가 그려진 복도를 돌아서 엘리베이터를 타고 올라간다. 4 꼭대기는 이렇게 생겼다. 지붕은 없다.

엘리베이터 운영시간 10:00~17:00 (여름에는 18:00까지)
입장료 성인 $10, 12~17세 $7, 5~11세 $3.
주차장 좌표 37°48'10.2"N 122°24'20.9"W
주차장은 1시간 제한이며 무료지만 주차장이 좁아 자리가 없다.

하이트-애쉬베리 Haight-Ashbury, 카스트로 Castro 거리

1960년대, 기존의 권위와 질서를 거부하며 자연, 평화, 자유를 추구했던 히피 문화의 성지가 샌프란시스코, 거기에서도 하이트 거리였다. 남녀 구분 없이 풀어헤친 긴 머리, 긴 치마와 수공예 액세서리, 록음악 같은 히피의 상징은 지금도 하이트 거리에 남아있고 히피처럼 보이는 사람들도 종종 눈에 띈다. 히피를 자처하는 사람들 중에는 무위도식하는 약쟁이들도 많았고 마약이 미국의 큰 사회문제가 된 것도 히피문화로부터 비롯된 것이지만 한때 세계를 풍미했던 히피문화는 세계사에 기록될 큰 사건이었고 지금까지도 영향을 끼치고 있다. 스티브 잡스도 젊은 시절 히피 문화에 심취했던 적이 있고 그 때의 경험이 훗날 '혁신'의 원천이 되었다고 한다. 하이트 거리에 이웃해 있는 카스트로 거리는 '동성애자들의 해방구' 쯤 되는 곳이다. 이 거리에서는 다정히 다니는 남녀가 오히려 이상해 보일 정도로 동성애자들이 넘친다.

1 하이트-애쉬베리는 60년대 히피들의 본거지였다. 2 히피풍 액세서리 가게 3 뒤늦게 히피인 척하는 젊은이들 4 카스트로 거리는 동성애자 거리로 유명하다.

소살리토 Sausalito

1

2

3

4

샌프란시스코에서 금문교를 건너가면 바닷가 마을 '소살리토'가 나온다. 이전까지는 교통의 요지였으며 조선소도 있는 바닷가 마을이었는데 제2차 세계대전 후 각종 예술인들, '자유로운 영혼의 소유자'들이 이곳에 집단으로 'Houseboat'를 띄우고 살면서 '예술인촌'으로 알려지게 됐다고 한다. 잔잔한 바다 너머 샌프란시스코 시가지가 보이는 경치가 좋고 기후가 온화하여 지금은 중산층 주거지로 개발되었다. 마을에 특별한 관광명소가 있는 것은 아니지만 잔잔한 바닷가 공원에서 평화로운 휴식의 시간을 가질 수 있는 곳이다.

1 '예술인촌'으로 알려진 소살리토. 2 해변의 공원이 무척 한가롭다. 3 사람 주위를 맴도는 갈매기들과 노는 것도 재미있다. 4 샌프란시스코에서 자전거를 빌려타고 금문교를 건너오는 사람들도 많다.

샌프란시스코에서 렌터카로 소살리토를 다녀오려면 비용이 많이 든다. 금문교는 샌프란시스코로 들어올 때 통행료를 내야 하는데, 현금차로가 없고 무조건 번호판독 후지불 시스템으로 되어있다. 문제는 이 시스템(한국의 하이패스와 유사한 'Plate Pass')의 사용료를 하루당 4.95달러씩 계산해서 전 렌트기간(최대 5일치) 지불하도록 되어있는 규정이다.
따라서 최악의 경우 다리 한 번 건넜다 오는데에 통행료 7달러와 24.5달러, 합쳐서 32달러를 내는 경우도 생긴다. 이 비용은 렌터카 빌릴 때 사용한 신용카드 계좌에서 나중에 빠져나가는데, 렌트사 명의로 인출되지만 실제는 시스템 관리회사인 'Plate Pass'에서 가져가는 것이므로 렌트사에 항의해봐야 소용없다.

주차장 좌표
37°51'24.3"N 122°28'46.7"W (유료)

SAN FRANCISCO_12

그 외의 관광지들

1 유니온 스퀘어에서 북쪽으로 두 블록, 동쪽으로 한 블록 걸어가면 'Dragon's Gate'가 있다. 여기부터 차이나타운이다. 2 1848년 중국인 세 명이 정착하면서 시작된 샌프란시스코 차이나타운은 현재 미국에서 가장 오래되었고 가장 큰 규모의 차이나타운이라고 한다. 한국인 관광객에게 특별히 새로운 풍물은 아니지만 동양을 가보지 못한 미국 사람들에겐 '이국적인' 관광지인 것 같다. 3 롬바드 스트리트(Lombard Street)의 신기하고 예쁜 지그재그 도로길은 롬바드 거리 서쪽에서 동쪽방향으로 진행하면서 일방통행이다. 여행성수기에는 이 길을 지나가보기 위해서 기다리는 차들이 많다. 이 일대는 일방통행 도로가 많으므로 내비게이션에 길 입구 좌표를 잘 찍고 가야 한다. **입구 좌표** : 37°48'06.7"N 122°25'10.6"W 4 샌프란시스코의 태평양 연안의 링컨 파크에서 보는 바다경치도 멋지다. 5 링컨파크에서도 'Eastern Coastal Trail Overlook'에서 보는 바다경치가 특히 멋지다. **주차장 좌표** : 37°46'57.4"N 122°30'39.5"W

몬테레이 수족관　Monterey Bay Aquarium

몬테레이 수족관은 미국/캐나다를 통틀어 가장 잘된 수족관이라 할 만한 곳이다. 역사도 오래되었지만 여러 전시관이나 체험프로그램도 잘되어 있고 내용도 풍부하다. 멀리에서도 찾아오는 사람들이 많아서 언제나 방문객들이 많다.
1층 2층 실내 실외 바다와 연결된 체험장까지 전시 공간도 많고 전시물도 많아서 모두 다 돌아보려면 시간도 적지 않게 걸린다. 어린 아이들을 위한 체험과 놀이공간도 있어서 가족여행 팀들이 많이 온다.
건물에 주차장이 없는 점이 조금 불편하지만, 수족관 주변에 여러 곳의 공영주차장이 있으므로 적당한 곳에 차를 두고 조금만 걸으면 된다.

운영시간　10:00~17:00 (연중무휴)
입장료　성인 $49.95, 13~17세 $39.95, 5~12세 $34.95
주차장 좌표　36°37'00.8"N 121°54'10.4"W

1 몬테레이 수족관은 언제나 방문객들이 많다.　2 상어를 비롯한 대형 어류들이 헤엄쳐다니는 모습은 언제 봐도 시원하다.

3 4 다른 수족관보다 유난히 예쁜 물고기들이 많다. 5 6 해파리가 연출하는 '무빙아트'도 볼수록 멋있다. 7 다이빙 체험장도 있다.

SAN FRANCISCO_14 ★★

17마일 드라이브 코스, 카멜

17마일 드라이브 코스는 미국에서 가장 아름다운 드라이브 코스로 꼽힌다. 태평양 바다를 끼고 고운 모래와 바위, 그 틈에 자라는 고목과 야생화까지… 아름다운 경치를 만들고 있다. 가장 아름다운 17마일 구간은 유료로 운영되고 있다. 전국의 고속도로가 모두 무료인 나라에서 통행료를 받는 것이 조금 생뚱맞기도 하지만 들어가보면 유료인 것이 충분히 납득될 만큼 아름다운 경치를 볼 수 있다. 해변 곳곳에는 '페블비치 컨트리클럽'을 비롯해 여러 곳의 골프장이 있다.

내비게이션에 17마일 드라이브 코스를 찍어도 입구를 안내해주지만 몬테레이 수족관 앞에서 Ocean Vew Blvd.를 따라가도 멋진 해안 경치를 보면서 17마일 드라이브 코스 입구로 연결된다. 몬테레이에서 17마일 드라이브코스를 따라가면 남쪽 끝에 아름다운 소도시 '카멜'이 나온다.

카멜에서는 카멜 미션 (Carmel Mission) 대성당이 유명하지만 갤러리와 선물가게 카페 등이 아기자기하게 꾸며진 번화가 구경이 더 재미있다. 카멜 번화가는 대부분의 도로변 주차장이 무료다.

1

2

1 2 3 4 쉬엄 쉬엄 드라이브를 즐기기 좋은 17마일 드라이브 코스 5 6 7 8 9 10 카멜 시내에는 예쁜 가게들이 많다. 무얼 사지 않더라도 여기 저기 가게 구경하는 것도 즐겁다.

5

미국/캐나다 여행지 베스트 127

프리미엄 아울렛

샌프란시스코 도심에서 자동차로 40분 정도 가면 근교도시 Livermore가 나온다. 이곳 고속도로 인터체인지를 나가면 바로 프리미엄 아울렛이 있다. 프리미엄 아울렛은 미국 내 수십 개 도시에 있지만 이곳 '샌프란시스코 프리미엄 아울렛'도 규모 면에서 손꼽히는 곳이다.
나이키, 푸마, 아디다스 같은 스포츠브랜드를 비롯해 코치, 게스, 스와로브스키, 버버리… 등 미국에 들어온 거의 모든 브랜드의 상품을 저렴하게 구입할 수 있다.

영업시간	월~목요일 11:00~19:00 / 금~토요일 10:00~20:00 일요일 10:00~19:00 (휴일: 추수감사절, 12월 25일)
웹사이트	http://www.premiumoutlets.com/korean/
주차장 좌표	37°41'52.5"N 121°50'42.3"W

1 샌프란시스코 근교도시 Livermore에 있는 '샌프란시스코 프리미엄 아울렛' 2 이곳에도 나이키 매장이 가장 크다. 3 여러 의류 메이커들도 많다.

중국음식점 R&G 라운지

차이나타운에 있는 중국 음식점 R&G 라운지는 샌프란시스코뿐 아니라 미국에서도 손꼽아주는 중국집이다. 여러 해 동안 미슐랭가이드 추천도 받았고 미셸 오바마 등 유명인도 많이 다녀갔다고 한다. 훌륭한 음식에 비하면 가격도 그다지 비싸지 않아서 자리 차지하기가 쉽지 않다. 예약은 필수지만 예약 없이 왔어도 빈자리가 날 수 있으므로 점심 저녁 시간에는 언제나 긴 줄이 늘어서 있다.

1 R&G 라운지 앞에는 언제나 대기 손님들이 많다. 2 새우 볶음밥도 깔끔하고 맛있다. 15달러 정도 3 양도 푸짐하게 주는데, 먹고 남은 것은 이렇게 포장해 갈 수 있다. 4 시로부터 받은 상장, 미슐랭가이드 추천서 5 미셸 오바마 인증샷

영업시간	일~목요일 11:00~21:00 금~토요일 11:00~21:30 (연중무휴)
주소	631 Kearny St, San Francisco
웹사이트	https://rnglounge.com
주차장 좌표	37°47'41.6"N 122°24'17.8"W (유료 공영주차장)

SAN FRANCISCO_17

한국식당/한국마켓

샌프란시스코 도심에도 한인타운이라고 할 만큼은 아니지만, 도심을 가로지르는 게어리 스트리트(Geary St.)를 따라서 한국식당과 한국마켓들이 여러 집 있다. 그 중 찾아가기 좋고 추천할 만한 집으로 한국식당 '아랑'과 그 옆 건물에 있는 한국마켓 '우리식품'을 꼽을 수 있다. 아랑과 우리식품은 전용주차장이 없지만 건물 뒤에 있는 'Safeway' 마켓 주차장을 대충 이용할 수 있다.

1 한국식당 아랑의 돌솥비빔밥 2 손님들 서빙에 바쁜 아랑 사장님 3 샌프란시스코 도심의 한국마켓 우리식품 4 우리식품은 규모는 작지만 없는 것 없이 다 판다.

아랑 영업시간	월~토요일 11:00~02:00
	일요일 15:00~02:00
우리식품 영업시간	08:00~21:00
주차장 좌표	37°47'00.6"N 122°25'54.1"W (무료)

SAN FRANCISCO

Hampton Inn San Francisco-Daly City

미국에서 부동산 가격이 가장 비싼 도시, 호텔비도 가장 비싼 도시가 샌프란시스코인데, 샌프란시스코 시내를 살짝 벗어나서 공항 쪽으로 내려가면 가성비 높은 숙소들이 많다. Hampton Inn San Francisco-Daly City는 공항도 멀지 않고 바트 지하철도 이용할 수 있고 큰 한국마켓도 가까이 있어서 추천할 만한 집이다. 주방 딸린 방은 없고 방마다 냉장고는 있다.

¹ 가성비 높은 Hampton Inn ² 방이 넓고 시원하다. ³ 걸어가기엔 조금 먼 곳에 바트역이 있다. 환승 주차장이 있으므로 이곳에 차를 두고 샌프란시스코 시내 다녀올 수 있다. ⁴ 가까운 곳에 한국마켓도 있어서 편리하다.

시설	2인~4인실. 주방 없음 (냉장고는 있음)
요금	비수기 기준 190달러
호텔좌표	40°45'11.9"N 73°56'02.5"W

SAN FRANCISCO
Americania Hotel

샌프란시스코 도심에서는 비싸지 않은 가격에 묵을 수 있는 곳이며 Bart와 트램 등을 타고 시내 여러 곳을 다니기 좋다. 파웰스트리트까지는 걸어서 10분. 자체 주차장을 갖추고 있어 주차도 편리하다. 구글평점 3.4 부킹닷컴 7.1이면 나쁘지 않다.

1 Americania Hotel은 도심에서 비교적 저렴하게 묵을 수 있는 숙소다. 2 4 방은 넓지도 좁지도 않고 두 사람이 지내기 적당하다. 3 건물 가운데에 트인 공간이 있어서 아늑하고 시원한 느낌을 준다. 욕실도 깔끔하다.

시설	2인~4인실. 주방 없음(냉장고는 있음)
요금	비수기 기준 160달러 (세금 14%와 주차비 $35 별도)
호텔좌표	37°46'43.3"N 122°24'37.0"W
홈페이지	www.americaniahotel.com

SAN FRANCISCO
Lone Oak Lodge

샌프란시스코 남쪽의 몬테레이 시내에 한국의 펜션처럼 편하게 묵을 수 있는 숙소가 있다. 2인실도 있고 4인실도 있지만 주방시설이 완벽하게 갖춰진 독채 펜션형도 있어서 가족여행팀에게 안성맞춤이다. 이곳에서 샌프란시스코까지는 멀지만, 수족관이 유명한 몬테레이와 17마일 드라이브 코스가 가까이 있고 산호세까지는 자동차로 1시간 거리다.

1 론 오크 로지는 독채 펜션처럼 편리하다.
2 방이 매우 넓고 시원하다.
3 4 5 식탁과 오븐까지 갖춰진 주방시설도 부족함이 없다.

시설	2인~4인실. 주방 있음
요금	비수기 기준 120달러 (주차 무료)
주차장좌표	36°35'49.2"N 121°51'29.5"W
홈페이지	www.loneoaklodge.com

SAN FRANCISCO

샌프란시스코 공항 영업소 픽업

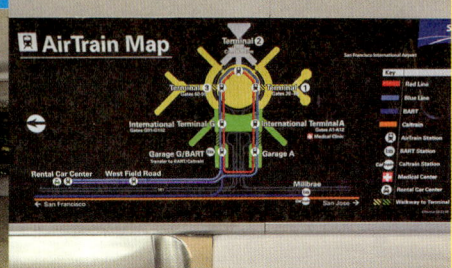

1 어느 터미널에서 내리든 'Air Train (블루라인)'을 타고 '렌터카 센터'로 간다.

2 렌터카 센터에 내리면 여러 렌트사 부스가 바로 나온다.

3 허츠렌터카 골드회원은 여기서 한 층 아래로 내려가서 골드 전용 카운터를 이용하든지 전광판에서 이름 확인 후 주차장으로 직행한다.

SAN FRANCISCO

샌프란시스코 공항 영업소 반납

반납장 좌표
37°37'46.9"N 122°24'04.0"W

1 렌터카 센터는 장기주차장 옆에 있다. 안내판을 따라 계속 간다.

2 이윽고 렌터카 리턴 안내판이 나오고

3 주차건물은 다시 층별로 렌트사가 나뉜다 허츠는 1층으로 진입하면 된다.

4 차를 대고 짐가방을 챙기고 있으면 직원이 와서 연료게이지를 체크하고 영수증을 뽑아준다. 에어트레인을 타고 출국장으로 가면 된다.

·미국/캐나다 여행지 베스트

SAN FRANCISCO

렌터카 영업소
샌프란시스코 시내 Mason St 영업소

반납장 좌표
37°47'11.5"N 122°24'35.5"W

---

1 샌프란시스코 도심에 있는 Mason St 영업소도 한국 여행자들이 많이 이용하는 곳이다.

2 허츠를 비롯해 달러, 알라모 등 여러 렌트사가 있다.

3 허츠렌터카 사무실은 건물 입구에 있다.

허무한 반납

미국의 렌트카 반납은 허무하도록 간단하다.
반납 주차장으로 들어가서 반납직원이 유도해주는 자리에 차를 대면, 단말기같은 것을 들고 온 직원은 연료게이지와 주행거리만을 살펴보고 오케이!
차의 외관 같은 것은 살펴보지도 않고 특별히 하는 이야기도 없다. 단말기에서 영주증을 뽑아주는 영업소도 있지만, 아무 말도 없이 가버리는 경우가 대부분이다.
다 된 건가? 싶어서 머뭇거리다가 영수증이라도 달라고 하면, "이메일로 가요" 하고는 그만이다.
1분도 걸리지 않는 반납이 허무하지만, 미국 렌터카는 완전면책 자차보험이 기본으로 포함돼 있기 때문에, 연료가 채워져 있는지만 보고 나면, 더 이상 확인하고 살펴볼 일도 없다.
만약 연료가 부족하다면 담당 직원은 그 부분에 대해 이야기해주겠지만, 그런 저런 말 없이 오케이! 했다면 그것으로 끝난 것이다.

Los Angeles
로스엔젤레스

영화처럼 동화처럼, 꿈과 현실이 교차하는 곳.

로스엔젤레스(LA)를 중심으로 한 대도시권에 1800만의 거대한 인구가 살고 있다. 그중 히스패닉계의 혼혈이 50%, 유럽계가 30%, 한국인을 비롯한 아시아계가 10%, 흑인이 10% 정도를 차지하고 있다. 미국에서 부자들이 가장 많은 도시이면서 동시에 노숙자의 수도 가장 많은 도시라고 한다.

미국을 흔히 인종과 문화의 용광로(melting pot)라고 하지만, 다양한 인종의 다양한 문화가 뒤섞여있는 로스엔젤레스야말로 melting pot 이라 부르기에 충분한 것 같다.

LOS ANGELES_01 ★★★

테마파크　Theme Park

LA 여행지 1순위는 테마파크다. 테마파크의 원조 디즈니랜드, 영화를 현실로 체감하는 유니버설 스튜디오, 그리고 최대의 아드레날린을 보장하는 넛츠베리팜을 LA의 3대 테마파크로 꼽는다. 하루에 한 군데씩만 간다 해도 사흘은 걸리고 돈도 많이 들므로 이중 한 군데만 선택하는 게 현실적이다.

어린 아이와 함께라면 디즈니랜드 파크, 짜릿한 어트랙션을 원한다면 디즈니랜드 어드벤처 또는 넛츠베리팜, 어트랙션과 다양한 쇼도 보고 싶다면 유니버설 스튜디오다. 입장권은 현지에 가서 직접 사는 것보다 국내에서 인터넷으로 미리 구매하고 가는 것이 할인도 되고 편하다.

디즈니랜드

운영시간	디즈니랜드 파크 08:00~00:00 디즈니 캘리포니아 어드벤처 파크 08:00~22:00
입장료	Regular $117부터
웹사이트	https://disneyland.disney.go.com/travel-information/
주차장 좌표	33°47'59.1"N 117°54'52.3"W

유니버설 스튜디오

운영시간	10:00~18:00 (날짜에 따라 단축, 연장)
입장료	10세 이상 $109부터
웹사이트	http://www.universalstudioshollywood.com/
주차장 좌표	34°08'15.3"N 118°21'22.0"W

넛츠베리팜

운영시간	10:00~17:00 (날짜에 따라 연장)
입장료	$59~$75 (현장에서 구매하면 $89)
웹사이트	https://www.knotts.com/play/knotts-berry-farm
주차장 좌표	33°50'36.7"N 117°59'52.7"W

1 유니버설 스튜디오의 대표 쇼. 인기 만점이다. 2 유니버설 스튜디오는 영화를 소재로 한 테마파크여서 남녀노소 누구에게나 인기있다. 3 넛츠베리팜 Knott's Berry Farm은 짜릿한 탈거리가 많고 다른 테마파크에 비해 입장료도 싸서 좋다. 4 디즈니랜드는 주차한 다음 셔틀버스를 타고 왔다갔다 해야 한다. 입구에서 보안검사도 필수

LOS ANGELES_02 ★★

게티센터　Getty Center

'품격'이란 말이 절로 떠오르는, 그래서 기분이 절로 좋아지는 곳이다. 최고급 현대 건축물과 그 안에 가득한 예술품을 차분히 감상하고, 아름다운 정원과 곳곳에 숨겨진 건축의 미학 같은 것들을 각자가 지닌 안목만큼 여유롭게 즐길 수 있는 곳이다.

게티센터는 석유부호 폴 게티가 남긴 재산으로 만들어졌고 지금도 유지되는 무료 공간이다. 사업가로서의 폴 게티에 대한 평가와는 별개로 게티센터에 머무는 동안은 그에게 감사와 존경의 마음을 표하지 않을 수가 없다.

게티센터의 여러 곳을 감상하며 즐기려면 한두 시간으로는 부족하다. 점심 도시락을 가지고 가도 먹을 장소가 많고 점심 먹고 가서 해질 때까지 머물다가 저녁놀 그리고 LA 시가지의 야경까지 보고 오는 것도 좋다.

1 저녁 무렵의 게티센터　2 게티센터는 건물 자체가 예술이다.　3 고흐의 '아이리스'가 이곳에 있다.　4 정원에서 머물기도 필수　5 주차장에 차를 두고 무인 트램을 타고 올라간다.

운영시간	10:00~17:00 (휴일: 월요일, 1월 1일, 독립기념일, 추수감사절, 크리스마스)
입장료	무료 (주차비 하루 $15, 3시 이후는 $10)
주차장 좌표	34°05'17.2"N 118°28'33.2"W

헌팅턴 Huntington

공기마저 다르게 느껴지는 품격 있는 공간, 식물원으로 부르기도 하고 도서관이라고 부르기도 하는 헌팅턴에 들어서면 느껴지는 기분이다. 중국정원 일본정원도 있고 열대로부터 사막기후에 이르는 각종 식물들을 주제로 한 정원과 식물원도 있다.

이 광대한 지역은 초기 캘리포니아의 발전에 기여한 철도 부호 '헨리 에드워즈 헌팅턴'의 소유지였는데 그가 죽은 후 그의 유언에 따라 일반 시민들을 위한 휴식과 연구 공간으로 개방되었다고 한다. 헌팅턴은 교통사업과 함께 예술에도 관심이 많아 유럽에서 많은 미술품들을 구입해왔으며 희귀도서들도 많이 소장하고 있다. 이곳의 다양한 풍광과 건물을 배경으로 영화도 많이 제작되었다.

미술관과 정원을 모두 돌아보려면 한두 시간으로는 부족하므로 충분한 시간을 할애해 방문하기를 권한다.

1 보통은 '헌팅턴 라이브러리'라고 부르지만 '헌팅턴 식물원'으로도 통한다. LA 시민들이 아끼며 찾아가는 휴식과 문화의 공간이다. 2 3 희귀도서들도 있고 예술적인 고가구도 있다. 4 주제별로 아름답게 꾸며진 정원과 식물원도 있다. 5 기념품점의 상품마저도 품격이 좔좔~.

운영시간 10:00~17:00 (화요일 휴무) 주소 1151 Oxford Rd, San Marino
입장료 성인 $25, 4~11세 $13   주차장 좌표 34°07'47.6"N 118°06'38.5"W

LOS ANGELES_04

산타모니카, 베니스 비치   Santa Monica, Venice Beach

로스엔젤레스에서 서쪽으로 계속 가면 태평양 큰 바다가 나온다. 태평양을 바라보면서 10km가 넘는 백사장이 길게 이어지는데 북쪽 해변은 산타모니카, 남쪽은 베니스비치라 부르고 베니스비치 아래에 요트 정박장인 마리나 델 레이가 있다. 두 곳 다 유명한 해변이지만 막상 관광객들에겐 막연한 곳이기도 하다. 산타모니카는 미국 사람들에게는 서부 개척시대의 향수가 어린 66번 도로의 시작점이자 종점으로 의미가 있고 여름이면 해수욕장으로 유명한 곳이다. 그러나 일반 관광객 입장에선 부두 끝에 있는 선물가게와 작은 놀이공원 그리고 넓은 백사장 외엔 뚜렷한 무엇이 없다.
산타모니카에서 남쪽으로 이어진 백사장을 따라 가면 베니스비치가 나온다. 자유분방하고 히피스러운 분위기가 넘치는 곳이지만 한국 사람들의 정서에는 부담스러운 면이 없지 않다. 해변에는 자전거도로나 농구장, 스케이트보드장 같은 체육시설들이 곳곳에 있고 산책 나온 사람들도 많다. 이곳 해변들이 유명한 곳이어서 빼놓기 섭섭하다면 두 해변 모두 잠깐씩 들러보는 것으로 충분할 듯하다. 산타모니카와 베니스비치 해변 입구에 큰 주차장이 있다.

1 태평양을 바라보며 10km가 넘게 이어지는 산타모니카~베니스비치 해변 2 산타모니카 해변은 여름의 해수욕장으로 유명하지만 일년 내내 관광객의 발길이 끊이지 않는다. 3 산타모니카 피어. 유명한 Rout 66의 시작(또는 끝)이 여기라고 한다. 4 산타모니카 피어의 터줏대감. 10년 전에도 지금도 이 자리에서 노래를 부르고 있다. 5 베니스비치에는 싸고 화려한 장식품이나 옷가게도 많고 자유로운 영혼의 예술가들도 만날 수 있다.

운영시간	연중무휴 24시간	산타모니카 해변 주차장 좌표	34°00'39.7"N 118°29'45.2"W
입장료	무료	베니스비치 주차장 좌표	33°59'03.2"N 118°28'17.2"W

LOS ANGELES_05

파머스마켓 & 더 그로브   farmers market &The Grove

LA 도심 한가운데 재래시장 파머스마켓이 있다. 친환경 유기농산물부터 액세서리 옷가게 먹자골목까지, 정겨움은 그대로, 스타일리쉬함을 추가한 현대적인 재래시장으로 탈바꿈했다.

파머스마켓과 이웃해서 현대식 쇼핑타운 더 그로브(The Grove)가 있다. 얼른 보면 아울렛 비슷하지만 아울렛보다 더 다양하고 곳곳에 구경하고 즐길 거리도 많고 사람들도 더 많다. LA에서는 가장 인기 있는 쇼핑타운이다.

1 LA 도심 한가운데 재래시장의 전통을 살린 파머스마켓이 있다. 2 파머스마켓과 더 그로브 사이에는 무료 전차도 다닌다. 3 더 그로브 야외무대에서는 볼 만한 공연도 열리고 4 예쁜 정원과 분수쇼를 하는 연못도 있다.

운영시간	<파머스마켓> 일~목요일 10:00~20:00, 금~토요일 10:00~21:00, 연중무휴 <더 그로브> 월~목요일 10:00~21:00, 금~토요일 10:00~22:00, 일요일 11:00~20:00
주소	6333 W 3rd St, Los Angeles
주차장 좌표	34°04'22.5"N 118°21'22.9"W (더 그로브) / 34°04'15.5"N 118°21'32.7"W (Kmart) 더 그로브 주차장은 한 시간까지만 무료. 파머스마켓 건너편에 있는 Kmart나 Ross 주차장에 차를 놓고 갔다와도 된다.

그리피스 천문대 Griffith Observatory

서울의 남산 공원처럼 LA 도심에서 멀지 않은 곳에 그리피스 파크가 있다. 동물원과 골프장 원형극장과 천문대도 있는 넓은 지역이다. 그리피스라는 이름은 자신이 소유했던 땅을 공원용지로 써달라고 기부한 그리피스 대령(Colonel Griffith)의 이름을 따서 지은 것이라고 한다. 그리피스 파크에서 가장 유명하고 인기있는 곳은 1935년에 완공된 천문대다. 천체관측과 연구를 위해 지어진 건물이지만 일반인들에겐 LA 야경 명소로 유명하다. 낮보다도 밤에 더 많은 사람들이 찾아오고 야경만 보고 내려가는 사람들도 많다.
음악과 빛이 어우러진 '레이저쇼'가 유명하고 전시장에도 볼 거리가 많다. 천문대는 월요일에 문을 닫지만 실외에서 보는 야경은 일년 내내 가능하다.

1 그리피스 천문대 테라스에서는 광활한 LA 시가지의 야경을 볼 수 있다.
2 장소가 장소이니만큼 이곳은 밤에 찾아오는 사람들, 특히 연인 커플이 많다. 3 4 천문대 건물 안으로 들어가면 천체관련한 전시물들도 있고 '푸코의 진자'도 볼 수 있다.

운영시간 금요일 12:00~22:00, 토~일요일 10:00~22:00
(휴일: 코로나 상황에 따라 유동적) 정원, 테라스, 산책로는 상시개방
입장료 입장료와 주차료 무료
주차장 좌표   34°07'14.3"N 118°18'01.7"W

LOS ANGELES_07 ★

LA 자연사 박물관 & 캘리포니아 과학센터

Natural History Museum of Los Angeles County & California Science Center

LA 자연사 박물관과 캘리포니아 과학센터는 어린이, 청소년을 동반한 가족여행코스로 꼭 가볼 만한 곳이다. 자연사 박물관에는 지구의 생성과 우주에 관한 내용, 지형과 지질, 공룡을 비롯해 지구상에 살았던 각종 동물들의 화석과 박제 전시물들이 있고 미국 원주민들의 생활과 문화 그리고 서부개척시대의 여러 가지를 보여주는 전시장도 있다.

자연사 박물관 바로 옆에는 캘리포니아 과학센터가 있는데 여러 가지 역사적인 발명품들, 초기의 항공기부터 최첨단 전투기, 우주왕복선까지 우주개척의 역사를 볼 수 있는 전시장도 있고 여러 가지 체험활동을 통해 과학의 원리를 이해할 수 있는 프로그램들도 있다. 초대형 아이맥스 영화관에서 우주와 관련한 영화도 볼 수 있다. 가장 인기 있는 전시물은 실제 활약했던 우주왕복선이다.

두 건물은 올림픽이 열렸던 LA 메모리얼 경기장과 함께 붙어있으므로 하루 시간을 내서 두 곳 모두 돌아보는 것도 좋다.

1 LA 자연사 박물관 입구에 있는 공룡 화석 2 캘리포니아 과학센터에도 흥미로운 전시물과 체험형 프로그램들이 많다. 3 자연사 박물관 내의 포유동물관 4 5 역사관 내의 전시물들

LA 자연사 박물관	
운영시간	09:30~17:00 (연중무휴)
요금	성인 $15, 학생 $12, 3~12세 $7
주소	900 Exposition Blvd, Los Angeles
주차장 좌표	34°00'58.7"N 118°17'24.6"W (자연사 박물관)

캘리포니아 과학센터	
운영시간	10:00~17:00 (연중무휴)
요금	상설전시관은 무료. 특별전은 유료
주소	700 Exposition Park Dr, Los Angeles
주차장 좌표	34°00'51.9"N 118°17'02.2"W (과학센터)

LOS ANGELES_08

공연장

음악, 특히 록음악 애호가라면 LA 여행길에 콘서트 한 번은 다녀올 만하다. LA에도 많은 공연장과 연주 프로그램들이 있지만 록앤롤 전문 클럽은 LA에 특화되어 있다.

록음악의 태동기인 1960년대부터 문을 연 위스키아고고(Whisky a Go Go), 록시(The Roxy Theatre) 같은 클럽들이 헐리우드의 선셋대로에 있고 야외 공연장인 헐리웃보울(Hollywood Bowl)도 유명하다. 각각의 홈페이지에 들어가면 앞으로 있을 공연들이 안내되고 있고 입장권도 예매할 수 있다. 예매한 입장권을 가지고 현장에 가서 실물티켓과 교환해 들어가면 된다.

헐리웃보울은 LA 심포니의 전용공연장으로 문을 열었지만 이후 재즈, 록 등 각종 공연으로 확대되었다.

위스키아고고나 록시 클럽에는 전용주차장이 없고 주변의 도로변 주차장을 이용해야 한다. 저녁시간에는 무료인 경우가 많으므로 안내판을 살펴보고 이용하면 된다. 헐리웃보울은 공연이 있는 날엔 수천 대의 차가 오므로 관리요원들의 안내에 따라 창고에 집어넣듯 차곡차곡 넣었다가 나갈 때도 차례차례 빠져나간다. 공연장을 빠져나오는데 30분 이상 걸리는 경우도 있다.

1 위스키아고고 클럽은 록 음악의 본고장 미국에서도 유서깊은 공연장이다. 2 1964년 록앤롤 전문 클럽으로 문을 연 위스키아고고 클럽. 레드제플린, 건즈앤로지스도 이 무대를 거쳐갔다고 한다. 3 선셋대로에는 위스키아고고, 록시를 비롯해 많은 클럽들이 있다. 스타급 밴드가 아니면 가격은 20달러 내외. 손등에 도장을 찍어주므로 몇 번이든 들락날락할 수 있다.

스케줄 및 입장권 구입
위스키아고고 : www.whiskyagogo.com
록시 : www.theroxy.com
헐리웃보울 및 기타 공연 : www.ticketmaster.com

주차장 좌표
위스키아고고 : 34°05'26.4"N 118°23'10.5"W
헐리웃보울 : 34°06'38.8"N 118°20'14.5"W

4 야외음악당 헐리웃보울에서도 각종 공연이 열린다. 공연은 대부분 밤 시간에 열리기 때문에 이곳에 오는 사람들은 대부분 피크닉 가방에 먹을 것을 잔뜩 싸가지고 와서 이곳 저곳에 모여앉아 한참 먹고 공연을 본다.

미국/캐나다 여행지 베스트   147

LOS ANGELES_09 ★★

헐리우드 명예의 거리　Walk Of Fame

LA 여행에서 빼놓을 수 없는 코스가 헐리우드 명예의 거리(Walk Of Fame)다. LA와 인접한 헐리우드 시가지를 동서로 가로지르는 헐리우드대로의 차이니즈 시어터 주변 2.5km 거리의 인도에는 반짝이는 보도블럭에 전 세계 유명 연예인들의 이름이 새겨진 별들이 있다. 영화배우는 카메라, 가수는 디스크, 탤런트는 T.V, DJ는 마이크, 무대연기자는 마스크 아이콘으로 구분한다.

그중에도 톱스타급 연예인은 차이니즈 시어터 앞 광장에 손도장 발도장으로 남아있는데, 한국의 한국의 배우 안성기와 이병헌의 핑거, 풋프린팅도 여기 있다. 차이니즈 시어터 정문을 바라보며 왼쪽 위쪽으로 찾아보면 있다.

명예의 거리를 걷는 것 외에 특별히 방문할 곳은 없지만 헐리우드 대로는 낮이고 밤이고 관광객들로 넘친다.

1 헐리우드대로의 Walk Of Fame
2 다양한 캐릭터들로 분장한 사람들이 사진 찍자고 덤빈다. 이들과 사진을 찍으면 팁을 줘야 하므로 유의할 것　3 4 다양한 장르의 거리 예술가들도 있다.　5 6 헐리우드의 상징 '차이니즈 시어터'. 극장 앞 작은 광장에 톱스타들의 손도장 발도장이 있다. 한국의 배우 안성기, 이병헌의 핸드프린팅도 이곳에 있다.

로데오거리, 비벌리힐즈 Beverly Hills

이름만으로도 부티와 윤기가 좌르르 흐르는 비벌리힐즈, 로데오거리도 LA 여행의 필수코스다. 세계 제1의 부자동네 비벌리힐즈는 인구 3만5천 정도의 작은 도시로, LA 시내에 섬처럼 존재하며 시청도 경찰서도 학교도 따로 가지고 있다. 헐리우드의 유명 연예인들도 많이 산다고 하며 이들 집을 순회하는 투어코스도 있다고 한다. 그러나 가 봐야 건물이 울창한 숲 속에 자리잡고 있으므로 대문과 담장 밖엔 볼 것이 없어 실망하기 십상이다.

비벌리힐즈의 부자들이 쇼핑하러 내려오는 동네가 로데오거리다. 거리에는 세계적인 브랜드와 고가의 사치품 상점들이 즐비한데, 이런 데 들어가서 신상품을 턱턱 살 수 있는 사람이 많지도 않겠지만 화려한 거리와 최신 스타일로 꾸며진 쇼윈도 구경하는 것만으로도 방문해볼 가치는 있다. 로데오거리 곳곳에는 사설 주차장이 많이 있으므로 적당한 곳에 차를 두고 거리를 걸으며 잠시 눈 호강 해보는 것도 나쁘지 않겠다.

1 비벌리힐즈의 쇼핑가 로데오거리 2 3 고급 쇼핑가에 빠지지 않는 루이비통 매장 4 로데오거리의 랜드마크로 '발돋움'하고 있는 설치작품 5 골목으로 들어가면 갤러리들도 많다. 6 비벌리힐즈 초입의 집들은 언덕 위의 고급저택에 비하면 서민주택에 속한다.

LOS ANGELES_11

올베라 거리 Olvera Street

LA 도심 한가운데에 로스엔젤레스의 발상지로 일컬어지는 멕시코 거리가 있다. 캘리포니아는 원래 스페인이 개척한 식민지였으며 식민지에서 독립한 멕시코의 지배하에 있던 땅이었다. 19세기 후반에 미국과 영토분쟁이 일어났고 전쟁에서 승리한 미국이 캘리포니아에서 아리조나, 텍사스에 이르는 넓은 땅을 빼앗다시피 구입하여 미국 영토가 되었다고 한다.
캘리포니아 곳곳에는 멕시코 사람들이 정착해 도시를 일구었던 흔적들이 있으며 LA 도심에 있는 '올베라 스트리트'도 그 중 하나다. 초기 개척 시대에 지어진 스페인 풍의 교회와 시청건물이 있고 지금도 멕시칸들이 운영하는 식당과 기념품점들이 있다.

1 올베라 거리에는 멕시코 사람들이 운영하는 타코집이 많다. **2 3 4** 시장통 골목길을 따라 기념품점들이 있다. **5** 멕시칸 음식점들도 많다.

운영시간	10:00~17:00 (연중무휴)
입장료	해 진 뒤에는 가게들도 모두 문을 닫고 주변에 노숙자들도 많이 모이므로 갈 필요가 없다.
주차장 좌표	34°03'26.3"N 118°14'19.8"W (근처 공영주차장)

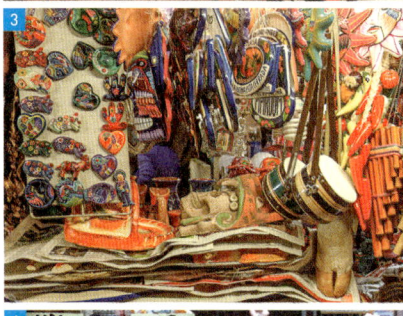

아울렛 Outlet

LA 권역에서 이용할 수 있는 아울렛은 두 군데가 있다. 도심에 있는 시타델 아울렛(Citadel Outlet)과 차로 한 시간쯤 떨어진 곳에 있는 온타리오밀스 아울렛(Ontario Mills). 규모는 온타리오밀스가 훨씬 크지만 도심에 있는 시타델 아울렛도 대부분 메이커가 다 들어와 있고 교통이 편해 많은 사람들이 이용한다.

시타델 아울렛	
운영시간	10:00~21:00 (연중무휴)
주차장 좌표	34°00'25.6"N 118°09'06.8"W
웹사이트	www.citadeloutlets.com
온타리오밀스	
운영시간	10:00~21:00
주차장 좌표	34°04'18.5"N 117°33'18.2"W

1 2 3 온타리오밀스 **4 5** 시타델 아울렛. 규모는 크지 않지만 도심에 있어 교통이 편한 게 큰 장점이다. 나이키, 아디다스 등 스포츠브랜드와 H&M, 캘빈클라인, 갭 등 어지간한 브랜드는 다 들어와 있다. 홈페이지에서 입점 브랜드를 확인할 수 있다.

한인타운 Korean Town

LA 도심의 코리아타운은 한국의 어느 도시처럼 보일 만큼 한국인과 한인 상가들이 자리잡고 있어서 필요한 모든 것은 이곳에서 해결할 수 있다. 코리아타운 외에도 LA 대도시권에는 부에나 파크(Buena Park), 가든그로브(Garden Grove), 토런스(Torrance) 등 여러 지역에 한인타운이 있어 이곳으로 가면 여행 중 필요한 모든 것을 해결할 수 있다. 미국 생활 10년 동안 영어 한 마디 하지 않고 살았다는 말도 과장된 것은 아닐 만큼 한인타운에는 한국사람들이 사는 데 필요한 모든 것이 다 있다.

1 코리아타운에 있는 '코리아타운 플라자'. 서울의 웬만한 백화점 못지 않다. 2 3 코리아타운 플라자의 푸드코트 4 LA 대도시권 여러 곳에 분점이 있는 북창동 순두부는 언제나 줄 서서 기다려야 한다. 사진은 윌셔에 있는 본점

5 부에나파크 '꿀돼지'의 솥뚜껑 삼겹살 6 가든그로브 한인타운에 있는 장모집. 설렁탕이 유명하고 해장국과 각종 찌개도 잘한다. 7 부에나파크 한인타운에 있는 H Mart 8 H Mart 푸드코트에서 구입한 점심 도시락. 맛도 좋고 양도 많아서 먹을 만하다. 9 가든 그로브 한인타운에 있는 '가주 약국'.

꿀돼지	
영업시간	17:00~23:00 (연중무휴)
전화	714-739-4504
주차장 좌표	33°51'31.4"N 118°00'26.2"W

장모집	
영업시간	08:00~20:00 (연중무휴)
전화	714-534-1340
주차장 좌표	33°46'22.0"N 117°57'39.7"W

북창동 순두부 윌셔	
영업시간	06:00~02:00 (분점마다 시간 다름)
주차장 좌표	34°03'42.5"N 118°18'09.1"W

추천 숙소

LOS ANGELES

Hotel Pepper Tree

LA 일대에서 가장 추천할 만한 숙소다. 부킹닷컴 평점 8.6점을 받았지만 9점 이상도 충분하다고 여겨진다. 호텔 곳곳, 방 곳곳이 여행자를 위해 배려되어 있고 예쁘게 꾸며졌다는 느낌이 든다. LA 대도시권 남쪽 한인타운이 있는 애너하임에 있어서 디즈니랜드나 노츠베리팜 같은 테마파크를 다니기 좋고, 샌디에이고 등 LA 남부지역을 여행하기도 편하다. LA 도심까지는 고속도로로 25마일 정도 거리지만 출퇴근 시간에 막히면 한 시간 이상 걸리기도 하므로 그 점이 다소 불편하다. 주변 지역이 모두 한인타운이어서 식당이나 마트를 다녀오기도 좋고 모든 방에 주방시설이 완벽하게 되어있어서 가족여행 숙소로 알맞다.

1 미국에서 드물게 보는 '부티크 호텔'이다. **2 3** 주방시설도 완벽하고 욕실도 깔끔하다. **4** 모든 방에 아늑한 테라스가 있어서 좋다.

시설	2인실~4인실. 주방 있음
요금	비수기 2인 기준 $100 (무료주차)
호텔좌표	33°49'58.0"N 117°58'01.7"W
웹사이트	www.hotelpeppertree.com

LOS ANGELES

Good Nite Inn Buena Park

LA 대도시권 남부의 한인 밀집지역 부에나파크에 있는 2성급 호텔이다. 2성급 호텔이지만 3성급 호텔 못지않게 깔끔하고 좋다. 부킹닷컴 평점 8.3점으로 훌륭한 점수를 받고 있다. 거기에 저렴한 가격까지 생각하면 9점 이상을 줄 수도 있는 십이다. 수면 환경도 좋고 한인타운에 위치하고 있어서 식당이나 마트를 다녀오기도 좋다. 디즈니랜드까지 자동차로 10분 정도 걸리고 고속도로를 이용해 주변의 여러 관광지를 다니기도 적당한 위치다.

1 굿나잇 인은 가성비 높은 호텔이다.
2 3 4 방이 넓고 욕실도 깔끔하다.

시설	2인실~4인실
요금	비수기 2인 기준 70달러 (무료주차)
호텔좌표	33°51'31.0"N 118°00'36.8"W
홈페이지	www.goodniteinnorangecounty.com

LOS ANGELES

Best Western Plus LA Mid-Town Hotel

베스트웨스턴 LA 호텔은 무엇보다 LA 한인타운에 있어 편리하다. 호텔 주변에 한인 상가나 한국 사람들이 많아서 한국에 있는 듯한 착각이 들 정도다. 허츠렌터카 LA 영업소는 차로 가면 5분, 걸어서 가면 15분 정도 거리에 있고, 유명한 북창동 순두부집도 걸어서 10분 거리다.

부킹닷컴 평점 8.4로 높은 편이며 지하철 윌셔역이 바로 앞에 있어서 지하철을 타고 시내 관광을 다니기도 좋다. 주방은 없지만 방마다 냉장고와 전자레인지가 있으므로 간단한 음식을 먹기도 좋다.

1 여러 가지 시설이 쾌적하고 불편없게 마련돼 있다. 방마다 냉장고와 전자레인지가 있다. 2 지하 주차장도 넓다.

시설	2인실~4인실 (주방 없음)
요금	비수기 2인실 기준 $120 (주차비 $10)
호텔좌표	34°03'48.7"N 118°17'36.1"W
홈페이지	losangelesbestwestern.com

LOS ANGELES

한국 독채 민박

LA 도심지역에는 한국인들이 하는 숙박시설들도 많다. 한인타운에 있으므로 여러 가지가 편리하고 요금도 미국 아파트에 비해 저렴하고 주인이 한국 사람이어서 편한 점이 있다.

주방 있는 다인실도 있고 학생들에게 알맞은 게스트하우스도 있는데 개인이 하는 것이므로 집에 따라서 선호도나 호불호의 차이가 많이 나기도 한다. 허츠렌터카 코리아타운 영업소 옆에 있는 'La Pensiontel'도 주방을 갖춘 스튜디오 형태의 4인실로 가족단위로 묵기 좋다.

1 스튜디오 형태의 La Pensiontel. 2 3 주방시설도 불편 없이 갖춰져 있다. 4 5 붉은 소파와 누런 커튼이 조금 부담스럽긴 하지만, LA 도심에서 주방 있는 4인실을 이보다 저렴하게 묵을 수는 없다.

시설	4인실 스튜디오 (무료주차)
요금	비수기 기준 $130 정도
좌표	34°03'05.5"N 118°17'44.9"W

LOS ANGELES

아파트 렌트

미국의 대도시에도 BnB 형태의 아파트를 렌트할 수 있다. 하루 단위로도 되고 여러 날도 되고 부킹닷컴 같은 예약사이트를 통해서도 예약할 수 있다.

아파트 렌트는 말 그대로 아파트로, 한국의 아파트와 다를 게 없어서 매우 편하게 지낼 수 있다. 그러나 일반 호텔이 아니므로 체크인 할 때 호스트와 시간 약속을 하고 만나서 키를 받고 주의사항을 들어야 하는 점이 다소 불편하다. 예약을 하면 호스트로부터 만날 시간과 장소 등에 대해서 문자가 온다.

일반 숙박시설도 그렇지만 아파트에는 화재 경보 장치가 더 철저하게 돼 있어서 부엌에서 고기를 굽거나 할 때도 환풍기 작동을 잊지 않아야 한다. 미국의 주방에는 환풍기(팬) 스위치가 눈에 잘 띄지 않는 곳에 숨어있을 수도 있으므로 삼겹살같은 것을 구울 때는 꼭 찾아서 틀어야 한다. 환풍기에 신경쓰지 않고 고기를 굽다가는 화재 경보가 울려서 혼비백산, 낭패를 겪을 수 있다. 만약 화재 경보가 울리면 얼른 불을 끄고 창문을 활짝 열어서 환기를 시켜야 한다. 어느 정도 연기가 빠지면 경보는 저절로 멈춘다.

1 LA 도심에도 여행자들에게 렌트해주는 아파트가 있다.
2 3 미국의 아파트도 한국의 아파트와 똑같다.
4 5 6 주방은 부족함이 없도록 잘 갖춰져 있다.

1BR Apartment with Patio in DTLA	
시설	침실1 거실1 (4인 침대). 무료 주차장
요금	비수기 기준 $220 정도
좌표	34°03'44.0"N 118°14'44.1"W

미국/캐나다 여행지 베스트   159

LOS ANGELES

LA 공항 영업소 픽업

1. 도착층 공항대합실 천장에는 이런 안내판이 달려있다. 'Rental Car Shuttles' 화살표를 따라 간다.

2. 도착층 대합실 문을 나와서 길 하나를 건너가면 셔틀버스 타는 곳 안내판이 있다.

3. 렌트사별 정차 위치에 서서 기다리면 해당 렌트사의 셔틀버스가 온다.

4. 10분 정도면 렌트사에 도착한다.

LOS ANGELES

LA 공항 영업소 반납

반납장 좌표

- 허츠
  33°57'19.0"N   118°23'08.6"W
- 달러/알라모
  33°57'13.2"N 118°22'37.3"W
- 에이비스
  33°57'03.7"N 118°23'09.5"W

1 2 로스엔젤레스 공항은 렌터카 반납장이 렌트사별로 제각각 있다. 렌트사별 주소는 차 받을 때 함께 받은 임차영수증에 써 있고, 구글지도에서도 검색된다.
주차장으로 들어가면 렌트사 직원이 차 댈 곳을 안내해준다.

3 짐가방을 챙기는 동안 직원은 연료게이지와 주행거리를 체크하고 단말기에서 반납 영수증을 출력해준다.

4 셔틀버스를 타면 각 터미널로 데려다준다. 각 렌트사에서 터미널까지는 10분 이내의 거리다.

위대한 개츠비

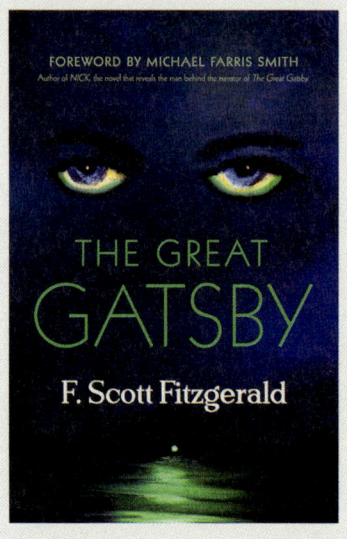

《The Great Gatsby》는 미국인들이 가장 좋아하는 소설이며, 20세기에 영어로 씌어진 문학작품 중 첫 번째로 꼽힌다고도 한다. 나도 오래 전에 이 소설을 읽어보았다. 그러나 다 읽고 나서도 '졸부의 방탕한 생활' 외엔 기억나는 게 없었고 국내의 작가나 교수들이 쓴 평론을 읽어보아도 개츠비가 왜 위대한지 알 수 없었다. 어떤 사람은 개츠비의 순수한 사랑이 위대한 게 아니냐고도 하지만, 멀쩡한 가정이 있는 유부녀, 자기에겐 관심도 없는 남의 여자를 죽을 때까지 짝사랑하는 걸 위대한 사랑이라고 할 수 있을까… 싶기도 했고 신분상승을 위한 돈벌이 수단에 범죄도 마다하지 않았던 개츠비, 돈을 번 후에는 일정한 직업 없이 흥청망청 파티나 하면서 살다가 비명횡사한 개츠비의 이름 앞에 어째서 '위대한'이 붙는지, 그리고 이 책이 어떻게 미국 청소년들의 필독서가 되었는지 알 수 없었다. 그러다가 얼마 전에 동명의 영화를 다시 보게 되었다. 그리고 영화가 끝날 무렵 알게 되었다.

그것은 '희망' 그리고 '도전' 두 단어로 압축될 수 있는 것이었다.

미국은 처음부터 그런 나라였다. 새로운 세상, 새로운 인생에 대한 희망을 품고 고난과 역경을 기꺼이 선택한 사람들의 나라. 미국에 첫 발을 내디딘 청교도들이 그런 사람들이었고 이탈리아에서, 아일랜드에서 배를 타고 건너간 사람들, 철도노동자로 미국 가는 배를 탔던 중국인들까지 모두가 그런 사람들이었다.

메이플라워호를 타고 미국에 도착한 첫 번째 이민자 모두가 3년 이내에 죽었고, 뒤를 이어 미국땅을 밟은 초기 이민자들 대부분도 비슷한 운명이었다고 한다. 떠나야 할 사정도 있었겠지만 닥쳐올 고난이 두려웠다면 그들은 떠나지 않았을 것이다. 그러나 그들은 끊임없이 도전했고 정착했고 성공했다.

미국 영화 〈Far And Away〉도 이런 초기 이민자들의 이야기를 실감나게 그려낸 작품이다. 아일랜드 빈농 출신의 톰 크루즈나 지주집에서 공주처럼 살던 니콜 키드먼이나 미국에 왔으면 다 미국 사람이다. 오히려 미국에 살면서 유럽의 귀족 흉내를 낸다면 그게 웃음거리다.

결과는 중요하지 않다. 실패할 수도 있고 성공할 수도 있다. 중요한 것은 '도전' 그 자체이고 어떤 고난의 순간에도 꺼지지 않는 '희망'이므로.

개츠비가 밤마다 바라보았던 바다 건너편 동네의 파란 불빛과 60년대 미국 사람들이 바라보았던 밤하늘의 달도 같은 것이었을 것이다. 언젠간 저 달에 갈 것이라고 믿으며 끊임없이 우주선을 쏘아올렸던 미국인들의 마음을 이제 조금은 이해할 것 같았다. 미국 젊은이에게 '엄마랑 사는 놈' '겁쟁이' 라고 하는 말이 왜 그렇게 부들부들 떨 만큼 듣기 싫은 소리인지도.

San Diego
샌디에이고

미국에서 가장 기후가 좋고, 다양하고 아름다운 자연을 가지고 있으며, 가장 안전하고 쾌적한 도시, 그래서 미국 사람들이 '살고 싶은 도시'로 첫 손에 꼽는 도시, 한국 사람들도 많이 사는 도시, 거기가 샌디에이고다.

여행지로서의 샌디에이고가 가진 특징은 쾌적한 기후다. 전형적인 지중해성 기후가 나타나는 샌디에이고의 기후는 미국에서 'Sun Belt'라고 불리는 남서부에서도 으뜸이다. 야자수가 늘어서 있는 거리에는 일년 내내 따스하고 밝은 해가 비치고 한겨울에도 물놀이하는 사람을 볼 수 있을 정도도 포근하다. 그렇다고 여름이 무더운 것도 아니다. 고슬고슬한 공기와 쨍한 햇살은 여름철 샌디에이고 여행도 즐겁게 한다.

도시의 규모는 너무 크지도 작지도 않아서 있을 만한 건 다 있으면서도 시내 어디를 가나 복잡한 느낌은 없다. 오래 살아본 사람도 좋아하지만 며칠 머무는 동안에도 사람들이 이 도시를 좋아할 이유는 충분히 느낄 수 있다.

SAN DIEGO_01 ★★

발보아파크 Balboa Park

샌디에이고 한가운데에 넓은 공원이 있다. 세계 최대규모를 자랑하는 동물원과 식물원도 있고 여러 주제별 뮤지엄, 그 외에도 많은 문화시설들이 있다. 샌디에이고 시민들이 가장 아끼고 자랑스러워하는 공원이며 도심 공원으로는 뉴욕의 센트럴파크 다음으로 방문객이 많은 공원이라고 한다.

동물원은 규모가 커서 거의 하루 코스로 다녀오는 사람들이 많고, 여러 주제별 박물관들도 모두 돌아보려면 하루 종일 다녀야 한다. 박물관 중에는 '항공우주 박물관' '인류박물관(Museum of Us)', 자연사 박물관, 미술관이 인기 있고 방문해볼 만하다. 이국적인 분위기의 스페인빌리지도 예쁜 사진 찍기 좋은 명소다.

시내 어디에서든 차 몰고 20~30분이면 도착할 수 있고 저렴한 주차장이 곳곳에 마련돼 있으므로 편하게 다녀올 수 있다.

1 발보아파크의 '스페인빌리지' 2 3 자연사 박물관은 어린 아이를 동반한 가족여행이라면 필수 코스다. 4 발보아파크에는 분야별 뮤지엄이 7곳이나 있어 모두 돌아보려면 시간도 많이 걸린다. 5 6 인류박물관 (Museum of Us)에는 의미 있는 전시물들이 많다. 7 8 9 10 이국적인 분위기가 물씬 풍기는 'Spanish Village Art Center'도 꼭 가볼 만한 곳이다.

운영시간	공원은 24시간 개방. 박물관들은 대부분 10:00~17:00이며 휴일은 제각각이므로 방문 전에 발보아파크 홈페이지에서 확인할 필요가 있다.
웹사이트	http://www.balboapark.org
주차장 좌표	공원 내 여러 곳에 마련돼 있고 주차료도 저렴하거나 무료다. 32°43'59.1"N 117°08'48.5"W (공원 북동부 스페인빌리지쪽) 32°43'49.7"N 117°09'06.7"W (공원 중앙 인류박물관쪽) 32°43'43.2"N 117°09'04.0"W (공원 남부 야외음악당쪽)

SAN DIEGO_02　★★

샌디에이고 동물원　Sandiego Zoo

발보아파크의 상당부분을 동물원이 차지하고 있다. 면적이나 규모면에서 세계 최대이며 샌디에이고를 대표하는 관광지다.

시간이 넉넉하면 천천히 걸어서 다닐 수도 있지만 면적이 넓으므로 동물원을 순회하는 버스를 타고 돌 수도 있다. 버스기사가 해설을 해주는 가이드 투어버스도 있고, 아무 데서나 타고 내릴 수 있는 노란색 캥거루 버스도 있다. 투어버스를 타고 돌면 아무래도 좀 허무하므로 지도를 보고 적당한 코스를 짜서 일부는 걷고 일부는 버스를 타는 방법으로 하면 좋다.

1 세계 최대의 규모를 자랑하는 샌디에이고 동물원　2 가능한 한 오픈된 상태로 동물을 볼 수 있도록 했다.　3 동물원의 면적이 넓어서 전부 걸어다니기는 어렵다.　4 캥거루 버스 정류장. 안내판에는 15분 배차간격이 적혀 있다.　5 장거리 이동용 케이블카도 무료로 탈 수 있다.

운영시간	09:00~17:00
입장료	12세 이상 $62, 3~11세 $52
주차장 좌표	32°44'07.2"N 117°08'50.2"W

SAN DIEGO_03 ★★★

씨월드   Sea World

씨월드는 세계 최대의 '해양 생태 테마파크'로 샌디에이고 외에도 올랜도 샌앤토니오에도 같은 형태의 테마파크가 있다. 원조는 1964년 문을 연 샌디에이고 씨월드. 수족관과 공연장, 물을 주제로 한 여러 어트랙션들이 있는데 이중에도 돌고래와 바다사자, 그리고 범고래가 벌이는 쇼 공연이 가장 인기있다. 돌고래나 바다사자 쇼가 웃음과 재미를 준다면 범고래가 보여주는 쇼는 엄청난 스케일에 감동과 공포심마저 들게 한다.

'Shamu'는 예전 이곳에서 쇼를 하던 암컷 범고래의 이름이었는데 그 고래가 죽은 후 그 고래를 기리는 의미에서 범고래 쇼를 '샤무 쇼'로 부르게 되었다고 한다.

쇼는 시간 간격을 두고 여러 곳에서 하는데, 입장할 때 받는 안내지도에 쇼 시간도 적혀있으므로 시간과 동선을 잘 짜서 돌아야 놓치지 않는다. 쇼 세 개 보고 어트랙션 한두 개 타고, 수족관 구경하고 나면 하루 해가 금방 간다.

1 샤무 쇼는 씨월드 최고의 볼거리다. **2 3 4** 어트랙션도 많다. **5** 앞줄에 앉으면 물벼락 맞을 각오를 해야 한다. **6** 수족관도 인기있다.

운영시간 10:00~17:00 (시즌에 따라 달라지며 토요일은 연장 운영한다. 연중무휴)
입장료 $69.99~$95.99 (주차비를 따로 받는다)
주차장 좌표 32°45'47.1"N 117°13'51.9"W

SAN DIEGO_04 ★★

올드타운 Old Town

샌디에이고의 발상지로 역사적 의미를 지닌 곳이다. 역사유적이라고 할 만큼은 아니지만 최초 이곳에 정착해 도시를 만들고 살았던 스페인 이민자들의 유적과 멕시코, 미국으로 땅의 소유가 바뀌면서 지어졌던 개척 초기 건물들이 남아있다.
19세기 후반 미국과의 전쟁에서 패하여 빼앗기다시피 미국에 넘겨준 영토이므로 멕시코 사람들의 향수와 애정이 각별할 듯도 싶다. 거리에서 만나는 방문객의 상당수가 멕시칸들이다.

1 올드타운은 멕시코 냄새가 물씬 난다. **2** 'Historic Park'에서는 옛 사람들의 생활모습을 볼 수 있다. **3** 기념품점 **4 5 6** Fiesta de Reyes는 올드타운에서 가장 인기있는 명소. 기념품점과 식당들이 많고 언제나 방문객들로 가득하다.

운영시간 대부분 상점들이 09:00~21:00 영업을 하고 레스토랑은 좀 더 늦게까지 문을 연다. 소규모 뮤지엄들은 대부분 10:00~17:00 문을 연다.
주차장 좌표 32°45'15.6"N 117°11'42.0"W (무료주차장은 이 외에도 세 군데 더 있다)

SAN DIEGO_05

가스램프쿼터, 리틀이탈리아　Gas lamp Quarter, Little Italy

샌디에이고 북부의 '올드타운'이 초기 이민자들의 정착지였다면, 남쪽 부둣가의 가스램프쿼터는 미국인들이 이주하며 신시가지로 개발된 곳이다. 그 때는 신시가지였지만 지금은 여기도 시간이 흘러서 샌디에이고의 올드타운이 되었다.
거리에는 유럽풍의 오래된 벽돌건물이 즐비하고 대부분 식당과 클럽, 상점들로 이용된다. 주말 저녁시간에는 밤시간을 즐기러 나온 젊은이들도 발 디딜 틈 없이 붐빈다. 가스램프쿼터에서 북쪽으로 조금 더 올라가면 피자집이 즐비한 리틀이탈리아 거리가 있다.

1 가스램프가 거리를 밝혔던 유럽풍의 거리　2 가스램프쿼터 거리는 해가 지면 붐비기 시작한다.　3 특히 인기 있는 집 앞에는 줄이 길다.　4 리틀이탈리아의 W Cedar St와 Columbia St 교차로 일대의 거리에서는 토요일마다 장이 열린다. 08:00~14:00 / 샌디에이고 장터 홈페이지 : www.sandiegomarkets.com　5 6 가스램프 쿼터에서 북쪽으로 조금 더 올라가면 '리틀이탈리아' 거리가 있다. 리틀이탈리아에는 이탈리아 음식점들이 즐비하다.

SAN DIEGO_06 ★★

마리나 지역   Marina

샌디에이고는 미국 최대의 '군항'으로 해군 관련 기지와 시설도 많고 바다 관련 뮤지엄도 많다. 샌디에이고 도심인 개스램프쿼터에서 바다쪽 마리나 지역으로 가면 해안을 따라서 구경할 만한 여러 가지가 있다. 해변 공원 안에 식당과 기념품점들이 아기자기하게 꾸며져 있는 '씨포트 빌리지 (Seaport Village)'가 있고, 거기서 북북쪽으로 조금 떨어진 곳에는 관광용으로 정박해 있는 미드웨이 항공모함도 있다. 거기서 북쪽으로 500m쯤 올라가면 대항해시대의 범선들과 소련잠수함 내부를 볼 수 있는 매리타임 뮤지엄이 있다.

발보아파크에서 하루, 씨월드에서 하루, 그리고 올드타운까지 돌아보았다면 그 다음 순위로 들러볼 만한 곳이다. 주차장은 각 시설마다 있고 해변도로를 따라 시간제 주차장도 있으므로 불편하지 않다.

1 샌프란시스코의 '피셔맨스 와프'처럼 샌디에이고에도 해안 부둣가에 관광객을 위한 여러 시설들이 있다. 2 3 1945년부터 1992년까지 실전에 사용되었던 미드웨이 항공모함. 내부수리와 각종 전시물을 정비하여 2004년부터 일반에 공개되고 있다. 4 5 항공모함 안의 여러 곳을 둘러볼 수 있고 체험시설도 있다. 6 7 범선 내부는 예전 모습 그대로 재현해놓아 흥미롭다. 8 항공모함 남쪽의 공원에 있는 "Embracing Peace" 9 매리타임 뮤지엄에는 옛 범선과 러시아 잠수함이 있다. 10 잠수함 11 12 13 씨포트 빌리지. 식당과 기념품점도 많고 재미있는 것도 많다.

미드웨이	
운영시간	10:00~17:00 (연중무휴)
요금	성인 $26, 6~12세 $18 (인터넷으로 구매 시 성인 $5, 어린이 $3 할인)
인터넷 요금	성인 $21, 6~12세 $15
주차장 좌표	32°42'45.0"N 117°10'25.6"W (공영주차장)
매리타임 뮤지엄	
운영시간	10:00~17:00 (연중무휴)
요금	18세 이상 $20, 13~17세 $15, 12세 미만 $10
주차장 좌표	32°43'15.5"N 117°10'23.9"W
씨포트 빌리지	
운영시간	11:00~19:00
주차장 좌표	32°42'35.9"N 117°10'16.2"W

미국/캐나다 여행지 베스트

SAN DIEGO_07 ★

해변의 명소

샌디에이고의 서쪽으로는 태평양 바다를 끼고 긴 해변이 이어진다. 크고 작은 백사장 해변도 있고 그 사이 사이 경치 좋은 바위절벽도 있고 물개들이 떼지어 노는 곳도 있고, 물새 떼가 점령한 바위섬도 있다. 기후가 따뜻하고 겨울이 없는 지역이어서 해변에는 거의 일년 내내 사람들이 모인다.

바위절벽과 저녁놀이 유명한 '선셋클리프' 지역도 저녁 무렵이면 사람들이 많이 찾아오고 '라호야코브(La Jolla Cove)는 해수욕장도 있고 물개들도 볼 수 있어 인기있는 곳이다. 마릴린 먼로를 비롯해 미국의 유명인사들이 많이 다녀갔다는 것으로 유명한 '호텔 코로나도'도 샌디에이고 해변의 명소다.

1 라호야코브 2 라호야코브에서는 물개들을 아주 가까이에서 볼 수 있다. 3 라호야코브 공원에서는 야외결혼식도 한다. 4 선셋클리프는 저녁 노을 명소로 유명하다. 5 코로나도 호텔. 1887년에 지어진 목조호텔로 미국에 몇 남지 않은 대형 목조건물이라고 한다. 여러 대통령과 마릴린 먼로를 비롯한 유명인사들이 이곳에 묵은 적이 있으며 1970년에 미국 사적지로 지정되었다.

주차장 좌표
라호야코브 32°50'53.5"N 117°16'27.6"W / 대형 주차장이 없고 도로변 주차장이나 근처의 유료주차장을 찾아 주차해야 한다.
선셋클리프 32°43'07.2"N 117°15'16.2"W

SAN DIEGO_08 ★

티후아나 Tijuana

샌디에이고와 연속해서 멕시코의 티후아나 시가지가 연속해 있다. 걸어서 왔다갔다 할 수 있고 국경 지나가는 절차도 여권만 잠깐 보여주면 끝이어서 무척 간단하다. 국경 하나를 사이에 두고 나타나는 두 지역의 차이는 신기할 정도로 크고 '다른 나라' 라는 말이 새삼스럽게 느껴진다.

티후아나에 특별한 관광명소가 있는 것은 아니지만 걸어 다니면서 사람 구경하고 시장에 들러 타코 먹고 오는 것만으로도 충분히 재미있다. 차를 몰고 갈 수도 있지만 들어오는 길에 긴 정체가 이어지고, (멕시코의 택시 기사가 알려준 바에 의하면) 티후아나의 부패한 교통경찰을 만날 수도 있으므로 차를 몰고 가는 것은 삼가는 게 좋다. 렌터카는 멕시코에서 보험이 안 되므로 들어갈 수 없다. 프리미엄 아울렛 주차장에 차를 두고 멕시코쪽으로 조금 걸어가면 국경 검문소가 나온다.

1 티후아나 시내 어디서나 볼 수 있는 마리아치   2 아울렛 건너편에 멕시코 가는 길이 나온다.   3 멕시코로 넘어가면 광장이 나오고 택시들이 대기하고 있다. 고가도로를 넘어 시내까지 가려면 20분 이상 걸어야 하므로 택시를 타면 편하다.   4 5 타코는 꼭 먹어볼 만하다. 차원이 다른 멕시코 본토의 맛을 느낄 수 있다.   6 티후아나는 범죄율이 높은 멕시코에서도 마약범죄와 환락가로 유명한 도시이므로 관광객이 밤거리를 돌아다니는 것은 위험할 수 있다.

미국/캐나다 여행지 베스트   175

SAN DIEGO_09

레고랜드 Legoland

레고 연령대의 어린 아이를 동반한 여행이라면 레고랜드는 필수코스일 듯. 레고랜드는 세계 여러 곳에 있는데 샌디에이고 근교에도 LEGOLAND California가 있다.

레고로 만든 미니어쳐 도시나 조형물 구경도 신기하고 다른 테마파크들처럼 타고 즐길 수 있는 어트랙션도 여러 가지가 있다. 캘리포니아 레고랜드에는 워터파크도 있어서 아이들과 함께 더 신나게 즐길 수 있다.

티켓은 현지에서 구매하는 것보다 국내에서 미리 사 가는 게 싸고 편하다. 워터파크는 3~9월 사이에만 운영되며 추가비용을 내야 한다.

1 레고랜드 캘리포니아 2 손톱만한 레고로 이런 조형물들을 만들었다는 것이 볼수록 신기하다. 3 4 아이들의 시선을 끌 만한 선물가게도 있다. 레고로 지은 호텔 같지만 겉 장식만 레고인 척

운영시간	10:00~18:00
입장료	성인 $95.99~3~12세 $89.99~ (날짜별로 상이)
주차장 좌표	33°07'24.1"N 117°18'45.6"W

프리미엄 아울렛 Premium Outlets

샌디에이고 근교에는 프리미엄 아울렛이 두 군데 있다. 멕시코와의 국경쪽에 '라스 아메리카 프리미엄 아울렛' Las Americas Premium Outlets이 있고, 샌디에이고 북쪽 LA 가는 길에 '칼즈배드 프리미엄 아울렛' Carlsbad Premium Outlets이 있다. 멕시코쪽에 있는 아울렛이 규모가 더 크다.

1 2 3 샌디에이고 북쪽에 있는 칼즈배드 프리미엄 아울렛
4 5 6 라스 아메리카 프리미엄 아울렛

운영시간	11:00~20:00 (연중무휴)
주차장 좌표	칼즈배드 아울렛 : 33°07'33.8"N 117°19'20.4"W 라스 아메리카 아울렛 : 32°32'39.8"N 117°02'24.9"W
웹사이트	www.premiumoutlets.com

SAN DIEGO

Comfort Inn Gaslamp Convention Center

샌디에이고 도심의 올드타운에 있는 Comfort Inn Gaslamp Convention Center는 도심에 있는 숙소로는 부족함 없이 묵을 수 있는 집이다. 건물 뒤에 주차장도 있고 주방은 없지만 전자레인지와 냉장고가 있으므로 아쉬운 대로 밥도 먹을 수 있다. 2성급이지만 내부 시설은 3성급 이상으로 잘 관리돼 있어서 불편함이 없다.

도심 한가운데 있으므로 가스램프쿼터나 씨포트빌리지, 미드웨이 뮤지엄 등 해안의 여러 관광지들도 걸어서 다녀올 수 있고 맛집이 많은 가스램프쿼터나 리틀이탈리아와 가까운 거리이므로 술을 곁들인 저녁식사도 부담 없이 할 수 있어 좋다.

1 방도 넓고 여러 가지 시설도 부족함 없이 갖춰져 있다. 2 욕실도 깔끔하다. 3 4 건물 뒤에 전용 유료 주차장이 있고, 호텔 앞 도로변은 저녁 8시부터 아침 10시 사이는 무료다.

시설	2인~4인실
요금	비수기 기준 110달러 (주차비 24달러)
호텔좌표	32°42'47.0"N 117°09'30.4"W

SAN DIEGO

Best Western Lamplighter Inn

1 Best Western Lamplighter Inn은 샌디에이고 주립대학을 비롯해 여러 교육기관들이 있는 대학가에 있다. **2** 풀장도 있어서 여름에 놀기 좋다. **3 4** 방도 널찍하고 부엌도 따로 마련돼 있다. **5 6 7** 부엌에는 어지간한 살림집 못지 않게 필요한 도구들이 다 준비돼 있다.

베스트웨스턴 체인 호텔인 Lamplighter Inn은 샌디에이고 대학가에 있어 동네 환경이 좋은 곳이다. 아침에 가방을 메고 학교로 학원으로 가는 젊은이 무리들을 보면 새롭고 신선한 기분도 든다. 모든 시설을 다 갖춘 주방이 있어서 가족여행팀이 묵기에 부족함이 없고 시내의 대부분 관광지들도 10~20분이면 다 갈 수 있다. 샌디에이고는 교통체증이 거의 없는 도시이므로 굳이 복잡한 도심에 묵을 필요가 없다.

시설	2인실~4인실 (무료주차)
요금	비수기 2인실 기준 110달러
호텔좌표	32°45′58.9″N 117°03′34.4″W
홈페이지	www.lamplighter-inn.com

SAN DIEGO

Premier Hotel Del Mar

샌디에이고의 해안을 따라서는 고운 모래가 가득한 해수욕장들이 많다. 샌디에이고 북쪽의 '델마(Del Mar)'도 여름이면 많은 피서객들이 찾는 해수욕장인데, 이곳 해변에도 좋은 숙소들이 많다. 한여름 피서철에는 방 구하기가 어려울 수도 있지만 여름 성수기가 아닌 때엔 싼 가격에 묵을 수 있다. 샌디에이고 시내의 관광지들도 대부분 차로 20분 이내의 거리에 있고, 교통체증도 없으므로 염려 없다.

1 샌디에이고 북쪽 델마 해변에는 리조트형 숙소들이 많다. 2 3 방도 넓고 테라스도 있다. 4 5 옷장처럼 생긴 문을 열면 간이주방이 나온다.

시설	2인~4인실 (주차 무료)
요금	비수기 2인 기준 120달러
호텔좌표	32°57'04.4"N 117°15'44.2"W
홈페이지	www.bestwestern.com

SAN DIEGO

The Atwood Hotel San Diego

고속도로변에 자리잡은 전형적인 모텔로 특별한 시설은 없지만 특별한 단점도 없어서 지내기 편하다. 냉장고와 전자레인지, 식탁도 있어서 가족여행 숙박시설로 알맞다. 올드타운과 씨월드는 자동차로 5분, 발보아파크는 10분이면 갈 수 있을 만큼 교통이 편하다.
2성급 호텔이지만 부킹닷컴 평점 8.2를 자랑한다. 무엇보다 인근의 다른 숙박시설에 비해 서렴한 요금도 마음에 든다. 호텔 바로 앞에 편의점과 술판매점이 있어서 편하다.

시설	2인~4인실 (주차 무료)
요금	비수기 2인 기준 100달러
호텔좌표	32°45'31.6"N 117°10'25.4"W
홈페이지	theatwoodhotel.com

1 Atwood Hotel은 넓은 주차장을 갖춘 2층 모텔이다.
2 방은 충분히 넓고 깨끗하다. 3 4 냉장고와 전자레인지, 작은 식탁도 있어서 밥 먹기도 좋고 욕실도 깔끔하다.

렌터카 영업소

SAN DIEGO

샌디에이고 공항 영업소 픽업

1. 짐가방을 찾아 출국장 밖으로 나와서 길 하나를 건너간다.
2. 'Rental Car Center'로 가는 셔틀버스를 탄다.
3. 해당 렌트사 카운터로 가서 임차 수속을 한다.
4. 허츠 골드회원은 전광판에서 이름을 확인하고 그 자리로 바로 간다.

SAN DIEGO

샌디에이고 공항 영업소 반납

반납장 좌표
32°44'08.7"N 117°10'46.9"W

1 공항으로 접어들면 Rental Car Center 안내판이 계속 나온다.

2 반납장은 렌트사별로 다르다. 해당 렌트사 층으로 간다.

3 해당 렌트사 구역으로 가면 직원이 기다리고 있다.

4 차를 반납한 후 셔틀버스를 타고 공항으로 간다.

미국/캐나다 여행지 베스트

Seattle

시애틀

미국의 북서쪽 끝, 캐나다와 국경을 접하고 시애틀이 있다. '시애틀' 하면 떠오르는 청량한 이미지는 이 지역의 청량한 자연환경에서 기인한 것이겠지만 시애틀 사람들의 사는 모습 또한 청량한 이미지와 많이 어울리는 듯 싶다. 시애틀이 속한 워싱턴주는 'Evergreen State'라는 별명처럼 사철 푸른 숲으로 가득하고 태평양 바다에서 불어오는 공기는 언제나 Cool 하다. 그런 자연환경 탓인지 시애틀 거리도 언제나 즐겁고 Cool한 분위기가 흐르고 있다.

SEATTLE_01 ★★

파이크플레이스 마켓　Pike Place Market

시애틀 도심의 파이크플레이스 마켓 (Pike Place Market)은 항구도시 시애틀의 발상지 정도로 꼽을 수 있는 지역이다. 한국의 항구도시마다 있는 '수산시장' 처럼 여기도 옛 방식 그대로의 수산시장(파머스마켓)이 있고 지역주민들과 관광객들로 언제나 북적인다. 파머스마켓 길 건너편에는 '스타벅스 1호점'이 있고, 뒤편 바닷가에는 '시애틀 수족관'과 '그레이트 휠'이 있는 워터프론트 파크(Waterfront Park)가 있다. 거기서 시내 쪽으로 5분쯤 걸어가면 시애틀 아트뮤지엄도 있다. 파이크플레이스 마켓 지역의 여러 곳을 돌아보려면 하루는 족히 걸리지만 충분히 시간을 낼 만하다. 파이크 플레이스 마켓 뒤쪽에 유료주차장이 몇 군데 있으므로 거기에 차를 놓고 일대를 모두 돌아보면 된다.

1 도심 한가운데 자리 잡은 재래시장 '파이크플레이스 마켓' 2 파머스마켓의 주 종목은 게와 랍스터. 찐 것도 팔고 날 것도 판다. 3 파머스마켓에는 거리의 악사도 있다. 4 5 파머스마켓 왼편 건물로 들어가도 재미있는 게 많다. 이 건물 뒤 골목으로 가면 껌으로 도배된 'The Gum Wall'이 있다. 6 7 스타벅스의 발상지, 스타벅스 1호점 앞에는 언제나 긴 줄이 늘어서 있다. 파머스마켓 건너편에 있다. 8 스타벅스 1호점에서 조금 떨어진 곳에 있는 '피로스키' 빵집도 유명하다. 9 10 시애틀 아쿠아리움

미국/캐나다 여행지 베스트 187

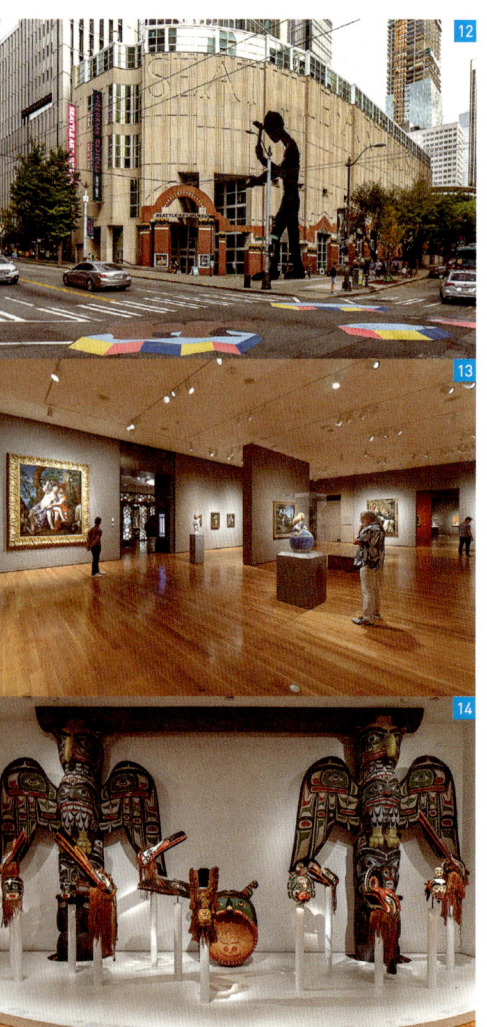

11 시애틀 아쿠아리움 앞에 있는 워터프론트 파크 12 13 14 시애틀 아트뮤지엄. 줄여서 SAM이라고 부른다.

파이크플레이스 마켓	
운영시간	07:00~17:30
주차장 좌표	47°36'31.4"N 122°20'30.4"W (시장 뒤 공영주차장)
웹사이트	www.pikeplacefish.com

스타벅스 1호점	
운영시간	06:00~20:30 (연중무휴)
가게 앞에는 주차하기 어려우므로 파이크플레이스 마켓 또는 주변의 공영주차장 이용	

시애틀 아트뮤지엄	
운영시간	10:00~17:00 (휴일: 월~화요일, 추수감사절, 크리스마스)
웹사이트	www.seattleartmuseum.org

피로스키 빵집	
운영시간	월~금요일 08:00~19:00 토~일요일 08:00~19:30
주소	1908 Pike Pl, Seattle

SEATTLE_02 ★★

시애틀 센터 Seattle Center

파이크플레이스 마켓에서 북쪽으로 2km쯤 떨어진 곳에 전망대 스페이스 니들을 중심으로 여러 문화시설들이 있는 시애틀 센터가 있다. 1962년 시애틀 세계박람회장으로 건설되었다가 박람회가 끝난 후 여러 문화시설이 들어서게 되었다. 시애틀의 공식 랜드마크인 스페이스 니들이 높게 서 있는 주변에는 음악과 함께 춤을 추는 분수 (International Fountain)도 있고 미국 대중예술의 모든 것을 볼 수 있는 MoPOP (팝 뮤지엄), 화려한 유리예술을 볼 수 있는 치훌리가든, 다양한 과학 전시회가 열리는 퍼시픽 사이언스 센터, 아이맥스 영화관, 어린이를 위한 '어린이 뮤지엄' 등 여러 시설이 있다. 스페이스 니들 전망대에 올라가서 시애틀 전망을 보고 여러 뮤지엄들을 돌아보고 나면 하루 해가 금방 간다.

1 미국 대중예술의 모든 것을 볼 수 있는 MoPOP 2 3 스페이스 니들은 1962년 세계박람회를 기념하며 세워진 시애틀의 공식 랜드마크 4 5 타워의 건설과정을 볼 수 있는 전시물도 있고 기념품점도 있다.

6 7 치훌리가든에서는 화려한 유리예술 작품들을 볼 수 있다. 8 9 치훌리가든에서는 음악 공연과 유리공예 시연도 볼 수 있다. 10 음악, 미술, 공연, 문학 등 미국 대중예술의 모든 것을 볼 수 있는 MoPOP 11 어린 아이가 있다면 어린이 뮤지엄도 필수 코스.

스페이스 니들
운영시간	목~월요일 10:00~20:30 화~수요일 10:00~20:00
요금	성인 $35, 5~12세 $26

치훌리 가든
운영시간	10:00~17:00 (날짜, 요일별 상이)
요금	성인 $32, 5~12세 $19 스페이스 니들+치훌리 가든 묶음표로 사면 성인 $57, 5~12세 $35

Pacific Science Center
운영시간	월~금요일 12:00~20:00 토~일요일 10:00~18:00
요금	16세 이상 $24.95, 3~15세 $17.5

MoPOP
운영시간	10:00~17:00 (연중무휴)
요금	18세 이상 30달러, 5~17세 21달러

Children's Museum
운영시간	펜데믹 기간 동안 유동적
요금	$12

주차장 좌표
47°37'19.6"N 122°20'49.1"W (MoPOP 건너편 실내 주차장)
47°37'21.9"N 122°20'52.1"W (MoPOP 건너편 야외 주차장)

SEATTLE_03

그 외 가볼 만한 곳

파이크플레이스 마켓과 시애틀 센터 외에도 가볼 만한 곳들이 많이 있다. 워싱턴 대학 옆에 있는 '유니버시티 빌리지'도 예쁜 거리와 상점들이 많아 한국 여행자들에게 인기가 있고 옛 석유정유소가 있던 자리에 꾸며진 개스웍스 파크 (Gas Works Park)도 시원한 전망을 볼 수 있는 시애틀의 명소다. 스페이스 니들은 시애틀 어디서나 보이지만 가장 멋진 야경사진은 케리파크 (Kerry Park)에 가야 볼 수 있다. 퍼시픽 플레이스와 웨스트레이크 쇼핑몰이 있는 도심지역도 미국의 어느 대도시 못지않게 번화하다.

1 유니버시티 빌리지 2 3 개스웍스 파크 4 주택가에 있는 작은 공원 케리파크는 시애틀의 야경명소다.

미국/캐나다 여행지 베스트   191

5 6 7 8 공원처럼 예쁘게 꾸며진 쇼핑 타운 유니버시티 빌리지   9 10 파이크플레이스 마켓에서 걸어서 갈 수 있는 정도의 거리에 대형 쇼핑몰들이 있는 시애틀 도심이 있다.

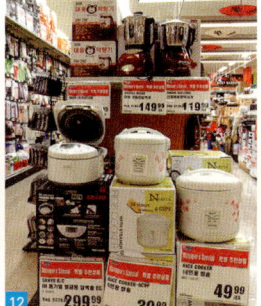

11 12 13 시애틀에도 한국마켓이 7~8군데 있다. 구글지도에서 H Mart로 찾아보면 나온다. 14 15 시애틀 북쪽, 도심에서 자동차로 40분쯤 올라가면 시애틀 프리미엄 아울렛이 있다.

유니버시티 빌리지	
영업시간	월~토요일 10:00~20:00 일요일 11:00~18:00 (요일에 따라 30분 정도씩 차이가 있음)
주차장 좌표	47°39'44.7"N 122°17'51.4"W
케리파크	
운영시간	06:00~22:00 (주택가의 매우 작은 공원임)
주차장 좌표	47°37'46.5"N 122°21'35.8"W (도로변에 무료 주차)
개스웍스 파크	
운영시간	연중무휴 24시간
주차장 좌표	47°38'47.1"N 122°20'06.2"W
프리미엄 아울렛	
영업시간	월~토요일 10:00~21:00 일요일 10:00~19:00
주차장 좌표	48°05'37.2"N 122°11'12.4"W

시애틀의
공주님들

관광객일까? 아니면 나들이 나온 가족들일까?
아빠는 듬직하고 다부져 보이며, 엄마는 온화하고 사려 깊은 사람으로 보인다.
색깔로 커플룩을 완성한 부부 앞에 당당한 자세의 두 공주님이 서 있다.
묘기부리는 광대에게 빨려 들어가듯 초집중하고 있는 공주님은, 아름다운 드레스와 호피무늬 겉옷을 입고 핑크색 배낭을 멨다. 제 옷 중에서 가장 좋아하는 것들로 차려입었을 옷차림이 너무나 귀엽다.
엄마미소를 지으며 아이를 보고 있다가 호기심과 기대로 가득 찬 아이의 표정에 눈길이 갔다. 세상은 재미있는 곳이며 그 세상으로 거침없이 들어갈 준비가 되었다는 듯한 무한긍정이 아이의 얼굴에 가득 차 보인다.
아마 저 부부는, 아이들을 존중하고 지지와 격려를 아끼지 않는 부모일 것이다. 부모 자신이 건강한 생활인이며, 아이들 곁

에 흔들림 없이 있어주는 믿음직한 부모일 것이다.
 낯선 도시 시애틀에서 만난 젊은 부부의 모습이 평소 내가 이상적으로 생각하던 좋은 부모의 모습과 놀랄 만큼 닮은 것을 느꼈었다. 이 가족의 모습은 다른 관광지들과 함께 시애틀의 풍경 하나로 내게 남아있다.

SEATTLE

Hidden Gem Bnb

미국에도 개인이 하는 민박(Bnb)이 많은데, 시애틀 교외에 있는 Hidden Gem Bnb도 미국의 전형적인 가정집을 체험해볼 수 있어 좋은 집이다. 민박집은 살림꾼 스타일의 깔끔한 할머니가 운영하는데 손님 한 사람 한 사람에게 정성과 친절을 다해 응대해주는 것이 인상적이다. 시애틀 남쪽의 중산층 주거지에 있어 동네도 조용하지만 시애틀 공항이 근처에 있어서 착륙하는 비행기 소음이 들리는 것이 한 가지 흠이다. 그러나 창문을 닫으면 거의 들리지 않으므로 크게 불편하지는 않다.

모든 설비를 다 갖춘 손님 전용 부엌이 따로 있고, 원하는 사람에겐 아침식사도 직접 차려준다. 집에 미국 깃발이 걸려있는 것에서 짐작할 수 있듯이 주인할머니는 열렬한 공화당 지지자이지만, 이야기 해보면 재미있고 손님들과 이야기하는 걸 즐긴다. 시애틀 공항까지는 차로 20분, 파이크플레이스 마켓까지는 30분쯤 걸린다.

6 7
8 9

1 미국의 전형적인 가정집을 체험해볼 수 있는 Hidden Gem Bnb 2 3 1층 거실. 손님방은 2층이다. 4 5 두 개의 방이 있어서 4~5인 가족도 묵을 수 있다. 6 7 널찍한 욕실 8 손님 전용 주방 9 주인할머니가 차려주는 깔끔한 아침밥상 10 11 테라스로 나가면 바다도 보인다.

시설	2인실. 4인실 (주방 있음. 주차 무료)
좌표	47°22'59.6"N 122°19'18.6"W
홈페이지	www.thehiddengembnb.com

10 11

미국/캐나다 여행지 베스트   197

SEATTLE
Residence Inn by Marriott

주방시설이 완벽하게 갖춰져서 가족여행 숙소로 좋은 곳이다. 예약사이트 평점 9점 이상이면 이용자 대부분이 최고로 만족했다는 뜻. 시애틀 공항에서 차로 5분 거리에 있고 호텔의 주변환경도 좋고 호텔 뒤에 경치좋은 호수와 공원이 있어서 산책하기도 좋다.

시설	2인~4인실
요금	비수기 기준 100달러 (주차비 12달러 추가)
호텔좌표	47°25'33.7"N 122°17'44.8"W
홈페이지	www.marriott.com

1 레지던스 인 매리어트도 이용자 평점이 매우 높은 숙소다. 2 3 방이 충분히 넓고 식탁과 업무용 테이블도 있어서 좋다. 4 5 호수가 보이는 테라스와 깔끔한 욕실 6 7 풀사이즈 주방

SEATTLE

The Mediterranean Inn

숙소시설도 좋고 위치도 탁월한 집이다. 시애틀 관광의 중심인 스페이스 니들까지 걸어서 5분, 파이크플레이스 마켓까지는 자동차로 5분 남짓 걸린다. 전자레인지와 싱크대를 갖춘 주방시설도 있고 건물 내 주차장도 있다. 저녁시간에는 무료 스트릿 파킹도 가능하다.

이 집의 히든 스페이스는 옥상 정원. 옥상에 올라가면 스페이스 니들을 비롯해 시애틀 빌딩들이 다 보이고 앉아 쉴 수 있는 공간도 잘 되어 있다.

1 Mediterranean Inn은 도심에 자리잡고 있어 교통이 편리한 것이 가장 큰 장점이다. 2 방도 넓고 욕실도 깨끗하다. 3 1층 로비에 있는 업무공간 4 옥상의 휴게공간. 겨울에는 난로도 피워준다. 5 작지만 냉장고와 전자레인지를 갖춘 주방시설이 있어서 간단히 밥 먹기도 좋다. 6 깔끔한 욕실

시설	2인~4인실
요금	2인실 비수기 기준 $130 (세금 18%, 주차비 $18 별도)
좌표	47°37'22.3"N 122°21'25.7"W
홈페이지	www.mediterranean-inn.com

미국/캐나다 여행지 베스트

렌터카 영업소

SEATTLE
시애틀 공항 영업소 픽업

1. 짐가방 찾는 곳에도 렌터카 안내판이 있다.
2. 안내판을 계속 따라가면 렌터카 종합센터로 가는 공항 셔틀버스 정거장이 나온다.
3. 렌터카 종합센터. 안으로 들어가면 여러 렌트사들이 모여있다.
4. 5. 허츠 골드회원은 여기서도 카운터 갈 필요가 없다. 전광판에서 이름과 주차위치를 확인하고 차로 바로 간다.
6. 차 안에는 필요서류와 키가 놓여있다.
7. 주차장 나갈 때 면허증과 차에 걸려있던 택을 직원에게 주고 잠시 기다리면 통과

SEATTLE

시애틀 공항 영업소 반납

반납장 좌표
47°27'41.1"N 122°17'27.8"W

1. 공항으로 접어들면 'Rental Car Return' 안내판이 계속 나온다.

2. 반납장은 렌트사별로 층이 다르다. 해당 렌트사로 들어간다.

3. 반납받는 직원이 대기하고 있나.

4. 셔틀버스를 타고 공항으로 간다.

5. 가방은 세워놓으면 굴러가므로 뉘어놓아야 한다.

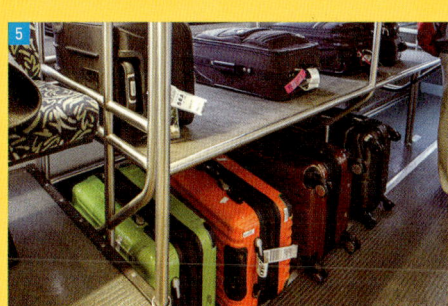

미국/캐나다 여행지 베스트   201

Canada
캐나다

청정한 자연과 깨끗한 도시환경, 거기에 안전한 치안까지 캐나다는 한국 사람들이 좋아할 만한 여러 가지 요소를 갖춘 나라다. 유럽인들의 이주는 미국과 같은 시기에 이루어졌지만 캐나다와 미국의 사회 분위기는 차이가 많다. 그 차이는 어쩌면 '전쟁의 경험'에서 비롯된 것인지도 모르겠다. 건국 이래 지금까지 세계의 모든 전쟁에 빠지는 법이 없었던 미국과 달리 캐나다는 줄기차게 평화를 추구해온, 지금도 세계에서 가장 평화로운 나라 중 하나이기 때문이다.

원시 자연의 모습 그대로인 자연과 그 안에서 평화롭게 살아가는 캐나다 사람들의 모습도 한 번은 꼭 보아야 할 여행지임에 틀림없다.

CANADA_01

밴쿠버 Vancouver

'세계에서 가장 쿨한 도시'라고 해도 지나칠 것이 없을 만큼 밴쿠버의 인상은 청정하고 깨끗하고 평화롭다. 캐나다 제3의 도시이며 태평양 연안 최대의 도시지만, 근교지역까지 다 합친 인구는 200만 정도로 대구의 인구보다 작다. 대륙 서쪽의 해양성 기후가 나타나서 여름철 최고기온도 22도, 겨울철 최저기온도 영상 1도 정도에 머무는 정도로 연교차가 작다. 겨울에는 해도 짧아지고 흐린 날이 많으므로 여행에 적당한 시기는 5월부터 10월까지다.

세계적인 관광지라고는 할 수 없지만 밴쿠버 사람들이 아끼는 스탠리파크, 캐필라노 계곡, 그랜빌아일랜드, 개스타운 같은 곳들을 가볼 만하다. 밴쿠버는 한국 사람들도 많이 살지만 중국인들도 많이 살아서 처음 방문한 사람들도 왠지 친숙한 느낌을 받는다.

1 청정하고 여유로운 삶이 느껴지는 밴쿠버 시가
2 밴쿠버 사람들이 가장 아끼고 사계절 즐겨찾는 도심 속의 공원 스탠리파크   3 4 밴쿠버 아쿠아리움은 스탠리파크에서 가장 인기있는 명소다.

5 스탠리파크에서 보는 '캐나다 플레이스' 야경 6 밴쿠버 펄스크릭 만의 올림픽빌리지 선착장 쪽에서 보는 야경도 멋지다. 힌지파크에서 사이언스월드 사이에 해안산책로가 있다. 마음에 드는 곳에서 감상한다. 힌지파크 근처에 공영주차장이 있다. 49°16'12.4"N 123°06'36.5"W 7 개스타운의 명물 증기시계. 주기적으로 울리는 스팀 음악소리가 신기하고 재미있다. 8 9 개스타운에 있는 모모스시는 한국의 젊은이들이 운영하는 스시집이다. 스시롤도 있지만 순두부찌개도 있고 김치도 준다.

10 11 12 '캐필라노 현수교 파크'도 밴쿠버에서 손꼽히는 관광지다.   13 14 어린 아이들이 있는 가족여행팀이라면 '사이언스 월드'도 필수 코스

밴쿠버 아쿠아리움	
운영시간	10:00~17:00
입장요금	성인 $42, 3~12세 $26.25
주차장 좌표	49°18'03.2"N 123°07'46.5"W

사이언스 월드	
운영시간	10:00~17:00
입장요금	성인 $28, 청소년 $22
주차장 좌표	49°16'20.8"N 123°06'07.8"W

캐필라노 현수교 파크	
운영시간	10:00~21:00
입장요금	성인 $55, 청소년 $30
주차장 좌표	49°20'32.3"N 123°06'48.3"W

그랜빌 아일랜드 퍼블릭마켓	
운영시간	09:00~18:00
주차장 좌표	49°16'20.8"N 123°08'09.6"W

15 16 17 그랜빌 아일랜드의 퍼블릭마켓도 인기 명소 18 19 그랜빌 아일랜드에는 옛 창고 건물을 개조한 예쁜 상점들이 많다. 20 21 그랜빌 아일랜드의 'Lobster Man'은 랍스터와 게 전문점. 활어로도 팔고 쪄주기도 한다.

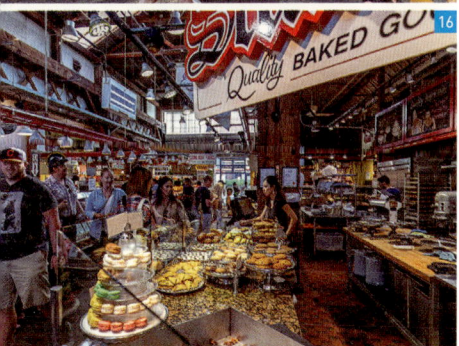

CANADA

Bay View House

추천 숙소

밴쿠버에도 가정집을 개조해 숙소로 운영하는 BnB가 많이 있다. 호텔 예약사이트에서도 쉽게 예약할 수 있는데 밴쿠버 서쪽 브리티시컬럼비아 대학 근처에 있는 Bay View House도 추천할 만한 집이다. 중국출신의 젊은 주인이 운영하는 집으로 손님들에게 친절하고 배려깊게 응대해주어 편하다. 부킹닷컴 평점 9.6점(호스트 평점은 9.9)이면 묵었던 고객 모두가 대만족했다는 뜻이고, 실제 경험해본 바로도 그렇다. 테라스가 있는 마당도 좋고 대문 안에 주차할 수 있어 편하다.

1 밴쿠버 시내 중산층 주택가에 있는 Bay View House 2 3 방이 넓고 욕실도 깨끗하다. 마당으로 바로 연결되는 창이 시원하다. 4 시장에서 사온 게를 쪄 달라고 했더니 쪄 주어서 맛있게 먹었다. 5 주인이 직접 차려준 조식 6 세탁기가 있어서 밀린 빨래도 할 수 있다.

시설	2인실~4인실 (주방 있는 방, 없는 방)
요금	$220 (주차무료)
좌표	49°15'50.8"N 123°11'52.0"W

CANADA

Sandman Suites Vancouver On Davie

밴쿠버 도심에서 비교적 저렴한 가격에 묵을 수 있는 리조트형 숙소다. 거실과 주방공간, 침실, 욕실공간이 구분되어 있고 전망 좋은 테라스도 있다. 스탠리파크까지는 자동차로 5분, 도심 번화가까지는 걸어서 15분 정도 걸리는 좋은 위치에 있다. 부킹닷컴 평점 7.7이지만 우리가 묵어본 경험으로는 8점 이상도 줄 만한 곳이다.

1 테라스에서 보는 밴쿠버 야경도 멋지다. 2 3 침실도 아늑하고 거실에는 테라스가 딸려있고 이곳에서 보는 전망도 좋다. 4 욕실도 부족한 점이 없다. 5 6 주방시설도 완벽하게 갖춰져 있어 밥해먹기도 좋다.

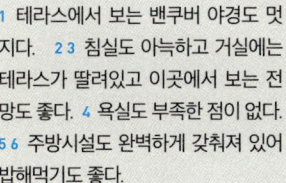

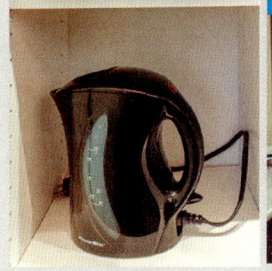

시설	2인실~3인실 (주방 있음)
요금	2인 비수기 기준 CAD125 (세금 17%, 주차비 CAD18 별도)
좌표	49°16'50.2"N 123°07'58.4"W
홈페이지	www.sandmanhotels.com

CANADA

밴쿠버 공항 영업소 픽업

1 짐가방을 찾아 대합실 밖으로 나간다. 안내판에 렌터카 표시가 있다.

2 길을 두 번 건너서 건너편에 있는 주차장 건물 오른쪽으로 걸어간다.

3 4 셔틀버스 정류장에서 기다리지 않도록 한다. 여기는 공항 밖의 '로컬렌터카' 셔틀버스 타는 곳이다. 길 건너편 에스컬레이터 아래에서 오른쪽 길로 들어가야 한다.

5 각 렌트사별 영업소들이 나온다.

CANADA

밴쿠버 공항 영업소 반납

밴쿠버 시내 영업소 반납

반납장 좌표
49°11'38.5"N 123°10'31.0"W

1. 공항에 접어들면 'Car Rental Return' 안내판이 계속 나온다.
2. 반납 주차장에 도착하면 렌트사별 반납장 안내판이 나온다.
3. 앞 차를 따라서 뒤에 세우면, 직원이 와서 연료게이지 주행거리 등을 체크한다.

반납장 좌표
49°16'33.5"N 123°07'37.4"W

1. 밴쿠버 도심의 Granville St에 있는 허츠 영업소도 한국 사람들이 많이 이용하는 곳이다.
2. 픽업할 때는 사무실로 들어가면 되는데, 반납은 건물 뒤로 가야 한다.
3. 차를 가지고 가면 저 안에 있는 직원이 나온다.

미국/캐나다 여행지 베스트

CANADA_02 ★★

재스퍼 & 밴프 국립공원   Jasper & Banff National Park

청정 캐나다를 좋아하는 여행자라면 반드시 들러야 하는 데가 재스퍼 & 밴프 국립공원이다. 만년설을 머리에 인 '로키마운틴'을 드라이브 하는 즐거움, 케이블카를 타고 높이 올라가 내려다보는 전망, 울창한 숲길을 걷고 시원한 폭포를 보는 즐거움, 대자연 속의 포근한 숙소까지 재스퍼 & 밴프 국립공원은 우리가 상상하는 청정 캐나다의 모든 것을 보여주는 곳이다.

재스퍼와 밴프 국립공원은 이름은 다르지만 여행자의 입장에선 하나의 국립공원처럼 연결되어 있다. 로키산맥을 따라 남북으로 길게 이어진 두 국립공원의 남북 길이는 400km에 달할 정도로 길지만 국립공원을 관통하는 도로가 잘 닦여있고 곳곳의 명소를 찾아가는 길도 쉽고 편해서 자동차로 다니기에 좋다. 트래킹 없이 이름난 명소들만 관광하는 일정이라면 2박 3일로 충분하다.

밴쿠버에서 자동차로 출발해 재스퍼 밴프 국립공원을 돌고 캘거리에 차를 반납한 다음 항공편으로 돌아오는 일정이 일반적이다. 캘거리에서 한국으로 오는 직항편은 없으며 캘거리~밴쿠버 사이는 1000km가 넘는 장거리 구간이다. 밴쿠버에서 재스퍼 국립공원 북쪽 입구까지도 700km가 넘는 거리여서 장거리 운전은 피할 수 없지만 도로가 잘 되어있고 다니는 차가 거의 없어서 운전하기는 편하다.

1 청정한 대자연 속에 머무는 것만으로도 충분히 즐겁다. 2 3 재스퍼 스카이트램(Jasper SkyTram)을 타고 올라가면 재스퍼 일대의 전망이 시원하게 펼쳐진다. 4 밴쿠버에서 꼬박 하루를 운전해 가면 드디어 재스퍼 국립공원이 나온다. 5 너무나도 한적한 캐나다의 시골길. 주유소의 직원은 어쩌다 들어오는 손님을 무척 반가워한다. 6 7 스카이트램 기념품점에는 재미있는 기념품이 많다. 8 9 까마득한 협곡이 인상적인 말린 캐니언(Maligne Canyon). 10 숲길을 걷는 트래킹 코스도 있다. 11 12 미테(Miette) 온천. 수영복을 입고 들어가야 하는데 없으면 표 파는 데서 빌리면 된다. 2달러.

13 14 재스퍼 시가지. 이곳을 떠나면 300km 남쪽의 밴프에 도착할 때까지 '도시'라고 할 만한 데가 없다. 이곳에서 연료도 충분히 채우고 가는 게 좋다. 재스퍼 시내에는 한국식당 'Kimchi House'도 있다.   15 16 아싸바스카 폭포(Athabasca Falls). 큰 길에서 가까운 곳에 있어 들러가기 좋다.   17 18 썬왑타 폭포(Sunwapta Falls). 큰 길에서 조금만 들어가면 나온다.   19 재스퍼~밴프 국립공원 중간쯤에 있는 스카이워크도 많은 사람들이 찾는 곳이다.   20 레이크루이스(Lake Louise)는 이름난 스키장이기도 한데 여름철에도 산 정상까지 곤돌라를 운행한다. 21 레이크루이스는 밴프 국립공원을 대표하는 뷰 포인트   22 23 24 존스턴 캐니언(Johnston Canyon). 계곡을 따라 평탄한 길이 이어진다. 매표소에서 하 폭포까지는 1km, 상 폭포까지는 2.5km 거리다.

미국/캐나다 여행지 베스트　　215

25 재스퍼~밴프 국립공원을 종단하는 93번 고속도로는 고개 하나 없이 평탄하다. 교통경찰이 많으므로 과속하지 않도록 주의해야 한다. 26 밴프 시가지 27 28 신비스런 모습의 동굴온천 (Cave and Basin National Historic Site) 29 30 바우폭포(Bow Falls). 규모는 크지 않지만 밴프 시내에 있으므로 누구나 들러간다. 31 32 밴프 온천. 수영복은 매표소에서 빌려준다. 33 34 밴프곤돌라를 타고 올라가면 멋진 전망이 펼쳐진다.

재스퍼 스카이트램

운영시간	3월 말~10월 말까지 운영, 겨울에는 쉰다.
입장요금	16세 이상 $54.6, 6~15세 $28.9
주차장 좌표	52°51'02.4"N 118°07'23.7"W
웹사이트	https://www.jasperskytram.com

티켓은 스카이트램 홈페이지에서 미리 예약구매한 뒤 현장에서 실물티켓으로 교환해야 한다. 오전 10시 이전에 타는 것으로 하면 정상의 식당에서 간단한 식사를 무료제공한다.

미테온천

운영시간	펜데믹 기간 동안 유동
입장요금	18세 이상 $7.21, 청소년 $6.29 수건/수영복 대여료 $1.9
주차장 좌표	53°07'47.1"N 117°46'16.6"W

스카이워크

운영시간	10:00~18:00. 5월 1일~10월 17일 사이에만 운영하며 겨울에는 쉰다.
입장요금	성인 $36, 어린이 $18
웹사이트	https://www.banffjaspercollection.com

입장권은 홈페이지에서 미리 예매해야 한다. 밴프 곤돌라 등을 포함한 패키지 티켓으로 구매할 수도 있다.

밴프 곤돌라

운영시간	월~화요일 11:00~18:00 수~일요일 11:00~20:00
입장요금	성인 $53~64
웹사이트	https://www.banffjaspercollection.com

입장권은 홈페이지에서 미리 예매해야 한다. 성수기 이용날짜가 임박하면 자리가 없거나 요금이 올라갈 수 있다.

밴프 온천

입장요금	18세 이상 $8.48, 청소년 $7.46 수건/수영복 대여료 $1.9
주차장 좌표	51°08'58.1"N 115°33'32.5"W

CANADA

Cougar Mountain Lodge

재스퍼 국립공원 들어가는 입구에 있는 산장형 숙소로 편하게 묵을 수 있는 집이다. 밴쿠버에서 오전 중에 출발하면 도중에 점심을 먹고 하루 종일 운전해서 저녁 먹기 전에 도착할 수 있다. 길을 더 가서 재스퍼에도 숙박시설이 있지만 이곳에서도 한 시간 반을 더 달려가야 하며 산길 밤 운전을 피할 수 없으므로, 밴쿠버에서 출발했다면 이곳에서 묵고 다음날 아침 재스퍼로 넘어가는 것이 맞다.

한적한 숲 속에 있는 집이어서 공기가 청량하고 무척 시원하다. 언제나 유쾌한 얼굴의 젊은 부부가 운영하는 BnB로 한국사람을 특히 좋아하고 간단한 한국말 몇 마디도 할 줄 안다. 숙소 평점 9.3, 호스트 평점 9.7이면 이곳을 이용한 거의 모든 사람이 대만족했다는 뜻이다.

1 쿠가 마운틴 롯지는 재스퍼 국립공원 입구에 있는 산장형 숙소다. 2 3 모든 것을 두툼한 통나무로 지어서 투박한 매력이 있다. 2인실도 있고 4인실도 있다. 4 화장실은 작지만 깔끔하다. 5 6 7 손님과 주인이 함께 사용하는 거실. 서 있는 사람이 주인이며 아주 유쾌한 사람이다. 주인이 직접 차려준 아침식사. 널찍한 앞마당은 보기만 해도 시원하다.

시설	2인~4인실
요금	비수기 2인 기준 $180 (무료주차)
좌표	52°52'47.3"N 119°18'23.0"W
홈페이지	www.cougarmountainlodge.net

CANADA

Along River Ridge BnB

밴프 국립공원의 거점 도시인 캘거리도 캐나다 서부에선 밴쿠버 다음으로 큰 도시다. 시내에도 호텔 모텔을 비롯해 숙박시설들이 많은데 Along River Ridge BnB도 합리적인 가격에 캐나다 현지 가정을 체험해볼 수 있는 숙소다.
캘거리 시내의 중산층 주택가에 자리잡고 있어 주변 환경이 좋고 집 뒷마당의 강변 풍경이 매우 멋지다. 은퇴한 노부부가 운영하는 집으로 노부부가 직접 차려주는 조식이 매우 훌륭하다. 밴프 국립공원 입구까지는 차농자로 한 시간, 캘거리 공항은 30분 거리다.

1 Along River Ridge BnB는 캐나다의 가정집 분위기를 느낄 수 있는 집이다. 2 3 6 살짝 올드하긴 하지만, 캐나다의 중산층 가정집 분위기가 난다. 4 깔끔하지만 왠지 거한 느낌의 욕실 5 손님들이 공용으로 쓰는 작은 주방도 있다.

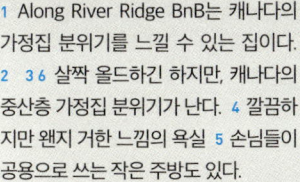

시설	2인~6인실
요금	비수기 2인실 기준 $100
좌표	51°04'45.0"N 114°10'04.4"W
홈페이지	www.alongriverridgebb.com

미국/캐나다 여행지 베스트 219

CANADA

Kicking Horse Canyon B&B

밴프 국립공원 입구에 있는 BnB로 시설도 좋고 편하게 묵을 수 있는 집이다. 밴쿠버에서 출발한다면 밴프 국립공원까지 꼬박 8시간, 중간에 점심 먹고 쉬고 한다면 하루 종일 걸리는 거리다. 밴프 국립공원으로 들어가면 레이크루이스 근처에 호텔들도 있지만 값이 비싸고 성수기엔 예약도 쉽지 않다. 밴쿠버에서 아침 먹고 출발하면 저녁 먹기 전 이곳에 도착할 수 있으므로 하루 쉬고 다음날 아침 일찍 밴프 국립공원으로 넘어가는 것도 좋다. 독일항공 승무원 경력의 씩씩한 여성이 운영하며 숙소의 분위기가 활기차다. 복층으로 된 독채도 있고 저렴한 2인실부터 사우나를 갖춘 4인실까지 다양한 룸을 가지고 있다. 울창한 숲 속에 자리잡고 있어 아침이면 신선한 공기와 새소리까지 상쾌한 기분을 느낄 수 있다.

1 밴프 국립공원 입구 울창한 숲 속에 있는 Kicking Horse Canyon B&B 2 Kicking Horse Canyon B&B 본채. 별채는 조금 떨어진 숲 속에 있다. 3 복층으로 된 별채. 1층엔 주방과 거실이 있고 2층에 침대가 있다. 4 5 아침 식사 시간. 먹은 그릇을 손님들이 직접 처리하는 게 이 집의 룰이다. 6 7 8 완벽하게 준비된 주방 9 10 2층으로 올라가는 계단과 주방에 붙어있는 안내문. 주인의 유쾌한 성격을 알 수 있다. 11 2층에 있는 침실공간 12 욕실도 깔끔하다.

시설	2인~4인실
요금	비수기 기준 2인실 $130부터
좌표	51°18'09.9"N 116°55'48.7"W
홈페이지	www.kickinghorsecanyonbb.com

CANADA

렌터카 영업소 **캘거리 공항 영업소 픽업**

1 짐가방을 찾아 대합실로 나오면 렌터카 안내판이 계속 있다.

2 대합실 밖으로 나와 길 하나를 건너가서 엘리베이터를 타고 올라가면

3 여러 렌트사 부스가 나온다. 허츠 골드회원은 이곳을 패스하고 주차장에 있는 사무실로 간다.

4 허츠 골드회원 전용카운터

CANADA

캘거리 공항 영업소 반납

반납장 좌표
51°07'55.9"N 114°00'39.8"W

1. 공항으로 접어들면 'Rental Car Return' 안내판이 계속 나온다.

2. 렌트사별로 반납장소가 다른데 지정구역으로 들어가면 반납받는 직원이 기다리고 있다.

3. 렌터카 주차빌딩 반납장은 2층이다. 여기에 반납한 뒤 육교를 건너가면 대합실 2층 출국장이 바로 나온다.

CANADA_03

토론토 Toronto

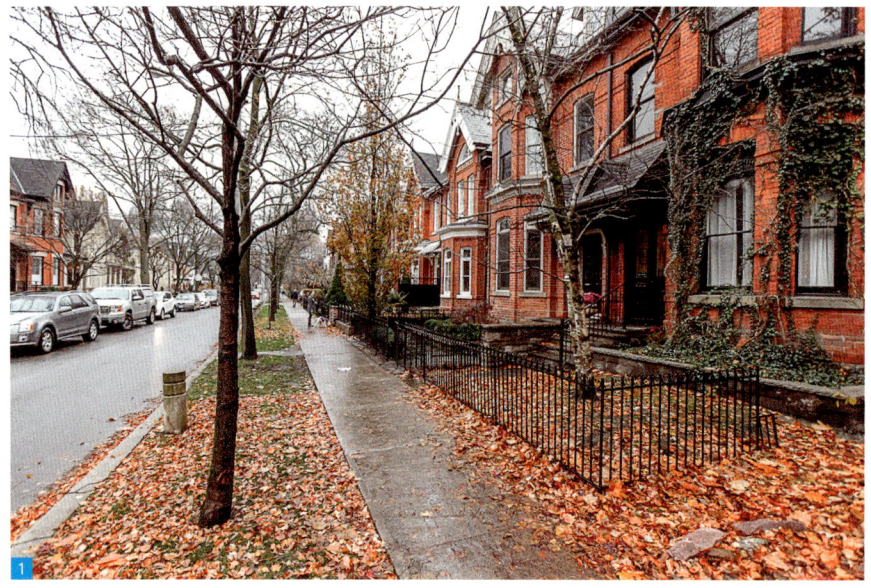

인구 270만으로 캐나다 최대의 도시이며 미국의 LA와 같은 다인종 다문화 도시로 알려져 있는 토론토는 한국 사람들이 여행하기에도 불편함이 없는 도시다. 인종적으로는 영국 중심의 유럽계 백인이 50%를 차지하며 주류를 이루지만 인도, 중국인을 비롯한 아시아계도 북미의 어느 도시보다 많은 비율을 차지하고 있다. 출신지역에 따른 다양한 문화를 서로 서로 용인하며 살고 있는 토론토는 북미의 어느 도시보다도 개방적이고 자유로운 분위기를 느낄 수 있다.

대륙 동쪽에 자리잡고 있는 토론토는 한국과 마찬가지의 대륙성 기후가 나타난다. 여름과 겨울의 기온차가 큰데 한국보다 고위도 지방에 있어서 여름은 한국보다 선선하고 겨울은 한국보다 더 춥다. 여행에 적당한 시기는 5월부터 10월까지이며 겨울 기간 동안은 해도 많이 짧아지고 추워서 여행다니기가 어렵다.

토론토 시내는 1박2일만 해도 이름난 여러 곳을 다 돌아볼 수 있고, 토론토 시내에서 나이아가라 폭포까지는 자동차로 한 시간 남짓한 거리이므로 토론토 시내 관광과 함께 묶을 수 있다. 토론토와 나이아가라 폭포 그리고 뉴욕까지를 묶으면 일주일에서 열흘까지의 여행코스가 나온다. 뉴욕 왕복 항공권을 끊으면서 토론토 스톱오버 일정을 넣으면 토론토와 나이아가라 폭포, 뉴욕까지 알차게 다녀올 수 있다.

1 토론토는 영국 분위기가 많이 난다. 2 토론토의 랜드마크 CN 타워   3 4 CN 타워 전망대에 올라가면 토론토 시가지가 한눈에 다 보인다. '유리바닥 Glass Floor'은 CN타워에서 가장 인기있는 포인트   5 6 1857년 자연사 박물관으로 처음 문을 연 이후 세계 각지의 미술품을 보완하여 종합 박물관이 되었다. 2007년에 모던한 건물로 증축되었다.

7 온타리오 박물관은 오랫동안 토론토 대학의 부속 시설이었다고 한다. 사진은 유서깊은 토론토대학 8 이튼센터(Eaton Centre) 주변은 토론토에서 가장 번화한 거리다. 9 10 이튼센터는 토론토뿐 아니라 캐나다 최대규모의 쇼핑센터라고 할 만한 곳이다. 몇 개 블록에 걸쳐 대형 백화점과 상점들이 미로처럼 들어서 있다. 천장의 아치형 유리지붕은 밀라노의 갤러리아 아케이드를 본 뜬 것이라고 한다.

11 12 13 센트로렌스 마켓은 토론토에서 가장 오래되고 가장 사랑받는 재래시장이다. 14 15 디스틸러리 역사지구(The Distillery Historic District)는 양조장 등이 있던 바닷가 공업지대가 토론토의 힙한 명소로 탈바꿈한 곳이다.

16 17 북창동 순두부. 손님의 반은 현지인들이다. 토론토에도 매운 음식 잘 먹는 외국인들이 많다. 18 19 토론토 도심에서 가장 크고 유명한 한국마켓 PAT Central

16

17

CN타워	
운영시간	10:00~21:00
입장요금	14~64세 CAD40, 65세 이상 CAD27 6~13세 CAD27, 3~5세 CAD14
주차장 좌표	43°38'27.7"N 79°23'29.9"W
예매 사이트	https://tickets.cntower.ca

온타리오 박물관	
운영시간	수~일요일 10:00~17:30 (휴일: 월~화요일, 크리스마스)
입장요금	20세 이상 $23, 4~14세 $14 15~19세/학생 $18
주차장 좌표	43°40'07.5"N 79°23'51.3"W

이턴센터	
운영시간	월~토요일 10:00~21:00, 일요일 11:00~20:00
주차장 좌표	43°39'13.1"N 79°22'47.2"W

센트로렌스 마켓	
운영시간	화~금요일 09:00~17:00, 토요일 05:00~16:00 (일, 월요일은 휴업)
주차장 좌표	43°38'55.6"N 79°22'16.0"W

디스틸러리 역사지구	
웹사이트	www.thedistillerydistrict.com
주차장 좌표	43°39'01.7"N 79°21'45.0"W

북창동 순두부	
운영시간	11:00~22:30 (연중무휴)
주차장 좌표	43°46'37.2"N 79°24'53.3"W (스트리트 파킹)

PAT Central	
운영시간	월~토요일 09:00~20:00, 일요일 09:30~21:00
주차장 좌표	43°39'49.2"N 79°24'57.5"W

18

19

CANADA

Pan Pacific Toronto

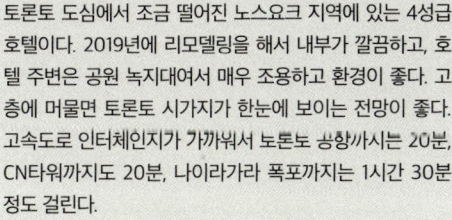

토론토 도심에서 조금 떨어진 노스요크 지역에 있는 4성급 호텔이다. 2019년에 리모델링을 해서 내부가 깔끔하고, 호텔 주변은 공원 녹지대여서 매우 조용하고 환경이 좋다. 고층에 머물면 토론토 시가지가 한눈에 보이는 전망이 좋다. 고속도로 인터체인지가 가까워서 토론토 공항까지는 20분, CN타워까지도 20분, 나이아가라 폭포까지는 1시간 30분 정도 걸린다.

1 Pan Pacific Toronto 호텔은 웨스틴 계열의 호텔이다. 2 방이 넓고 2인실 트윈베드도 침대 사이즈가 넉넉하다. 3 4 욕실도 불편함이 없고 작은 냉장고와 커피 머신이 있다.

시설	2인~4인실
요금	2인실 비수기 기준 $110
호텔좌표	43°45'22.7"N 79°21'01.9"W
홈페이지	www.panpacific.com

미국/캐나다 여행지 베스트

렌터카
영업소

CANADA

토론토 공항 영업소 픽업

1 대합실 천장에 있는 렌터카 안내판을 따라간다.

2 대합실 건물에서 길을 건너면 렌터카 건물이 바로 있다.

3 주차장 건물로 들어가면 렌트사별 안내판이 있고 해당 렌트사로 가면 된다.

4 허츠 골드회원은 전광판에서 이름을 확인하고 그 자리로 그냥 가면 된다.

CANADA

토론토 공항 영업소 반납

반납장 좌표
43°40'57.3"N 79°36'46.1"W

1. 고속도로를 타고 공항에 접어들면 'Rental Cars' 안내판이 계속 나온다.

2. 해당 렌트사 반납장 입구로 들어간다.

3·4. 반납받는 직원이 기다리고 있는 곳에 차를 두고 출국장으로 가면 된다.

미국/캐나다 여행지 베스트   231

CANADA_04 ★★★

나이아가라 폭포   Niagara Falls Canada

나이아가라 폭포는 아프리카의 빅토리아 폭포, 남미의 이과수 폭포와 함께 세계 3대 폭포로 꼽히는 곳이다. 큰 폭포라는 것은 익히 들어 알고 있지만 현장에 가서 보는 폭포의 느낌은 참으로 거대하고 웅장하다. 폭포 가운데로 미국과 캐나다의 국경이 지나는데 유명한 'Horseshoe 폭포'는 캐나다 쪽에서 볼 수 있다.

미국과 캐나다 사이는 다리로 연결되며 차를 몰고 이쪽 저쪽 자유롭게 드나들 수 있다. 미국쪽의 고트 아일랜드(Goat Island)로 들어가면 폭포 바로 위 절벽까지 걸어갈 수 있고 거기서 보는 느낌도 사뭇 다르다.

미국, 캐나다 최대 관광지의 하나인 나이아가라 폭포에는 폭포 아래까지 가는 유람선과 폭포 물줄기 뒤로 들어가보는 투어 등 여러 가지 액티비티 프로그램이 있으므로 시간을 내어 다 참가해보는 것도 좋다.

1 세계 3대 폭포의 하나로 꼽히는 나이아가라 폭포 2 3 폭포 아래까지 갔다오는 유람선을 탈 수도 있고, 폭포 아래로 내려가 물줄기를 맞을 수도 있다. 배를 타든 폭포 아래로 내려가든 우비는 주최 측에서 제공한다. 배는 미국쪽에서도 떠나고 캐나다쪽에서도 떠난다. 폭포의 여러 가지 액티비티는 캐나다쪽이 더 다양하게 되어있다. 4 규모는 캐나다쪽 폭포가 더 크지만 절벽 위에서 볼 때는 미국쪽에서 보면 더 실감난다.

* 캐나다쪽에서 판매하는 '나이아가라 어드벤처 패스'를 구입하면 여러 가지를 따로 구입하는 것보다 많이 저렴하다. 현장판매도 하지만 인터넷으로 미리 구입하고 현장에서 티켓으로 교환하면 더 싸다. (성인기준 55캐나다달러. www.niagaraparks.com)

캐나다쪽 절벽 위에서 보기
운영시간	연중무휴 24시간
입장요금	무료
주차장 좌표	43°04'38.9"N 79°04'48.3"W (폭포 옆 주차장)

미국쪽 절벽 위에서 보기
운영시간	연중무휴 24시간
입장요금	무료
주차장 좌표	43°04'51.5"N 79°04'13.3"W (제2주차장)

미국 보트 Maid of The Mist
운영시간	09:00~일몰시간까지. 선착순 탑승 수시 출발
입장요금	13세 이상 $19.25, 6~12세 $11.2
주차장 좌표	43°05'13.0"N 79°03'53.0"W (제1주차장)

캐나다 보트 Hornblower Cruises
운영시간	09:00~일몰시간까지
입장요금	13세 이상 CAD25.95, 6~12세 CAD15.95
주차장 좌표	43°05'24.6" N 79°04'36.1"W

캐나다 폭포 아래 투어 Journey Behind the Falls
운영시간	09:00~일몰시까지 (계절마다 달라지고 주말엔 연장)
입장요금	13세 이상 CAD13.15, 6~12세 CAD8.55
주차장 좌표	43°04'38.9"N 79°04'48.3"W (폭포 옆 주차장)

CANADA

Embassy Suites by Hilton Niagara Falls

침대에 누워 나이아가라 폭포를 볼 수 있는 엄청난 뷰를 가진 호텔이다. 캐나다쪽 나이아가라 폭포 옆에는 멋진 뷰를 가진 호텔이 몇 군데 있는데 Embassy Suites 호텔의 뷰도 유명하다. 뷰가 생명인 호텔인 만큼 거실이나 침실만이 아니라 욕조에서도 전망이 보이도록 방을 구성했다.
4성급 호텔이며 거실, 욕실 침실 공간이 구분되어 한국의 30평대 아파트보다 넓어보인다. 주방시설도 완벽히 갖춰져 있어 밥 해먹기도 좋다. 성수기에는 방값이 많이 오르고 예약도 쉽지 않지만 비수기에는 조식포함 20만원 미만의 저렴한 가격으로 묵을 수 있다. 뷔페식 조식도 훌륭하다.
방은 캐나다 나이아가라만 보이는 방과 미국 나이아가라도 보이는 방이 있는데 어느 쪽에서도 전망은 다 훌륭하다. 예약할 때 'Falls View' 로만 선택하면 된다. 체크인 할 때 전망이 좀 더 잘 보이는 곳으로 업그레이드 하면 더 높은 층을 준다고 하지만 어차피 '폭포 뷰' 로 예약했다면 낮은 층이든 높은 층이든 큰 차이는 없을 듯 싶다.

시설	2인실~5인실 (주방 있음)
요금	비수기 2인실 기준 110달러 (주차비 60불)
호텔좌표	43°04'46.3"N 79°04'57.3"W
홈페이지	www.hilton.com

1 캐나다쪽 나이아가라 폭포 옆에는 탁월한 전망을 자랑하는 호텔이 여러 개 있다. 2 3 4 침대에서도 폭포가 보이고 야경도 훌륭하다. 5 4인실은 방이 매우 넓어서 한국의 30평대 아파트 보다 넓어 보인다. 6 거실공간이 별도로 있다. 7 조식 쿠폰을 비롯해 여러 가지 할인권을 주는데 이것도 유용하다. 8 9 화장실도 넓고 주방시설도 잘 갖춰져 있다.

CANADA

버팔로 공항 픽업/반납

픽업/반납할 때 살펴볼 것은 '연료량'

렌터카의 연료는 가득 채워서 받고 가득 채워서 반납하는 게 기본이다. 만약 조금이라도 부족한 채 반납하게 되면 연료비에 서비스료, 거기에 부가세까지 더해져서 매우 높은 연료비용을 지불해야 하므로 반납할 땐 연료가 부족하지 않도록 주의해야 한다.

연료는 반납하러 가기 전 동네 주유소에서 깔딱깔딱하도록 채우고 출발하면, 10~20km를 주행하고 나서도 눈금은 'Full' 상태로 남아있게 되므로 굳이 공항까지 가서 주유소를 찾느라 애쓸 필요 없다.

또, 애초에 '연료포함 예약'으로 했으면 채우지 않고 반납해도 되므로 편리하다.

그런데 주의할 것은, 간혹 연료가 가득 채워지지 않은 채 출고되는 차가 있는 점이다. 드물긴 하지만 실제 차량엔 연료가 부족한 상태인데, 임차계약서상에는 가득 채워져 있다고 기록되는 일이 발생하기도 한다.

임차계약서에 Fuel 8/8로 적혀있다면 가득 채워져 있다는 뜻인데, 처음 차를 받으면 차량 연료게이지를 살펴보고 기재된 내용과 일치하는지 확인하고, 만약 부족하다면 현장의 직원을 불러서 그 내용을 수정하고 출발해야 한다. 미국의 연료비는 한국보다 훨씬 싸므로 한두 눈금 차이라야 얼마 하진 않지만, 그래도 손해 볼 필요는 없다.

반납장 좌표
42°56'01.9"N 78°43'39.6"W

1. 짐가방을 찾아서 대합실 밖으로 나간다.
2. 길 하나를 건너가면 주차빌딩이 있고
3. 여러 렌트사 부스가 모여 있다.
4. 직원이 알려준 자리로 간다.
5. 연료는 가득 차 있는지 확인하고 출발하면 된다.

National Parks in California

캘리포니아의 국립공원

남한 면적 4배의 땅에 미국에서 가장 많은 3천3백만 인구가 살고 있는 캘리포니아는 그것만으로 하나의 나라가 되기에 충분하다. 해안을 따라서는 로스엔젤레스, 샌프란시스코 같은 대도시를 비롯해 크고 작은 도시들이 연속해 있고, 내륙으로는 로키산맥의 한 줄기인 시에라네바다 산맥이 길게 이어져 있다. 높은 산과 푸른 바다, 황량한 사막까지 캘리포니아의 자연은 다양하고 변화무쌍하다. 캘리포니아주에만 다섯 군데의 국립공원이 있고 제각각 다양하고 특색있는 자연경관을 지니고 있다. 캘리포니아 여행에서 샌프란시스코 로스엔젤레스를 빼놓을 수 없듯이 국립공원도 빼놓을 수 없는 여행코스다.

NATIONAL PARKS IN CALIFORNIA_01 ★★★

요세미티 국립공원   Yosemite National Park

요세미티는 옐로스톤 국립공원에 이어 1890년 미국에서 두 번째로 국립공원으로 지정된 곳이며 1984년에는 유네스코 세계자연유산으로 등재되었다. 유네스코에 등재될 때 '뛰어난 자연미와 미학적 중요성을 지닌 지역'인 점이 평가받았다고 하는 것처럼 웅장한 바위산의 장관은 세계 어디서도 볼 수 없는 경치다. 국립공원으로 지정된 지역은 넓지만 관광객이 쉽게 찾아갈 수 있는 곳은 요세미티 폭포와 엘캐피탄(El Capitan) 암벽, Vernal Falls 등이 있는 요세미티 계곡 일대와 하프돔(Half Dome)을 눈 앞에서 볼 수 있는 글래이셔 포인트(Glacier Point) 정도다.

이름난 곳을 모두 다녀오려면 하루 일정으로는 부족한데 계곡에 있는 숙박시설에 묵으려면 예약하기도 쉽지 않다. 당일로 다녀오기에는 아쉬움이 너무 많고, 숙박예약이 쉽지 않다는 점을 고려해서 미리 준비할 필요가 있다. 구글지도에서 요세미티 국립공원 지역을 열어놓고 'Hotel' 로 검색하면 국립공원 일대의 여러 숙소들을 찾아볼 수 있고 인터넷으로 예약할 수 있다.

요세미티 방문에 가장 좋은 시기는 5~9월까지의 여름기간이다. 겨울에도 요세미티 밸리쪽은 다녀올 수 있지만 글래이셔 포인트와 요세미티 뒤로 넘어가는 티오가 패스는 10월부터 4월까지 눈이 쌓이기때문에 통제된다.

국립공원 입장료는 차량당 35불이지만 80불짜리 연간이용권을 끊으면 미국내 모든 국립공원을 1년 동안 제한없이 이용할 수 있으므로 세 군데 이상 갈 경우라면 이것이 유리하다. 국립공원 입구에 있는 매표소에서 'Annual Pass'를 달라고 하면 사용개시 월에 구멍을 뚫어서 주는데, 이것으로 향후 1년 동안 미국의 국립공원 모두를 제한없이 이용할 수 있다. 카드에 서명란이 있긴 하지만 사진이나 신분증확인 같은 것은 없으므로 다른 사람에게 양도해도 된다.

1 요세미티 국립공원의 엘캐피탄 2 요세미티 폭포. 미국에서 가장 높이 떨어지는 폭포라고 한다. 폭포는 상폭포 하폭포가 있는데 30분 정도면 하폭포 아래까지 다녀올 수 있다. 3 요세미티 국립공원의 랜드마크 하프돔. 차를 타고 글래시어 포인트로 올라가면 가까이에서 볼 수 있다. 4 글래시어 포인트에서는 요세미티 산군이 모두 보인다. 5 해발 2200m의 글래시어 포인트까지 자동차로 올라갈 수 있고 주차장도 있지만 자리가 많지 않으므로 많이 기다려야 할 수도 있다. 이곳으로 올라가는 길은 10월부터 4월까지 눈으로 통제되는 경우가 대부분이다. 6 요세미티 국립공원에 들어서면 제일 먼저 만나는 엘캐피탄 7 화강암으로 이루어진 요세미티의 계곡은 얼핏 한국의 산을 떠오르게 한다. 사진은 요세미티 밸리뷰

8 글래시어 포인트로 넘어가는 터널 앞 'Tunnel view' 포인트도 단체관광객들에겐 인기있는 장소다. 9 티오가 고개 정상의 '옴스테드 포인트(Olmsted Point)'에서 보는 하프돔의 전망도 멋지다. 겨울(10월~4월)에는 눈 때문에 티오가 고개의 통행이 통제된다.

10 vernal falls. 주차장에 차를 두고 계곡 등산로를 따라 한 시간 정도 올라가면 폭포가 나온다.

운영시간	연중 무휴
입장요금	차 1대당 $35 (연간이용권 $80)
요세미티 밸리뷰	37°43'01.6"N 119°39'44.9"W
요세미티 폭포 입구	37°44'41.7"N 119°35'50.1"W
비지터 센터	37°44'58.6"N 119°35'13.8"W
트레일헤드 주차장(vernal falls 입구)	37°44'07.1"N 119°33'59.5"W
터널뷰 주차장	37°42'55.9"N 119°40'37.5"W
글래시어 포인트 주차장	37°43'38.0"N 119°34'27.9"W
티오가패스 옴스테드포인트	37°48'38.9"N 119°29'07.1"W

세콰이어, 킹스 캐니언 국립공원 Sequoia, Kings Canyon National Park

세콰이어 국립공원과 킹스 캐니언 국립공원은 하나의 국립공원처럼 이웃해 있다. 이곳은 거대한 나무 숲을 보러 가는 곳이다. 얼만큼을 상상했든 그 이상의 크기가 될 거목들이 숲을 가득 메우고 있어 벌어진 입을 다물 수 없다. 한 번에 두 곳 모두 돌아보면 좋고 시간이 없다면 한 곳만 보아도 된다. 장군들 이름이 붙은 거목들은 세콰이어 국립공원쪽에 있다. 이 지역은 해발고도가 높고 겨울에 바닷바람이 불어오는 지역이어서 눈이 많이 내린다. 10월부터는 폭설이 내릴 수 있고 내린 눈은 4월까지도 녹지 않는다. 여행에 적당한 시기는 5월부터 9월까지다.

운영시간	연중무휴 24시간 개방
웹사이트	https://www.nps.gov/seki
Fallen Monarch	36°44'47.9"N 118°58'23.4"W
셔먼장군 나무	36°35'05.6"N 118°44'50.0"W

1 거목이 늘어선 킹스 캐니언 2 3 쓰러진 거목은 초기 개척자들의 주거공간으로 쓰이기도 했다. 사진은 킹스 캐니언의 Fallen Monarch. 4 5 세콰이어 국립공원의 Giant Forest Museum 6 셔먼장군(General Sherman) 나무. 현존하는 세계 최대의 거목이다. 추정 나이는 2200살. 높이는 아파트 25층 높이인 84m, 추정되는 무게는 1835톤이라고 한다.

데스밸리 국립공원　Death Valley National Park

남다른 이름의 '죽음의 계곡' 국립공원은 이름만큼이나 색다르고 신비감이 느껴지는 국립공원이다. 풀도 나무도 없는 극한의 사막지형은 어디서도 본 적 없는 특이한 지형을 만들어서 마치 외계의 어느 행성에 서 있는 듯 비현실적인 느낌을 들게 하며 아무런 소리도 들리지 않는 '절대 고요'의 느낌도 오래도록 기억에 남는다. 데스밸리의 자연환경은 실제로 다른 사막지역에 비해서도 더 혹독하다. 여름엔 섭씨 50도를 넘나들 정도로 더운 반면 겨울엔 눈이 내리는 날도 있다. 일년 내내 비가 오는 날이 거의 없지만 때론 폭우가 내려 계곡이 생기기도 한다고 한다. 데스밸리 여행에서 가장 주의해야 할 것은 여름의 더위다. 인적 드문 곳으로 차를 몰고 들어갔다가 엔진이 과열되고 차가 멈추는 사고가 날 수 있는데, 핸드폰도 터지지 않는 곳이므로 구조요청도 할 수 없고 더위에 탈진해서 큰 사고로 이어진 일도 있었다고 한다.

그런 환경에서도 사람들은 금을 캐기 위해 이곳에 살기도 했고 오아시스 근처에는 호텔과 주유소도 있다. 여러 날 머물 만큼은 아니지만 한 번은 들러서 색다른 경험을 해볼 만한 곳이다.

1 자브라스키 포인트. 외계의 어느 행성에 온 듯한 착각을 일으킨다. 2 3 배드워터. 데스밸리에서 가장 더운 지역이므로 여름철에는 주의해야 한다. 데스밸리에서 가장 낮은 지역이어서 물이 모인다. 그러나 모이는 물은 계속 증발이 되기 때문에 소금물이 되고 바닥에 소금 결정이 남는다. 4 5 Furnace Creek Visitor Center. 사막의 오아시스처럼 시원하게 쉬어갈 수 있는 곳이다. 데스밸리와 관계된 여러 가지 자료들도 볼 수 있다. 6 아티스트 팔레트. 다양한 광물질 때문에 땅 색깔이 여러 가지로 나온다. 이곳도 좋지만 이곳을 다녀오는 'Artists Dr' 길의 경치가 특이하고 재미있으므로 꼭 가볼 만하다. 7 모래사막도 있다. Sand Dunes 8 사막에 궁전을 짓고 살았던 금광 부자 Scotty's Castle 9 10 Furnace Creek에는 민물이 흐르는 개울이 있고 주유소와 상점도 있다.

11 우베헤베 분화구. 분화구 꼭대기까지 차로 올라갈 수 있다. 12 Dante's View에서 보는 데스밸리의 전망도 훌륭하다. 정상까지 차로 올라갈 수 있다. 13 이곳에서도 금을 캤다. 예전에 금 캐던 굴 14 데스밸리~론파인으로 넘어가는 동안 큰 고개 두 개를 넘는다. 15 16 데스밸리 안에도 모텔이 몇 군데 있지만 요금이 비싸다.

운영시간	연중무휴
입장요금	차 한 대당 $30 (연간 패스 $55) (매표소는 없고 자판기에서 양심껏 구입)
웹사이트	https://www.nps.gov/deva
자브라스키 포인트	36°25'15.4"N 116°48'35.1"W
단테스 뷰	36°13'14.1"N 116°43'35.8"W
배드 워터	36°13'49.1"N 116°45'59.6"W
아티스트 팔레트	36°21'48.5"N 116°48'09.8"W
비지터 센터	36°27'39.9"N 116°51'57.8"W
우베헤베 분화구	37°00'39.3"N 117°27'17.6"W
스카티스 캐슬	37°01'53.6"N 117°20'25.3"W
샌드 듄스	36°36'22.1"N 117°06'56.0"W
스토브파이프웰스 빌리지	36°36'25.1"N 117°08'46.2"W

NATIONAL PARKS IN CALIFORNIA_04

조슈아트리 국립공원 Joshua Tree National Park

조슈아트리 국립공원은 독특한 식물 생태계를 보호하기 위해 지정된 국립공원이다. 다른 국립공원들이 '특이한 지형'을 보여주는 것과 달리 조슈아트리 국립공원은 조슈아 나무와 선인장 같은 식물들 외에 특별한 경치는 없다. 그래서 덜 알려져 있고 방문객도 그리 많지는 않다.
조슈아트리는 미국에서도 이 지역에서만 자라는 독특한 생김새의 나무인데, 서부로 이동해가던 몰몬교 신도들이 이곳에 처음 도착해 이 나무를 발견하고서 '우리가 가야 할 길을 인도해주는 여호아같이 생겼다'고 해서 여호아 나무 (Joshua Tree) 라고 이름붙였다고 한다.
국립공원 지역도 넓지 않고 탐방로도 단순해서 돌아보는 데 시간이 낳이 걸리지는 않는다. 공원 입구는 남쪽과 북쪽 두 군데에 있고 차가 다닐 수 있는 길은 남북 입구를 연결하는 도로 하나뿐이다.

1 독특한 생김새의 여호아 나무 (Joshua Tree)   2 몰몬교도들의 눈에는 이 나무가 자신들을 인도하는 구세주처럼 보였던 것 같다.   3 4 5 공원 중간쯤에는 'Cholla Cactus Garden'이 있다. 가시가 매우 날카로워서 만지면 찔린다.

운영시간	연중무휴	입장요금	차 한 대당 $30 (연간 패스 $55)
웹사이트	www.nps.gov/jotr/index.htm		

북쪽 입구 주차장 좌표   34°04'42.6"N 116°02'12.5"W
커튼우드 비지터센터 (남쪽 입구) 주차장 좌표   33°44'54.6"N 115°49'28.1"W
Cholla Cactus Garden   33°55'30.4"N 115°55'42.6"W

National Parks in the Western
서부의 국립공원

미국여행을 꿈꾸는 이들 중 많은 사람들이 서부의 광활한 대지와 그 사이로 아스라이 뻗어가는 길을 달리는 여행을 상상한다. 미서부는 참으로 넓다. 달려도 달려도 이어지는 지평선과 광활한 대지, 그렇게 달려가서 만나는 경이롭고 신비스런 대자연의 모습은 감동 받기에 충분하다.

자연을 좋아하는 여행자라면 미서부 국립공원 일주는 일생에 한 번은 해보고싶은 버킷리스트 1순위의 여행이 될 것이다. 서부의 국립공원 투어는 장거리 운전을 피할 수 없지만 새로운 경치를 기대하며 광활한 대지를 운전해 가는 멋도 미국 서부 여행만의 매력이다.

미서부의 랜드마크 모뉴먼트 밸리

NATIONAL PARKS IN THE WESTERN_01

라스베이거스 Las Vegas

사막 한가운데에 신기루처럼 나타나는 도시, 믿을 수 없을 만큼 화려하고, 믿을 수 없을 만큼 자유분방한, 그래서 미국 사람들에겐 '상상할 수 있는 모든 일탈을 경험할 수 있는 'Sin City', 그런 곳이 라스베이거스인 것 같다.

애초 이곳에 도시를 만든 것도 사막 한가운데에서 고생하는 '군인들을 위한 위락도시'였다고 하며, 도시가 발전하게 된 것도 '합법적인 도박' 사업이었으니 '기지촌'과 '도박' 기반의 흥청망청 도시라고 해도 틀린 말은 아닐 것 같다.

로버트 드 니로가 나오는 영화 <카지노>에서 "라스베이거스가 점점 디즈니랜드처럼 돼 간다"고 한탄하는 장면이 나온다. 한국에도 '청소년 출입금지' 구역이 있는 것처럼 미국의 청소년들에게도 라스베이거스는 갈 수도 없고 가봐야 할 일도 없는 도시로 알려져 있다. 술도 마실 수 없고 카지노도 들어갈 수 없고, 성인 쇼도 볼 수 없고, 더 나쁜 일탈행위는 말할 것도 없다. 미국 사람에게 어린 아이들을 데리고 라스베이거스를 간다고 하면 믿을 수 없다는 듯 눈이 뚱그레진다. 실제 가족여행으로 라스베이거스에 가서 할 수 있는 건, 호텔 마당에서 무료로 볼 수 있는 분수쇼와 불쇼 그리고 연령제한 없이 볼 수 있는 아크로바틱 쇼 정도다.

그러나 라스베이거스는 그랜드 서클 투어의 시작과 종점으로 중요하다. 서부 내륙에서 인천과 연결되는 직항 항공편이 운항되는 유일한 도시이며 LA를 떠나온 다음에는 서부 내륙에서 라스베이거스만한 대도시를 만나기도 어렵다. 도시 외곽으로 가면 '가족 숙소'로 적당한 '카지노 없는' 호텔이나 리조트도 많고 한국마켓이나 한국식당도 많으므로 서부 국립공원 여행의 시작과 끝 지점으로는 충분하다.

1 사막에 어둠이 내리면 라스베이거스의 휘황한 치장이 불을 밝힌다. 2 3 라스베이거스에서 누구나 하는 일은 밤거리 쏘다니기다. 손에 손에 술잔을 들고 4 5 한국 여행자들에게 벨라지오호텔의 분수쇼와 미라지호텔의 화산쇼는 많이 알려져 있지만 대로변에서 무료로 볼 수 있는 것으로, 라스베이거스 관광의 1순위가 될 정도는 아니다. 분수쇼는 저녁시간 동안 수시로 벌어지지만 화산쇼는 2~3차례만 열리므로 시간 맞춰 가야 한다. 미라지호텔과 벨라지오 호텔은 Las Vegas Blvd 대로를 따라 걸어서 15분 정도 거리에 떨어져 있다.

쇼 공연장	
O Show (벨라지오 호텔)	36°06'37.0"N 115°10'23.7"W
Ka Show (MGM 호텔)	36°06'10.5"N 115°10'00.4"W
쇼 티켓 예매	https://www.ohshow.net

프리미엄 아울렛	
영업시간	09:00~21:00 (연중무휴)
홈페이지	www.premiumoutlets.com
노스 주차장	36°09'43.3"N 115°09'33.5"W
사우스 주차장	36°03'17.9"N 115°10'12.2"W

이조곰탕	
영업시간	08:00~21:30 (연중무휴)
가격	설렁탕, 해장국 $11
주차장 좌표	36°08'39.8"N 115°08'42.5"W

한국마켓 그린랜드	
영업시간	08:00~23:00 (연중무휴)
주차장 좌표	36°07'33.4"N 115°14'29.4"W

6 7 라스베이거스 여행에서 빼놓을 수 없는 것이 Show. '태양의 서커스'에서 제작한 'O(오)쇼' 'KA(카)쇼' 같은 것들은 대사 없이 펼쳐지는 다이나믹한 쇼여서 누구나 즐길 수 있다. 요금은 요일, 좌석 종류에 따라 차이가 나지만, 대부분 1인당 70~100달러 정도 한다. 인터넷으로 날짜와 좌석을 지정해 할인구매하고 현장의 '티켓 오피스'에서 입장권과 교환해서 들어가면 된다.

8 라스베이거스에서 가장 크고 번화한 쇼핑몰 'Fashion Show'. 노드스트롬, 메이시 백화점을 비롯해 수백 개의 상점이 여러 개의 건물에 들어서 있다. 쇼핑몰 이름처럼 주말마다 패션쇼도 열린다. (12:00~17:00 사이 매시 정각. Runway에서) 9 라스베이거스에도 프리미엄 아울렛이 두 군데(North, South) 있다. 입점 브랜드나 규모도 비슷하다. 10 11 라스베이거스에도 한국식당이 많이 있는데, 이조곰탕은 곰탕과 해장국으로 유명한 집이다. 스트립에서 조금 떨어져 있지만 자동차로 가면 금방 간다. 아침부터 영업을 하기 때문에 아침 식사하러 가기도 좋다. 12 13 14 라스베이거스에도 한국 사람들이 많이 살고 관광객도 많다. 그래서 큰 한국마켓도 있다.

NATIONAL PARKS IN THE WESTERN

Club De Soleil

라스베이거스에도 하와이의 리조트같은 숙소들이 많다. 독립가옥 형태의 숙소로 침실과 거실 주방이 분리돼 있어 한국의 30~40평대 아파트 같은 느낌이 난다. 카지노와 담배연기 없는 숙소를 찾는 여행자라면 최적이다. 공항까지는 자동차로 10분, 스트립의 여러 호텔까지도 10분 정도면 갈 수 있어 가깝다.

행사가 있거나 여행성수기에는 가격이 많이 올라가지만 비수기에는 10만원 미만의 가격으로도 묵을 수 있다.

1 라스베이거스에도 하와이의 리조트같은 숙소가 많다. 2 방마다 테라스가 있어 좋다. 3 침실이 두 개, 욕실도 두 개다. 4 식탁이 있는 거실 5 욕실에 세면대도 두 개다. 6 7 8 주방에는 필요한 물품이 모두 갖춰져 있고 세탁기와 건조기도 있다.

시설	2인실~6인실 (주방 있음)
요금	2인 비수기 기준 $100 (무료주차)
좌표	36°06'01.0"N 115°13'03.8"W
홈페이지	www.clubdesoleil.com

NATIONAL PARKS IN THE WESTERN

Desert Paradise Resort

라스베이거스에서 하와이 리조트의 분위기를 느낄 수 있는 곳이다. 주변환경이 조용해서 카지노와 담배연기 없는 숙소를 찾는 가족여행 팀에게 알맞다. 공항까지 자동차로 10분, 시내의 유명 호텔까지도 10분 정도면 갈 수 있고 한국마켓 그린랜드 슈퍼마켓까지도 자동차로 10분이면 갈 수 있다.
행사가 있거나 여행 성수기에는 가격이 많이 올라가지만, 비수기에는 10만원 미만의 가격으로도 묵을 수 있나.

시설	2인실~6인실 (주방 있음)
요금	2인 비수기 기준 $100 (무료 주차)
좌표	36°05'46.7"N 115°12'31.2"W
홈페이지	www.diamondresortsandhotels.com

1 하와이 리조트 분위기가 나는 Desert Paradise Resort 2 4인실에는 넓은 침실이 두 개다. 3 독립된 거실과 테라스 4 주방과 식탁 5 6 7 필요한 물품이 모두 갖춰진 주방과 세탁실

NATIONAL PARKS IN THE WESTERN

The Signature at MGM Grand

라스베이거스 스트립의 4성급 호텔 중에서 가족 여행에 적당한 리조트형 호텔로 꼽을 만한 곳이다. 스트립에서 한 블록 떨어져 있고 카지노가 없으므로 조용하고 주방시설이 있어 취사도 가능하다. 구글평점 4.4 부킹닷컴 평점 8.9의 높은 점수를 자랑한다.

라스베이거스의 호텔 대부분이 그렇듯 이 호텔도 예약시점, 시즌에 따라 가격차이가 심한데, 비수기에는 100불 정도의 가격에도 묵을 수 있다. 주차는 발레파킹만 가능하다.

1 라스베이거스의 리조트형 호텔로 꼽을 만하다.
2 테라스에서 보이는 전망도 훌륭하다.   3 침실과 거실 공간이 분리되어 있고 테라스도 있다.   4 욕실도 매우 넓고 화장실은 별도로 있다. 세면대가 두 개다.   5 주방시설도 훌륭하게 갖춰져 있다.

시설	2인~4인실
요금	2인 비수기 기준 $100 (리조트요금 $36, 세금 12%, 주차비 $18 별도)
호텔좌표	36°06'27.5"N 115°09'57.0"W
홈페이지	www.mgmresorts.com

NATIONAL PARKS IN THE WESTERN

Hilton Grand Vacations on Paradise

'힐튼'에서 운영하는 리조트형 숙소 Hilton Vacations는 미국 내 여러 곳에 호텔이 있고 라스베이거스에도 두 군데가 있다. 이곳은 'Convention Center'점. 카지노가 없어서 조용하고 주방시설이 있어 가족여행에 알맞다. 라스베이거스 모노레일 정거장도 가까운 곳에 있다. 무료 셀프주차인 점도 장점. 구글평점 4.4 부킹닷컴 평점 8.8의 높은 점수를 자랑한다.

시설	2인실~4인실 (주방 있음)
요금	2인 비수기 기준 $100 (리조트요금 $25, 세금 12% 추가)
호텔좌표	36°08'21.6"N 115°09'07.6"W
홈페이지	www.hilton.com

1 거실공간, 주방공간, 침실공간, 화장실 공간으로 구분된 실내는 한국의 50평형 아파트쯤 되어보인다. 2 아늑한 침실 3 4 부엌도 완벽하게 갖춰져 있고 세탁기와 세제도 준비되어 있다. 5 욕실의 세면대가 두 개다.

NATIONAL PARKS IN THE WESTERN

라스베이거스 공항 영업소 픽업

1 도착층 대합실 천장에는 렌터카 안내판이 달려있다.

2 대합실을 나가서 길을 하나 건너가면 셔틀버스 타는 곳이 있다.

3 버스를 타고 10분쯤 가면 여러 렌트사가 모여있는 "렌터카 센터"가 나온다.

4 안으로 들어가면 허츠를 비롯해 여러 렌트사 부스가 모여있다.

NATIONAL PARKS IN THE WESTERN

라스베이거스 공항 영업소 반납

반납장 좌표
36°03'41.7"N 115°09'49.4"W

1. 고속도로를 타고 공항으로 접어들면 'Rental Car Return' 안내판이 계속 나온다.

2. 렌트사별로 층이 다르다.

3. 해당 렌트사로 들어가면 앞에 반납중인 차들이 보인다. 그 뒤에 대면 직원이 온다.

4. 셔틀버스를 타고 공항으로 간다.

NATIONAL PARKS IN THE WESTERN_02 ★★★

그랜드 캐니언 국립공원 Grand Canyon National Park

그랜드 캐니언을 처음 보면 우와~ 탄성을 내지를 뿐 더 이상 말을 잇지 못한다. 지금까지 보았던 어떤 곳과도 비슷하지 않고, 무엇을 상상했든 그 이상이 될 어마어마한 계곡은 뭐라 해야 할지 생각나는 말이 없기 때문이다. 그저 장엄하고 놀라울 뿐이다.
지구의 오장육부를 들여다보는 듯하기도 하고, 수십억 살 지구의 나이테를 보는 듯도 하고 보고 있어도 더 잘 보고 싶어 조바심이 나고, 눈으로 본 것이 머리로 설명되지 않는 갈증도 느껴진다. 절대고요 속에 잠겨있는 검붉은 계곡을 바라보고 있으면, 자연이라는 절대적인 명제 앞에 티끌처럼 존재하는 나를 깨닫게도 되는 경이로운 광경이다.

세계에서 제일 크고 깊은 그랜드 캐니언 계곡

그랜드 캐니언은 평원 가운데 푹 꺼져 존재하는 계곡으로, 계곡 남쪽의 절벽(South Rim)을 따라서 차가 다닐 수 있는 도로나 하이킹을 할 수 있는 트레일이 있다.

그랜드 캐니언 입구는 두 군데다. 라스베이거스쪽에서 들어올 때는 남쪽 입구로 들어가게 되고, 내륙의 모뉴먼트 밸리쪽에서 들어올 때는 동쪽 입구로 들어가게 된다. 비지터센터를 비롯해 숙박시설, 마켓 등 편의시설은 모두 남쪽 입구쪽의 'Grand Canyon Village'에 있다.

계곡 북쪽의 노스림(North Rim)은 들어가는 길도 멀고 전망포인트도 'Bright Angel Point' 한 곳뿐이어서 가는 사람들이 별로 없다. 북쪽에서 보나 남쪽에서 보나 경치는 비슷하기도 하다.

사우스림을 따라서는 자동차를 타고 쉽게 접근할 수 있는 뷰포인트가 19군데 있는데 포인트별로 다른 느낌의 경치를 볼 수 있지만 모두 다 들러 가기엔 시간도 많이 걸리고 보다 보면 거기가 거기 비슷비슷해 보이므로 다 들를 필요도 없다.

경치 좋기로 유명한 포인트는 '데저트뷰 포인트', '그랜드뷰 포인트', '매더 포인트', '야바파이 포인트', '호피 포인트', 그리고 서쪽 끝에 있는 '허밋 레스트' 등이고, 'Kolb Studio 기념품점'에서 브라이트엔젤 트레일을 따라 계곡 아래쪽으로 조금 내려가면 나오는 터널을 지나서 보는 전망도 유명하다.

그랜드 캐니언의 범위는 매우 넓지만, 자동차로 이동하며 중요한 포인트에서 전망만 보기로 하면 5~6시간만 머물러도 충분하다. 계곡 아래로 내려갔다 올라오는 트래킹은 고도차 1천미터 이상으로 최소 1박2일을 잡아야 하는 코스여서 쉽지 않다.

그랜드 캐니언 빌리지에도 호텔이 여러 군데 있지만 한겨울 비수기가 아니면 예약이 쉽지 않고 가격도 매우 비싸다. 그랜드 캐니언 빌리지에서 남쪽으로 한시간쯤 떨어진 Williams 마을로 가면 좀 더 저렴한 호텔들이 많다.

1 2 동쪽 끝에 있는 데저트뷰 전망대 Desert View Watchtower 3 사우스림 South Rim의 동쪽 끝에서 서쪽 끝까지 절벽을 따라서 도로가 나 있고 전망 좋은 곳마다 주차장과 전망대가 마련되어 있다. 동쪽 끝의 Desert View 포인트에서 서쪽 끝의 Hermit's Rest 까지는 대략 50km인데 포인트마다 들러 구경하고 간다면 오전이나 오후 한나절은 걸린다. 그런데 여러 포인트를 일일이 들러봐도 풍경은 비슷하므로 전망 포인트를 모두 다 갈 것은 없다.

4 데저트뷰 포인트에서 보는 전망도 멋지다. 5 6 Kolb Studio에서 트레일을 따라 5분쯤 걸어가면 터널이 나온다. 터널을 지나가면 탁 트인 전망을 볼 수 있다. 7 자동차 도로와 옆에는 절벽을 따라서 이런 트레일이 마련되어 있다. 인기 있는 코스는 브라이트엔젤 트레일헤드 Bright Angel Trailhead~야바파이 포인트 Yavapai Point (편도 40분) 구간, 또는 매더포인트 Mather Point (편도 1시간). 8 트레일을 걸어갔다가 돌아오는 길을 걱정할 건 없다. 주요 포인트마다 서는 이 버스를 타고 오면 된다. 버스 요금은 공원 입장료에 포함되어 있다. 9 10 절벽 끝에 앉아 사진찍기는 주의해야 한다. 추락사고가 심심치 않게 일어난다.

미국/캐나다 여행지 베스트 263

11 서쪽 끝에 있는 허밋츠레스트 Hermit's Rest 휴게소 12 비지터센터로 가면 여러 가지 정보를 얻을 수 있다. 13 14 Canyon Village Market은 제법 큰 마트여서 입고 먹고 걷는데 필요한 물품을 다 살 수 있다. 15 값은 비싸지만 그랜드 캐니언 헬기 투어도 할 만하다. 16 그랜드 캐니언 빌리지는 작지 않은 마을로 열차도 다니고 성당, 초등학교도 있다.

운영시간	연중무휴	
입장요금	차 한 대당 $35	
비지터센터	09:00~17:00	
캐니언 빌리지마켓	08:00~20:00	
웹사이트	https://www.nps.gov/grca	
주차장 좌표		
동쪽 입구	36°02'07.9"N	111°49'50.1"W
남쪽 입구	35°59'55.7"N	112°07'18.5"W
데저트뷰포인트	36°02'26.3"N	111°49'41.7"W
그랜드뷰포인트	35°59'48.6"N	111°59'17.2"W
매더포인트	36°03'43.1"N	112°06'35.5"W
야바파이포인트	36°03'52.4"N	112°07'05.5"W
허밋레스트	36°03'45.7"N	112°12'34.4"W
비지터센터	36°03'27.8"N	112°06'28.8"W
캐니언 빌리지마켓	36°03'12.0"N	112°07'14.6"W

NATIONAL PARKS IN THE WESTERN

Bright Angel Lodge

브라이트엔젤 롯지 (Bright Angel Lodge)는 그랜드 캐니언에 가장 먼저 들어선 '역사성을 지닌' 숙소로 삐걱거리는 나무집의 운치가 있다. 호텔 등급은 1성급이지만 요금은 4성급 호텔과 맞먹는다. 시설보다는 위치와 '문화재로 지정된 숙소'라는 의미가 크다. 숙소 방문을 나와 열 걸음만 걸어가면 바로 그랜드 캐니언 절벽이 있다는 사실이 믿기지 않을 정도로 절벽과 가까이 있다. 그러나 무섭거나 위험한 것은 아니다.

그랜드 캐니언 빌리지에는 이 외에도 새로 지은 호텔이 서너 군데 있지만 미국 사람들에겐 이곳이 가장 인기있다.

1 브라이트엔젤롯지는 그랜드 캐니언 관광지 개발과 역사를 함께 하는 숙소다. 2 숙소 앞 마당에 바로 그랜드 캐니언 절벽이 있다. 3 원룸 형태의 방이 크진 않지만 크게 불편하지도 않다. 4 두 사람이 자기 적당한 크기의 침대가 있고 머리맡에 창이 있다.

시설	2인실
요금	비수기 기준 $180 (무료 주차)
호텔좌표	36°03'24.1"N 112°08'27.4"W
홈페이지	www.grandcanyonlodges.com

미국/캐나다 여행지 베스트

NATIONAL PARKS IN THE WESTERN _03 ★★

브라이스 캐니언 국립공원 Bryce Canyon National Park

어떻게 이렇게 생겼을까? 브라이스 캐니언을 처음 본 사람 누구나 그런 생각을 하며 웃음 짓는다. 세계 지리교과서에서나 들어봤을 신기한 모양의 산봉우리 수천 개가 계곡을 가득 메우고 있다. 그랜드 캐니언처럼 어마어마한 규모는 아니지만 경이롭고 멋지기는 그랜드 캐니언 못지 않다. 이곳에서 가장 독특한 지형은 '후두 (Hoodoo)' 라고 하는 기둥 모양의 작은 봉우리들이다. 이것은 오랜 기간 퇴적되어 만들어진 퇴적암층이 융기(또는 해수면의 하강)된 후 다시 오랜 기간 동안의 풍화와 침식을 받아 만들어진 것인데, 꼭대기 부분이 단단한 층으로 덮여 있으면 그 아래는 침식되지 않고 그대로 남아 계곡이 점점 깊어지면서 기둥모양으로 남게 되는 것이다. 후두 기둥의 층별로 다른 색은 그 시기에 퇴적된 암석의 성분 차이에 따른 것이다. 'Bryce'라는 이름은 이곳을 처음 발견한 브라이스 부부의 이름에서 따왔다고 한다.

브라이스 캐니언은 범위가 넓지 않고 도로가 잘 되어있어 돌아보는 데 시간이 많이 걸리지 않는다. 트레일을 따라 계곡 아래로 내려가 돌아다닐 수도 있지만 대부분은 언덕 위에서 전망을 보는 것으로 만족한다.

국립공원 매표소를 지나 들어가면 터널을 하나 지나게 되고 이어서 선라이즈 포인트, 선셋 포인트, 레인보우 포인트, 인스피레이션 포인트, 브라이스 포인트… 안내판이 계속 나온다. 모두 다 볼 만한데 제일 위에 있는 브라이스 포인트의 경치가 으뜸이다. 브라이스 포인트를 먼저 보고 내려오면 다른 경치가 시시해지므로 아래부터 보면서 올라가는 게 좋다.

브라이스 캐니언 주변에는 큰 마을이 없으므로 숙소는 미리 물색해서 예약을 하고 가야 한다. 오후에 브라이스 캐니언을 보고 내려와서 숙소를 찾아보려면 쉽지 않다.

1 볼수록 신기한 브라이스 캐니언 **2** 이 터널을 지나가면 곧 브라이스 캐니언이 나온다. **3 4 5** 계곡을 따라 위쪽으로 올라가면서 뷰포인트들이 이어진다.

6 계곡을 따라 위쪽으로 올라가면서 뷰포인트들이 이어진다. 7 도로에서 벗어나 트레일을 따라 내려갔다 올 수도 있다. 운동삼아 다녀오면 색다른 경험을 할 수 있다. 8 브라이스 캐니언 경치의 절정 브라이스 포인트. 자동차로 갈 수 있는 제일 위쪽에 있다.

운영시간	연중무휴 (비지터센터는 08:00~16:30 여름엔 20:00까지)
입장요금	차 한 대당 $35
웹사이트	https://www.nps.gov/brca
비지터센터	37°38'22.4"N 112°10'11.3"W

NATIONAL PARKS IN THE WESTERN

Grand Circle Bnb

그랜드 서클 투어 중간지점쯤에 있는 숙소로 추천할 만한 집이다. 숙소가 있는 Kanab은 그랜드 서클 투어의 중간지점쯤에 해당되는 작은 마을인데 여행자들을 위한 게스트하우스부터 호텔 모텔 BnB 등 다양한 숙박시설들이 있다.

그 중 하나 Grand Circle BnB는 오래된 전통가옥에서 하는 BnB로 미 서부의 전형적인 가정집을 체험할 수 있어 좋다. 이 집은 지은 지 100년이 넘은 목조 주택으로 지방 문화재로 지정되었는데, 내부 시설은 새로 지은 집 못지 않게 깔끔하다. 주인과 함께 쓰는 주방도 넓고 아이 둘 키우는 젊은 부부가 무척 편한 사람들이어서 지내기가 편하다.

1 그랜드 서클 투어 코스 한가운데 있는 Grand Circle BnB 2 3인실. 넓진 않지만 불편없이 지낼 만하다. 3 욕실도 깔끔하고 필요한 물품도 잘 준비돼 있다. 4 5 주인과 함께 쓰는 주방도 손님에게 완전 개방하고 있다. 6 7 1층의 거실과 뒷마당

시설	1인~4인실 (주방 사용가능)
요금	비수기 기준 $120 (팬데믹 기간 동안 운영 여부 확인 필요)
좌표	37°03'08.7"N 112°31'50.5"W
홈페이지	www.grandcirclebnb.com

NATIONAL PARKS IN THE WESTERN_04 ★★

아치스 국립공원 Arches National Park

아치스 국립공원에선 특이한 모양의 붉은 사암 지형을 볼 수 있다. 붉은 사암이 아치와 기둥, 동굴 등 여러 가지 모양으로 발달해 특이한 지형을 이룬 곳이다. 퇴적과 융기 침식의 과정은 인근의 모뉴먼트밸리나 브라이스 캐니언과 같은 원리이지만 이곳은 특이한 모양의 아치들이 있어 독특하다.

공원의 면적이 넓지 않고 도로가 잘 닦여 있지만, 이름난 아치를 보기 위해서는 주차장에 차를 두고 상당히 걸어야 하므로 유명한 곳을 모두 다녀오려면 거의 하루 해가 걸린다.

'델리케이트 아치'가 가장 유명하고 멋있는데 주차장에 차를 두고 아치 보러 갔다오는데 왕복 두 시간은 잡아야 한다. '데블스 가든' 쪽으로 들어가서 주차하고 여러 아치를 돌아보고 오려면 왕복 세 시간 이상 잡아야 한다. 나무도 그늘도 없는 지역이므로 여름에는 더위 먹지 않도록 조심해야 하고 마실 물도 충분히 챙겨가야 한다. 길은 평탄하고 경사가 없으므로 걷기에 어려움은 없다.

1 2 아치스 국립공원은 수많은 아치들이 신기한 경치를 만들고 있다. 3 남근석도 있다. 4 아치스 국립공원의 대표격인 Delicate Arch 5 초입에는 모뉴먼트 밸리 비슷한 경치도 있다. 6 신기한 아치가 어떻게 만들어졌는지 형성과정 설명을 보면 이해가 간다. 7 비지터센터에는 기념품점도 있다. 비지터센터에 들러서 뷰포인트 안내지도를 꼭 챙기자.

아치스 캐니언 방문자가 많아져서 2022년부터는 (선착순) 사전예약 절차를 거쳐야 입장할 수 있도록 되었다. (4월~10월 사이 방문시 예약. 그 외 기간엔 자유입장) www.recreation.gov

운영시간	연중무휴 (비지터센터는 08:00~16:30, 여름엔 20:00까지)
입장요금	차 한 대당 $30
웹사이트	https://www.nps.gov/arch
비지터센터	38°36'58.5"N 109°37'13.2"W

NATIONAL PARKS IN THE WESTERN_05 ★

자이언 국립공원　Zion National Park

서부의 다른 국립공원들에 비하면 비교적 단순해 보이는 지형이어서 그랜드 캐니언처럼 웅장하지도 않고 브라이스 캐니언이나 아치스처럼 특이한 바위가 있는 것도 아니다. 국립공원 초입의 계곡도 서부의 사막지역에서 흔히 볼 수 있는 붉은 사암으로 이루어져 있어 많이 본 듯한 느낌이다. 이곳의 특징적인 경치는 계곡 상류의 하천을 따라 들어가는 트레일에 있다. 맑은 물이 흐르는 계곡을 따라 평탄한 산책로가 이어져 있고 안으로 들어갈수록 '점입가경' 멋진 경치를 보여준다. 차는 계곡 초입의 주차장에 두고 트레일이 시작되는 지점까지 셔틀버스를 타고 가야 한다.

1 'Zion' 우리 식으로 말하자면 시온 국립공원이다. 2 3 주차장에 차를 두고 셔틀버스로 들어가야 한다(겨울에는 계곡 안쪽 주차장까지 차로 갈 수 있다) 4 버스 종점에서 내리면 시냇물을 따라서 계곡 트래킹이 시작된다. 5 계곡을 따라 상류쪽으로 들어가면 계곡이 점점 좁아져서 이런 곳(Narrows)이 나온다. 셔틀버스에서 내려 내로우까지 계속 걸으면 한 시간 거리다. 6 자이언 캐니언에서 9번 도로를 타고 카납 쪽으로 가면 터널을 지나서 이런 지형도 나온다.

운영시간	연중무휴 24시간 개방 (비지터센터는 08:00~17:00)
입장요금	차 한 대당 $35
웹사이트	https://www.nps.gov/zion
비지터센터	37°12'00.3"N 112°59'10.0"W

모뉴먼트 밸리 Monument Valley

NATIONAL PARKS IN THE WESTERN_06 ★★

나바호 부족의 자치구역으로, 국립공원은 아니지만 국립공원보다 더 유명한 곳이다. 드넓은 평원 위에 '메사 mesa'또는 '뷰트 butte'로 불리는 꼭대기가 평평한 산봉우리들이 멋진 모습으로 서 있어 사뭇 장엄하고 신비롭다. 이곳은 나바호 부족에겐 신성한 곳으로 여겨지는 '성지'라고 하며 중요한 일이 있을 때 제사장이 이곳으로 들어가 제사를 지내고 계시를 받았다고 한다.

예전에는 이곳에서 '서부영화'도 많이 찍었다고 하며 서부영화의 대표 배우 '존웨인'이 특히 좋아했다는 'John Wayne Point'도 있다.

각자가 차를 몰고 내려가서 한바퀴 돌아올 수도 있고 나바호족이 운영하는 오픈카를 타면 더 깊은 곳까지 다녀올 수 있다. 해가 지기 전에 돌아 나와야 하므로 오후 5시 이후에는 내려갈 수 없다.

1 모뉴먼트 밸리는 미국을 대표하는 풍경의 하나다. 2 자농차를 볼고 계곡으로 내러가서 돌아다닐 수 있다. 3 경치좋은 전망대에서 풍경을 바라볼 수도 있고 4 마음에 드는 곳에서 머물며 쉬어갈 수도 있다. 5 이곳에서 보는 모뉴먼트 밸리도 멋지다. 영화 〈포레스트검프〉에서 검프가 달리던 장면으로 유명해졌다. 아치스 국립공원에서 191번 도로를 타고 모뉴먼트 밸리쪽으로 가다 보면 이 포인트가 나온다. 구글지도에 'Forrest Gump Hill'로 표시돼 있다.

운영시간	연중무휴 24시간 (그러나 일몰 후에는 아무것도 보이지 않는다)
입장요금	차량 1대당 $20 (미국 국립공원 패스는 적용되지 않는다)
웹사이트	https://navajonationparks.org
주차장	36°58'58.3"N 110°06'45.1"W

6 7 나바호 원주민과 함께 말을 타고 코스를 도는 프로그램도 있고 나바호 원주민이 운전하는 지프를 타고 계곡의 깊은 곳까지 다녀오는 프로그램도 있다. 8 9 기념품점. 나바호 인디언이 직접 만든 것도 있고 공장제품도 있다. 비슷한 기념품들을 그랜드 캐니언이나 다른 도시에서도 싼 가격에 살 수 있지만 이곳의 판매 수익금은 모두 나바호 부족에게 돌아간다고 하므로 그런 의미에서 물건을 사는 사람들이 많다. 10 원주민 부족 분포도. 이렇게 흩어져 살던 원주민들은 통일된 국가 체계를 가진 유럽인들에게 자신들의 영토를 다 빼앗기고 멸족되다시피 했다. 지금도 자신들의 혈통을 보전한 채 가난하게 살아가는 나바호 사람들을 보면 마음이 짠하다.

추천 숙소

NATIONAL PARKS IN THE WESTERN

NavajoLand Hotel of Tuba City

나바호자치국에서 가장 큰 도시인 투바시티 Tuba City는 나바호 주민들이 운영하는 숙박시설과 상점, 여러 뮤지엄들이 있어 하루 머물며 도시를 둘러보는 것도 흥미롭다. NavajoLand Hotel of Tuba City는 호텔과 레스토랑 RV파크까지 있어 꽤 큰 규모를 자랑한다. 나바호 주민이 운영하는데 퀄리티인 계열의 호텔로 내부 시설만 봐서는 다른 퀄리티인과 다를 게 없다.

호텔 앞에는 나바호 인터랙티브 뮤지엄, 코드토커 뮤지엄이 있는데 여기도 꼭 가볼 만 하다. 나바호 부족의 전통문화에 대해 자세하고 흥미로운 자료들이 많고 다른 부족들과 달리 미국 사회에 편입되고 유지될 수 있었던 나바호족의 역사를 알 수 있다.

1 나바호 자치국에 있는 NavajoLand Hotel of Tuba City   2 3 방이 넓고 냉장고와 전자레인지도 있다.   4 5 욕실도 깔끔하다.

미국/캐나다 여행지 베스트   277

6 7 숙박객은 호텔 앞에 있는 레스토랑에서 조식을 먹는다. 8 9 10 11 나바호 인터랙티브 뮤지엄. 나바호 부족의 전통문화를 알 수 있고 기념품도 살 수 있다. 12 13 코드토커 뮤지엄. 나바호족은 제2차 세계대전 중 미군으로 참전하여 많은 공을 세웠다고 한다.

시설	2인실~4인실
요금	2인 비수기 기준 $80 (주차 무료)
호텔좌표	36°07'51.0"N 111°14'23.9"W
홈페이지	www.navajolandtubacity.com

NATIONAL PARKS IN THE WESTERN_07 ★★

앤틸로프 캐니언, 호스슈 벤드 Antelope Canyon, Horseshoe Bend

신비스럽고 아름다운 지하세계를 볼 수 있는 곳이다. 붉은 사암으로 이루어진 대지가 굽이 굽이 흐르는 지하수에 침식되어 독특한 지형을 만들었다고 한다. '자연이 만든 걸작 조형물'이라는 말로 부족할 만큼 형태와 색상 모두 완벽한 예술작품이다.

앤틸로프 캐니언은 상류, 하류 두 군데에 있고 투어도 각각 진행하는데 하류쪽으로 가는 사람들이 더 많다. 계곡은 원주민 가이드와 함께 가이드투어로만 들어갈 수 있고 인원수에 제한이 있으므로 인터넷으로 미리 예약하고 가야 한다.

투어는 한 시간 정도 걸리는데 앞 뒤로 투어팀들이 연속해서 입장하고 진행하기 때문에 한 곳에 오래 머물기는 어렵고 호젓하게 사진 찍기도 어렵다. 만약 호젓한 사진 찍기를 원한다면 비싼 요금의 '포토그래프 투어'를 신청해야 한다.

계곡은 머리 위에서 빛이 들어올 때 보아야 더 멋진데, 가장 좋은 시간은 해가 중천에 떠 있을 때인 12시~1시 사이다. 이 시간에 입장하려면 몇 달 전부터 예약을 해야 할 정도로 인기가 있다.

앤틸로프 캐니언에서 차로 10분쯤 떨어진 곳에 호스슈 벤드 Horseshoe Bend가 있다. 이름 그대로 '말발굽' 모양으로 강물이 휘감아 도는 협곡이다. 이곳은 그랜드 캐니언의 상류에 해당하는 곳으로 붉은 사암의 까마득한 절벽 아래로 콜로라도 강이 흘러간다. 계곡 아래로 내려가는 프로그램은 없고 절벽 위에서 경치를 보고 기념사진 하나씩 찍고 가는 곳이다.

1 앤틸로프 캐니언 2 3 예약한 투어 시간보다 조금 일찍 현장에 가서 실물티켓과 교환한 다음 투어 팀 별로 입장한다. 4 가이드 투어의 일반적인 모습 5 투어를 마치면 요런 틈으로 올라온다. 6 사진찍기 좋은 곳에서는 가이드가 직접 찍어주기도 한다.

7 호슈 벤드 8 절벽 끝에서 사진 찍는 사람들은 꼭 있다. 이곳도 추락사고에 주의해야 한다. 9 주차장에서 전망대까지가 그리 먼 거리는 아니지만 여름에는 땡볕을 맞으며 흙길을 걷는 것이 힘들게 느껴진다.

앤틸로프 캐니언	
운영시간	연중무휴 08:20~16:00 (겨울에는 입장 시간이 앞뒤로 한 시간씩 줄어든다)
입장요금	성인 기준 상류 $77, 하류 $50 예매 후 취소할 경우는 약간의 취소 수수료를 제한 후 환불해준다. (반드시 사전예매하고 현장에 가서 입장권을 교환해야 한다)
하류	예매 www.lowerantelope.com
	주차장 좌표 36°54'08.9"N 111°24'35.1"W
상류	예매 https://www.antelopecanyon.com
	주차장 좌표 36°53'49.1"N 111°24'28.6"W

호슈 벤드	
운영시간	연중무휴 24시간 (해가 지면 아무것도 보이지 않는다)
입장요금	주차비 $10
주차장 좌표	36°52'35.6"N 111°30'08.8"W

NATIONAL PARKS IN THE WESTERN_08 ★★★

옐로스톤 국립공원   Yellowstone National Park

외계의 어느 행성에 온 듯 신비스런 느낌을 주는 옐로스톤 국립공원

옐로스톤은 미국 대자연의 모든 것을 볼 수 있는 곳이다. 웅장한 계곡과 거대한 폭포, 신비스런 연못과 울창한 숲, 그 안에 살고 있는 야생동물들까지 미국의 자연을 집약해 볼 수 있는 곳으로 1872년 '세계최초'의 '국립공원'으로 지정된 곳이다.
미국 사람들도 일생에 꼭 한 번은 가보고 싶어 하는 곳이지만 접근이 쉽지 않아 막상 다녀온 사람은 많지 않다. 내륙 깊숙한 곳에 있어 자동차만으로는 가기가 어렵고 솔트레이크시티까지 비행기로 가서 거기서 차를 픽업해 다녀와야 하는데, 솔트레이크시티에서 옐로스톤까지의 거리도 가는 데 하루 오는 데 하루 잡아야 할 만큼 멀다.
옐로스톤 국립공원은 해발고도가 높아서 9월부터 눈이 내리기 시작한다. 10월부터는 눈 때문에 고갯길이 통제되는 경우가 많으므로 옐로스톤 국립공원 여행이 가능한 시기는 길게 보아도 5월~9월까지의 5개월 동안이다.
옐로스톤 지역에서는 2박3일 잡으면 이름난 곳은 대부분 가볼 수 있고, 솔트레이크시티까지의 항공편도 미국 내 어디서나 다 연결된다. 샌프란시스코나 LA 또는 시애틀에서 도착날 포함해 시내 관광 이틀 정도 하고 솔트레이크시티~옐로스톤을 왕복하는 코스로 다녀오면 알차다.
옐로스톤 국립공원 내에도 숙박시설이 있지만 성수기에는 방 구하기도 쉽지 않고 가격도 매우 비싸므로 공원 밖 지역에서 숙소를 알아보고 미리 예약하는 것이 좋다. 공원 북쪽 입구의 가디너(Gardiner) 마을, 서쪽 입구의 웨스트 옐로스톤(West Yellowstone) 마을에 모텔들이 많다.

1 2 미드웨이 가이저분지(Midway Geyser Basin)를 한 바퀴 도는 것도 필수코스다. **3** 미드웨이 가이저 분지에서 가장 아름답고 신비스런 Grand Prismatic Spring **4** 가이저의 생성 원리를 설명해주는 안내판도 곳곳에 있다. **5 6** Grand Prismatic Spring 옆에 있는 Turquoise Pool과 Opal Pool

7 8 벌어진 입이 다물어지지 않을 정도로 크고 깊은 계곡이 옐로스톤 국립공원에도 있다. 이름도 'Grand Canyon of Yellow Stone'이다. 엄청난 규모의 폭포 로워폴 Lower Falls과 계곡 전망을 한 군데에서 볼 수 있으므로 이곳도 옐로스톤 필수 방문지의 하나다. 로워폴 바로 위에 전망대가 있고 이곳에서 보는 경치도 훌륭하다. 주차장에서 전망대까지 내려갔다 오는 데에는 30분 정도 걸리고 길도 좋으므로 운동삼아 다녀올 만하다. Artist Point에서 보는 전망이 가장 훌륭하고, Lookout Point에서 보는 전망도 좋다.

9 10 옐로스톤 국립공원 구역의 북쪽 끝에 있는 '맘모스 온천 Mammoth Hot Springs'도 옐로스톤 필수 코스로 꼽히는 곳이다. 오묘한 색상을 지닌 석회화 단구가 신비스럽다. 11 12 13 노리스 가이저 분지 Norris Geyser Basin에는 곳곳에서 크고 작은 온천이 솟아 나오고 온천수의 성분에 따라 색색의 연못들이 만들어져 있는 곳이다. 분지를 크게 도는 산책로가 나 있고 산책로를 천천히 돌아보려면 한 시간 정도 걸린다. 14 올드페이스풀 Old Faithful은 옐로스톤 국립공원에서 가장 유명한 간헐온천이다. 거대한 물기둥이 뿜어 솟구치는 쇼는 10분 정도 이어지는데 안내소에는 그날의 분수 쇼 시간이 적혀 있고 분출은 시간표대로 정확히 이루어진다.

15 16 Thumb Geyser는 잔잔한 호수와 어우러진 경치가 멋진 곳이다. 17 18 19 공원의 이곳저곳을 연결하는 길도 잘 되어 있지만, 인기 있는 포인트의 주차장 입구에서 오래 기다리는 경우도 있다.

미국/캐나다 여행지 베스트

20 21 사람에게 신경쓰지 않는 야생동물을 가까이에서 볼 수 있는 것도 큰 재미다. '재수가 좋으면' 곰이나 늑대를 볼 수도 있다고 한다. 22 올드페이스풀 근처는 옐로스톤 국립공원에서 가장 번화한 곳으로 비지터센터와 함께 여러 곳의 호텔과 주유소, 상점들도 있다. 23 24 25 솔트레이크시티는 유타주에서 고층빌딩을 볼 수 있는 최대의 도시로, 옐로스톤 관광의 거점 도시다. 쇼핑몰 City Creek Center가 가장 인기있는 방문지다.

26 27 28 솔트레이크시티는 미국 몰몬교도들이 정착하며 발전시킨 도시로 몰몬교 총 본부가 있는 몰몬교의 성지다. 교회는 상시 개방되며 각국어를 하는 가이드의 안내를 받아 교회 여러 곳을 돌아볼 수 있다.

운영시간	연중무휴
입장요금	차 한 대당 35달러
웹사이트	https://www.nps.gov/yell

주차장 좌표	
북부 입구	45°01'31.6"N 110°42'03.5"W
서부 입구	44°39'24.9"N 111°05'24.1"W
남부 입구	44°08'08.7"N 110°40'00.7"W
맘모스 온천	44°58'21.5"N 110°42'13.5"W
노리스가이저	44°43'32.8"N 110°42'04.6"W
로워폴 입구	44°43'10.8"N 110°29'50.9"W
로워폴 전망대	44°43'17.6"N 110°29'16.2"W
그랜드 캐니언 전망대	44°43'23.0"N 110°29'05.2"W
아티스트 포인트	44°43'08.3"N 110°28'55.1"W
미드웨이가이저 분지	44°31'42.6"N 110°50'09.9"W
올드페이스풀	44°27'30.1"N 110°49'49.0"W
Thumb Geyser	44°24'57.2"N 110°34'28.2"W

미국/캐나다 여행지 베스트

NATIONAL PARKS IN THE WESTERN

CROSSWINDS INN

옐로스톤 국립공원 안에도 호텔이 몇 군데 있지만 성수기엔 예약하기도 쉽지 않고 요금도 무척 비싸다. 옐로스톤 국립공원의 북쪽 입구인 가드너 Gardiner 마을과 서쪽 입구인 웨스트옐로스톤 West Yellowstone 마을에 숙소가 많고 옐로스톤을 여러 날 여행하는 사람들도 대부분 공원 밖에 숙소를 잡고 공원을 드나든다. 가드너 마을에서 옐로스톤 필수코스인 '옐로스톤 그랜드 캐니언'까지는 자동차로 한 시간 정도, 웨스트 옐로스톤 마을에서 올드페이스풀까지도 한 시간 정도 걸린다. 가고 오는 길도 좋고 경치도 좋으므로 공원 밖에 숙소를 정하고 드나드는 데 어려울 건 없다.
웨스트 옐로스톤 마을에 있는 CROSSWINDS INN도 적당한 가격에 묵을 수 있는 괜찮은 모텔이다.

1 웨스트 옐로스톤 마을에는 적당한 가격에 묵을 수 있는 모텔이 많다. 2 방이 넓고 침대도 크다. 다른 모텔들처럼 부대시설도 잘 갖춰져 있다. 3 냉장고와 전자레인지가 있으므로 간단히 밥 먹기도 좋다. 4 5 욕실도 깔끔하다.

시설	2인실~4인실 (주방 없음)
요금	2인실 비수기 기준 120달러 (무료주차)
좌표	44°39'44.7"N 111°06'09.3"W
홈페이지	www.crosswindsinn.com

NATIONAL PARKS IN THE WESTERN

Evergreen Motel

웨스트옐로스톤 West Yellowstone 마을에 있는 에버그린 모텔도 2성급 모텔 중에서는 평점도 좋고 가격도 적당해 추천할 만한 숙소다. 1931년에 문을 열었다고 하니까 90년이 넘는 역사를 자랑하는 집이다. 단층으로 되어 있어 방 앞에 차를 대고 드나들기 편하고 현관 문 앞마다 있는 테이블도 편리하다.

숙소에서 5분만 가면 바로 옐로스톤 국립공원 매표소가 나오고 옐로스톤 국립공원의 중심인 올드페이스풀까지 한 시간 정도 걸린다. 가고 오는 길의 경치도 좋아서 이곳에 숙소를 정하고 며칠동안 옐로스톤 국립공원 관광을 하는 사람들도 많다. 숙소 주변에 큰 마켓이나 상점, 레스토랑들도 많으므로 불편한 점이 없다.

1 단층으로 돼 있어 더 편한 에버그린 모텔 2 통나무로 된 침대와 사슴뿔 장식이 토속적이다. 3 몬타나 사람들은 나름 지역에 대한 자부심이 있는 것 같다. 4 5 욕실도 불편함 없이 사용할 수 있다.

시설	2인실~4인실 (주방 없음)
요금	2인실 비수기 기준 $110 (무료주차)
좌표	44°39'44.5"N 111°06'12.6"W
홈페이지	www.theevergreenmotel.com

추천 숙소

NATIONAL PARKS IN THE WESTERN

Residence Inn Sandy

옐로스톤 여행자들의 거점도시인 솔트레이크시티에도 좋은 숙소들이 많다. 특히 도시 남쪽의 신시가지 쪽에는 새로 지은 호텔도 많고 동네도 좋아서 추천할 만하다. 솔트레이크시티 전체가 깔끔하고 모던한 도시이지만, 신시가지쪽은 더욱 그렇다. 숙소에서 자동차로 5분 이내의 거리에 백화점과 대형 쇼핑몰들도 많고 숙소에서 공항까지는 고속도로가 바로 연결되어 20분이면 충분하다.

시설	2인실~6인실 (주방 있음)
요금	2인 비수기 기준 $110 (무료주차)
호텔좌표	40°34'11.9"N 111°53'52.8"W
홈페이지	www.marriott.com

1 2 훌륭한 시설을 갖춘 Residence Inn Sandy 3 4 침실 공간도 훌륭하고 5 6 7 주방 공간도 훌륭하다. 8 9 사무공간까지 훌륭하게 갖추고 있어 부족함이 없다. 10 현지에서 조달한 식재료로 훌륭하게 차려진 밥상

미국의
원주민

그랜드 캐니언의 브라이트엔젤 포인트에서 멀지 않은 곳에 이런 안내판이 있다.

"당신의 발 아래 900m 골짜기에는 푸른 오아시스가 있다. 이곳에서 농사를 짓고 살던 Havasupai 부족은, 19세기 후반 금을 찾아 이곳에 온 탐험가들에게 발견되기 전까지, 어떤 간섭도 없이 살았다."

이곳에서 나고 자라며 붉은 계곡과 함께 수백 년 동안 살아왔던 원주민들, 그들은 지금 다 어디로 갔을까. 원주민 남편과 그의 부인, 그리고 그들 옆에 얌전히 앉아 있는 강아지를 들여다보고 있자니 뭐라고 설명하기 힘든 감정이 밀려왔다.

나바호 부족의 자치지역인 모뉴먼트 밸리를 찾아갔던 날, 호텔 안에 있는 기념품점에 들렀었다. 기념품점에는 원주민 특유의 문양이 그려진 여러 가지 그릇과 수공예품들이 있었는데 진열대 한쪽에는 대대로 내려온 원주민 부족장들의 모습이 담긴 기념엽서도 있었다. 특유의 긴머리에 깃털 모자를 쓴, 늠름한 추장들의 사진에는 어느 부족의 추장이었는지도 적혀있었고 한 장에 60센트, 두 장에 1달러라는 가격표도 붙어있었다.

기념품점의 점원은 모두 원주민이었다. 그들에게 호의를 전하고 싶었시만 젊은 원주민 아가씨들의 표정은 굳어 있었고 좀처럼 눈을 맞추려 하지 않았다. 호기심과 연민어린 시선을 마주하기 싫었을까? 아니면 아무리 부정해봐야 바뀌지 않을 현실이 이들을 무기력하게 만든걸까?

땅을 팔라고 하는 침입자들에게 어떻게 하늘과 땅을 사고 팔 수 있느냐고, 신선한 공기와 물방울이 우리 것이 아닌데 그것을 어떻게 사가겠다는 거냐고 반문했다던 이 땅의 원래 주인들. 나바호 자치지역을 다니면서 만났던 원주민들의 한결같은 얼굴, 무표정으로 절망을 감춘 그들의 슬픈 눈빛이 잊혀지지 않는다.

PREPARE
TO TRAVEL

여행준비

미국과 캐나다 여행준비는 어찌 보면 무척 간단하다. 항공편과 렌터카만 예약되면 여행준비는 다 된 셈이나 마찬가지다. 항공권도 네이비니 그 외 기거비교사이트에서 클릭 몇 번이면 결제까지 완료할 수 있고, 렌터카도 미국 캐나다 거의 모든 도시에서 원하는 차종을 예약해 쓸 수 있다. 어디를 가나 손쉽게 들어갈 수 있는 숙박시설들, 어느 도시에서나 만날 수 있는 한국마켓과 식당, 그리고 여행자 맞춤형으로 잘 짜여진 관광시스템들이 별다른 준비 없이도 미국과 캐나다 여행을 즐겁게 다닐 수 있게 해준다. 미국과 캐나다 자동차여행은 유럽이나 다른 나라에 비해 심적 부담이 적은 것이 사실이다.

렌터카

미국 렌터카 보험

차량 손상에 대한 완전면책 보험과 대인대물 책임보험은 모든 예약에 포함되어 있다. 그러나 대인대물 사고시 배상액에 한도가 있으므로 이를 확장시켜주는 추가보험이 필요하고 사고시 상해보험(PAI)과 차량털이에 대비한 휴대품 도난(PEC) 보험도 추가로 필요하다.

기본 포함된 보험
LDW	Loss Damage Waiver	차량손상 및 도난에 대한 완전면책 보험
LI	Liability Insurance	대인대물 배상 (보상액 작음)

추가해야 하는 보험
LIS	Liability Insurance Supplement	대인대물 보상한도를 100만 불까지 확장시켜줌
PAI	Personal Accident Insurance	사고 시 병원치료비 보상 (동승자도 보상)
PEC	Personal Effects Coverage	휴대품 도난 보험 (직계가족까지 보상)

미국은 개인적으로 가입돼 있는 종합보험(LIS, PAI)을 자동차 렌트 시에도 적용할 수 있기 때문에 렌터카에는 선택사항으로 되어 있다. 그러나 외국인은 이것이 없으므로 필수적으로 가입해야 한다. 렌트사에 따라서는 부실한 보험상태 그대로를 '풀커버'라고 선전하는 경우도 있는데 중소렌트사를 이용할 경우 대인대물 배상액은 꼭 확인해봐야 한다.

사고가 나서 병원 신세를 지게 될 경우를 대비한 PAI 보험도 여행자에겐 필수항목이다. 미국의 의료비는 상상을 초월할 만큼 비싸고 국내의 여행자보험으로 감당이 안 되거나 아예 적용되지 않는 경우도 있기 때문이다.

캐나다 렌터카 보험

캐나다는 대여해주는 모든 차에 대인대물 책임보험과 자차보험이 기본적으로 포함되어 있다. 그런데 포함된 자차보험은 완전면책이 아니므로 이에 대한 추가보험이 필요하다.

사고시 병원비와 차량털이에 대비한 상해/휴대품 도난 보험도 추가로 가입할 필요가 있다.

미국처럼 예약시 추가보험까지 모두 가입할 수 있으면 편하겠지만 아직까지 추가보험은 현지에서 차 픽업할 때 가입할 수 있도록 되어 있다.

따라서 캐나다에서 렌트할 때는 추가보험을 놓치지 않도록 현지 영업소에서 확실히 챙겨야 한다.

기본 포함된 보험
LDW Loss Damage Waiver 자차보험. 보험적용시 고객 부담금 있음.
LI Liability Insurance 대인대물 책임보험 100만 불까지

추가해야 하는 보험
DDW Damage Deductible Waiver 완전면책 자차보험. 현지에서 차량 픽업시 요청. 필수
PAI/ PEC Personal Accident Insurance/ Personal Effects Coverage 상해/휴대품 도난 보험. 현지에서 차량 픽업시 가입 가능 (앨버타주와 퀘벡주는 불가)

연령규정

연령에 구애받지 않고 렌터카를 쓰려면 (생일까지 따져서) 만 25세 이상이어야 한다. 미국 캐나다 공히 최소 연령은 만 20세 이상이어야 하고 20세부터 24세까지는 영드라이버 비용을 추가 지불하고 차를 쓸 수 있다. 20~24세 사이는 대여 차량에도

제한이 있어서 중소형 승용차까지만 되고 대형차나 고급차는 운전할 수 없다. 이 조건은 추가운전자일 경우에도 동일하게 적용된다.

추가되는 영드라이버 비용은 주마다 다른데 미국은 하루당 29달러, 캐나다는 하루당 15달러 정도 생각하면 된다.

편도렌탈/입국제한

미국/캐나다의 국내에서는 어느 도시에서나 픽업/반납을 할 수 있다. 그러나 주를 건너가 반납할 경우는 그 차를 다시 회수해 가는 비용 'Drop Fee'를 내야 하고 그 비용은 두 도시간 거리에 따라 달라지는데 적으면 $100 정도부터 대륙을 횡단하는 경우는 $750까지 나오는 것으로 예상할 수 있다.

그러나 주를 건너가 반납하더라도 편도비용이 없는 경우도 있고 이런 조건은 렌트사별로 다르므로 예약(견적)할 때 확인해야 한다. 허츠 렌터카의 경우 캘리포니아와 네바다(라스베이거스) 사이에서는 편도비용이 없고, 동부 대도시 공항 영업소 사이에도 편도비용이 없다.

미국/캐나다 사이는 렌터카로 자유로이 넘어 다닐 수 있지만 다른 나라로 편도반납은 안 된다. 미국/캐나다의 렌터카로 멕시코 입국은 할 수 없다.

추가운전자

주 운전자 외에 추가운전자를 등록해서 주 운전자와 동일한 자격으로 운전할 수 있다. 추가운전 등록은 예약단계에서는 할 수 없고 현지 영업소에서 차 받을 때 하도록 되어 있는데, 주 운전자와 똑같이 국내/국제 운전면허증을 제시하고 등록비를 내야 한다. 추가운전 등록은 렌트하여 차를 운행하는 도중에도 아무 영업소나 방문하여 등록할 수 있지만 비용은 전 렌트기간에 대해 다 지불해야 한다.
추가운전 등록이 무료인 경우도 있다.
허츠 골드회원에 가입된 사람이 계약자가 되면, 그 사람의 배우자는 비용, 등록절차 없이 추가 운전할 수 있다. 또 캘리포니아주에서 픽업할 경우는 누구나 무료로 추가 운전 등록을 할 수 있다.

추가운전 규정 (허츠 렌터카 기준)

경우	1인/1일당요금	최대금액
미국(캘리포니아)	모든 경우 무료 (렌탈당 4인까지)	
미국(골드회원)	배우자는 무료 (등록절차도 필요 없음)	
미국(일반이용자)	USD 13.5 (+9% 정도의 세금)	USD 95 (+9% 정도의 세금)
캐나다(골드회원)	배우자는 무료 (등록절차도 필요 없음)	
캐나다(일반이용자)	CAD 13 (+9% 정도의 세금)	CAD 91 (+9% 정도의 세금)

예약시기

항공 스케줄이 확정되면 렌터카도 바로 예약하는 것이 좋다. 기본적으로는 픽업 24시간 전까지만 예약하면 '해외사전예약할인' 등을 받을 수 있지만, 너무 임박해서 하면 원하는 차가 없을 수 있으므로 렌터카도 가능하면 일찍 해두는 게 좋다. 현지 영업소에 직접 가서 차를 달라고 하면 한국에서 예약할 경우에 비해 최대 30% 까지 비싸질 수 있으므로 차는 반드시 출발 전 한국에서 예약하고 가야 한다.
렌터카는 기본적으로 예약시 돈 드는 것이 없고, 예약 후 변경/취소도 자유로운 편이므로 미리 예약하는 데에 부담이 없다.

렌트사 선택 기준

렌터카를 고를 때 우선 생각하는 것이 비용이다. 그래서 여기저기 견적을 알아보고 하지만, 사실 일반 이용자가 여러 렌트사의 요금을 비교해보는 것에는 허점이 많아서 의미 없는 일이 되기 쉽다. 항공권이나 호텔 요금과 달리 자동차 렌트비는 요금 구조가 복잡하기 때문이다.

렌터카 요금은 보통 차량요금+기본보험+기본세금+영업소별 부대비용+공항이용료+추가보험+주행거리요금+편도렌탈비+추가운전자비용 등 여러 가지 항목으로 구성된다. 이 중 견적요금에 어느 비용까지를 포함시키느냐에 따라 금액 차이는 두 배 이상 벌어지기도 한다. 놀라울 정도로 싼 견적요금을 보여주는 렌트사는 필수적인 보험과 세금도 빼고 그냥 차량요금만을 제시하는 경우일 수도 있고, 다른 데보다 비싸 보이는 렌트사는 위에 열거한 모든 비용을 다 포함한 금액일 수 있다. 견적서의 양식과 용어도 제각각이고 포함된 비용내역도 제각각이어서 일반 이용자가 여러 렌트사의 견적서를 정확히 비교해보기는 사실 어렵다.

그러면 가장 쉬운 렌트사 선정기준은 무엇일까? 그것은 고급 렌트사를 선택할 것인지 중저가 렌트사를 선택할 것인지로 압축된다.

고급 렌터카 : 대부분 거의 새 차를 주고 전국 어디서나 픽업/반납이 되며 유사시 A/S도 즉각 받을 수 있고, 보험보장도 완벽하며 픽업/반납 과정도 간편하게 처리되는 렌터카.

미국/캐나다에도 렌트사는 많고 렌트사별 서비스 차이도 많다.

싼 렌터카 : 대부분 오래된 중고차를 주고 영업소도 많지 않고 유사시 A/S에도 제약 사항이 많고 보험도 부실한 등 여러 가지 점에서 부족한 렌터카.

이용자의 입장에선 이 부분만 결정하면 된다. 안전하고 확실한 서비스를 받을 것이냐 무조건 가격 우선이냐. 비싸면 비싼 이유가 반드시 있고, 싸면 싼 이유가 반드시 있기 때문이다.

한국 내에 사무소를 운영하는지의 여부도 렌트사 선택에 중요한 점이다. 렌터카는 항공권이나 호텔과는 달리 예약단계는 물론이고 여행기간 내내, 그리고 귀국 후에도 처리해야 할 문제가 생길 수 있기 때문이다. 해외 렌터카를 사용하며 발생하는 문제를 외국 회사를 상대로 영문 메일을 통해 해결하는 것도 쉬운 일은 아니다.

다양한 예약방법

후불예약과 선불예약

렌터카는 국내에서는 예약만 하고 비용은 현지에 가서 신용카드로 결제하는 후불예약방식이 일반적이다. 예약단계에서 비용지불하는 것이 없으므로 변경이나 취소시에도 비용부담이 없다. 노쇼(No show)의 경우에도 별다른 불이익이 없는 것이 보통이다. 완전 신용거래지만 선불예약에 비해서는 비싸다.

선불예약은 국내에서 모든 비용을 지불완료하고 가는 방식이다. 추가보험 등 필요한 모든 것을 예약시 확정하고 비용결제까지 끝내고 가므로 홀가분하고 선금지불에 따른 할인도 주어진다. 변경 취소가 자유롭지만 결제 후 취소 또는 노쇼 시에는 위약금이 있다. (여행사에 따라 3만~5만원)

웹사이트에서 예약, 전화로 예약

허츠와 알라모 렌터카는 글로벌 사이트 외에 한국인을 위한 별도의 사이트를 운영하고 있어서 손쉽게 접속하여 예약할 수 있다. 허츠와 알라모 이외의 렌트사는 영문판 글로벌 사이트를 통해서 예약하거나 가격비교 사이트를 통해 예약해야 하는데 한국인 전용사이트에 비하면 불편한 점이 있다.

허츠와 알라모는 전화를 통해서도 예약이 가능하다. 전화는 주중 근무시간(09:00~18:00)에만 가능하며 전화를 통해 이루어진 예약의 취소나 변경은 웹사이트에 접속해서도 가능하다.

허츠
T.1600-2288
알라모
T.02-739-3110

허츠 선불 예약

해외렌트사로는 유일하게 허츠는 국내에서 모든 비용을 현금으로 지불하고 가는 선불예약을 운영한다. 위에 설명한 것처럼 모든 비용을 국내에서 지불 완료하고 가므로 차량픽업이 매우 간편하고 가격도 저렴해서 유리하다.

이것은 현금결제이므로 허츠 특약 여행사를 통해서 진행해야 하는데, 국내에서는 〈여행과지도〉가 가장 유명하다.

여행과지도
www.leeha.net

여행과지도 예약

〈여행과지도〉는 글로벌 허츠 렌터카와 정식계약을 맺은 예약 에이전시로 예약 시스템은 허츠 본사와 직접 연결되어 있으며, 예약확인서는 물론 변경/취소 모두 Hertz 시스템에서 직접 발행되고 진행된다. (단순 중개업체가 아니므로 별도의 수수료같은 것도 없다)

제휴사 할인코드, 프로모션 할인코드 등 각종 코드가 기본 입력되어 있고 골드회원 혜택, 보험옵션 등을 간편하게 선택할 수 있어 예약작업이 매우 쉽다. (허무하도록 쉽게 끝나기 때문에 예약이 제대로 된 건지 확인하려고 전화하는 사람이 종종 있다) 여행과지도가 좋은 것은 예약이 간편하기도 하지만 '최저가 예약'이 가능한 점이다.

요금은 허츠 공홈에서 제공하는 후불요금 외에 '선불요금'이 있는데 선불요금은 허츠 공홈에서는 보이지 않으며 특약 여행사를 통해 따로 알아보아야 한다. 그래서 공홈 요금과 여행사 요금을 각각 받아서 비교해보아야 하는 번거로움이 있는데, 여행과지도 사이트에서는 일정을 입력하면 선불과 후불 두 가지 요금이 동시에 나온다. 동일한 조건 두 가지 요금을 비교해보고 유리한 쪽으로 선택할 수 있는 것은 여행과지도가 유일하다.

예약은 물론 여행 관련해서도 궁금한 점이 있을 때 '상담하기' 메뉴를 통해 거의 실시간으로 해결할 수 있는 점도 '여행전문가 집단'이 운영하는 여행과지도의 장점이다.

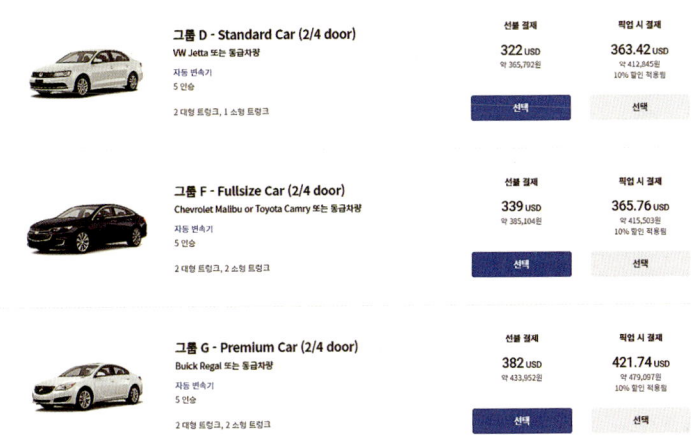

동일한 조건의 선불과 후불 요금을 비교해서 최저가로 예약할 수 있다.

미국 현지에서 예약하면 대부분 비싸진다

"현지에 가서 직접 딜(Deal)하면 국내보다 싸게 예약할 수 있다"는 이야기를 들을 때가 있다. 그러나 이는 대부분 맞지 않는 말이다. 현지영업소에 직접 가서 차를 달라고 하면 대부분 정상가를 다 받는다. 미국에서도 미리 예약하면 할인을 해주지만, 그 할인율도 국내에서 예약하고 가는 것보다는 적다.

맥도날드 햄버거 가격이 나라마다 다르듯 렌터카 요금도 나라마다 다르게 적용되고, 한국인에게 적용되는 요금은 미국인용 요금보다 훨씬 저렴하다. 또 국내에서 예약하고 가면 '해외' '사전' '제휴사' 할인을 기본적으로 받게 되어 현지의 정상가보다 30% 이상 저렴해지고, 여기에 추가적인 프로모션이나 선불 할인 등이 더해지면 현지의 정상가에서 40% 이상 할인되는 경우도 많다.

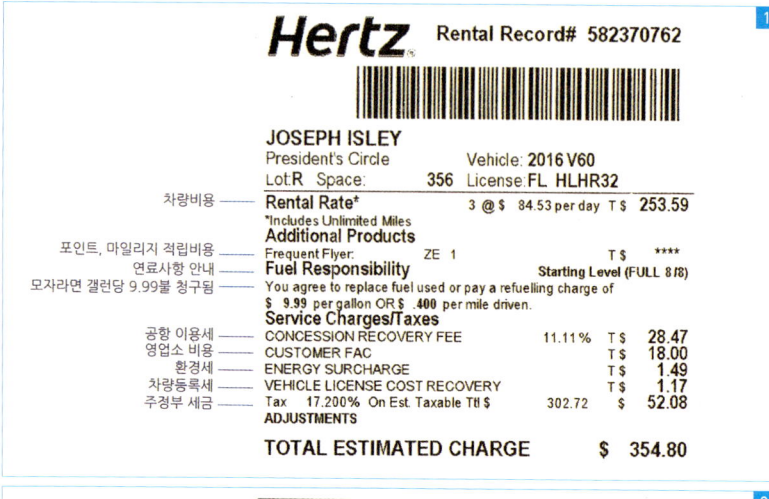

1 시애틀 공항에서 내가 사용했던 차를 미국인이 똑같이 3일 이용한 경우의 임차영수증이다. 미국사람들은 자신이 가지고 있는 자동차보험을 렌터카 이용할 때도 적용할 수 있으므로 보험은 아무것도 가입하지 않았다. 그러나 이런 저런 추가비용 항목이 적혀 있고 그 비용마다 세금이 더해져서 최종 결제금액은 내가 사용한 것보다 훨씬 많이 나왔다. 어느 렌터카를 이용하든 현지에 가서 직접 예약하면 지금처럼 여러 가지 항목이 추가되고, 예상했던 금액보다 많이 나올 수 있다. 그러나 국내에서 선불로 예약하고 가면 모든 비용을 묶어서 선불요금에 포함시키므로 영수증 내용도 심플하고 비용도 크게 절약된다.

2 영수증 하단의 내용은 국내 선불예약의 경우와 동일하다. 그러나 총 렌트비가 많아졌으므로 Deposit (보증금) 금액도 높게 잡혔다.

가격비교 사이트 이용시 주의

인터넷으로 미국 렌터카를 검색해보면 가격비교 사이트들을 쉽게 볼 수 있다. 일정을 입력하면 여러 렌트사의 차들을 가격순으로 보여주고 최저가 선택해서 예약하도록 하는 사이트들이다. 렌탈카스닷컴, 프라이스라인, 익스피디아, 카약 등 매우 많은 사이트들이 여행사, 블로그, 호텔 항공권 예약사이트 등에 다양하게 링크돼 있어서 어디서나 쉽게 접할 수 있다.

그러나 이들은 정식 렌트사가 아니라 렌트사와 고객 사이에 존재하는 '브로커' 사이트들이다. 렌트사에서 기본 요금을 받아, 거기에 여러 가지 상품을 붙여서 재판매하는 방식이므로 계약조건은 렌트사에 직접 할 때와 여러 가지가 달라지는데, 특히 아래와 같은 점에 주의해야 한다.

- **부실한 보험** 브로커 사이트들은 '저렴한 가격으로 풀커버 보험을 제공한다'고 하지만, 대부분의 경우 렌트사의 정식보험보다 허술하다. (저렴한 보험은 저렴한 만큼의 값어치를 한다) 또한 렌트사에서는 브로커사이트의 추가보험을 인정하지 않으므로 현지 픽업 시 렌트사의 정식보험 가입을 '강하게' 권유받을 수 있고 그 때문에 보험료를 이중으로 내는 사람들도 종종 나온다.
- **카드정보** 예약할 때는 무조건 신용카드 정보를 입력해야 한다. (렌트사에 예약할 때는 신용카드 정보가 필요 없다)
- **위약금** 예약 후 즉시 취소해도 위약금을 떼일 수 있다. 위약금은 3일치 렌트비 또는 예약금 전액 등 사이트마다 조건이 다르므로 위약금 조건을 꼼꼼히 확인해야 한다.
- **No Show** 항공기 연착에 따른 지각, 서류 미비 등 개인적인 이유로 차를 픽업하지 못할 경우 이미 결제한 렌트비 전액을 돌려받지 못한다. (렌트사에 직접 예약할 경우는 대부분 전액 환불)
- **문제해결** 변경 취소 일정연장 등 모든 일처리는 반드시 브로커 사이트를 통해서 진행해야 하는데 브로커 사이트들은 모두 외국회사이며 국내에는 사무소가 없다.
- **가격비교** 렌트사 간 요금을 비교할 때는 유용하다. 그러나 동일한 렌트사라면 렌트사에 직접 예약할 때보다 싸지 않다. 다시 말해 허츠와 기타 렌터카의 가격을 비교하는 데는 유용하지만 허츠를 허츠 사이트보다 브로커사이트에서 더 저렴하게 예약할 수는 없다는 뜻이다. 만약 저렴하게 보인다면 거기엔 반드시 이유가 있고, 그것은 대부분 고객에게 불리하게 작용하는 것들이다. (부실한 보험 끼워 팔기, 필수비용 숨기기, 주행거리 제한 등)

가장 안전한 예약방법

앞에 설명한 것처럼 렌터카는 요금구조가 복잡하고 요금과 예약조건이 다양하므로 항공권이나 호텔처럼 간단히 판단하고 예약하기가 어렵다. 예약사이트에서는 쉽게 말하지만 차는 여행 기간 내내 운행해야 하며 사고나 고장도 날 수 있고 반납 후에도 문제가 생길 수 있기 때문이다.

외국에서 법적인 문제가 생겼을 때 그 처리가 온전히 여행자의 몫으로 남겨진다면 그것은 매우 힘들고 복잡한 일이 될 수 있다. 그래서 해외렌터카는 '큰 렌트사'를 선택해 '렌트사에 직접' 예약하는 것이 가장 안전하고 저렴하게 차를 쓰는 방법이다.

그런 의미에서 예약 전 상담과 할인예약, 사후서비스까지 모두 받을 수 있는 〈여행과지도〉의 허츠 렌터카는 좋은 선택이 될 수 있다.

여행과지도

T.02-3672-8781
www.leeha.net

Hertz Gold 회원

〈Hertz #1 Gold club〉에 가입하는 것은 허츠의 'VIP 고객'이 되는 것이다. 예전엔 단골 고객에 한하여 유료로 가입할 수 있었지만 근래 한국 고객들은 처음부터 무료로 가입할 수 있도록 되었다.

가장 좋은 점은 '신속하고 간편한 픽업'이다. 예약단계에서 모든 조건을 확정했고 임차서류도 미리 작성하여 차 안에 비치해 두었으므로 현지에 가서는 준비된 서류와 키를 넘겨받아 주차장으로 직행할 수 있다. 더 나아가서 카운터도 패스하고 주차장으로 직행하여 키가 꽂혀있는 차를 몰고 그냥 나가는 '캐노피 서비스'도 받을 수 있다.

시간도 절약되지만 임차서류를 작성하면서 영어로 복잡한 대화를 나눌 필요가 없

골드회원 가입

www.hertz.co.kr/
rentacar/member/
enrollment

으므로 무척 편하다. 또 '골드 초이스' 서비스가 제공되는 영업소에서는 진열된 동급의 차량 중에서 마음에 드는 차를 골라 타고 가는 서비스도 누릴 수 있다.

골드회원의 배우자는 추가운전 등록비용도 면제된다. 미국 캐나다의 경우는 등록절차도 필요 없이 자동운전이므로 매우 편하다. 배우자임을 증명하는 서류는 보험처리할 일이 생겼을 경우에만 귀국 후 제출하면 된다.

골드 클럽 가입은 허츠 사이트에 접속해서 필요한 정보를 입력하면 즉시 완료된다. 입력사항이 많아서 모두 기입하려면 10분 이상 걸리지만, 이 내용은 어차피 현지 담당자가 임차계약서 작성시 입력하는 내용이므로, 그 작업을 미리 하고 간다고 생각하면 손해볼 게 없다.

성수기에는 차를 받기 위해 일반 카운터에서 한 시간 이상 기다리는 경우도 있으므로 허츠 렌터카를 한 번만 쓸 것이라고 해도 가입하고 가는 게 훨씬 이익이다.

골드회원은 예약할 때 회원번호를 입력하도록 되어 있으므로 허츠 렌터카를 쓸 예정이라면 예약하기 전에 회원가입부터 먼저 해두는 것이 좋다.

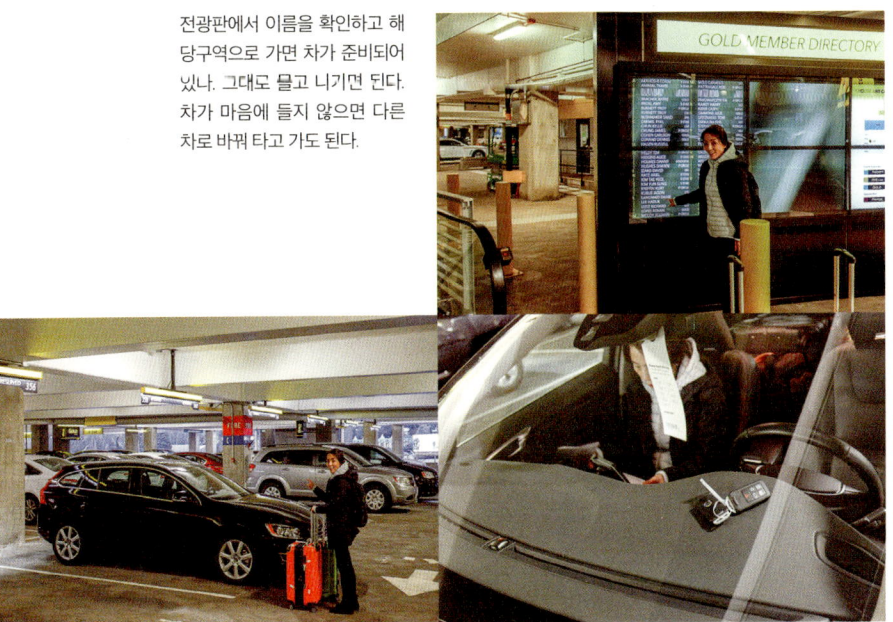

전광판에서 이름을 확인하고 해당구역으로 가면 차가 준비되어 있다. 그대로 몰고 나가면 된다. 차가 마음에 들지 않으면 다른 차로 바꿔 타고 가도 된다.

차종 결정

예약은 등급으로만 할 수 있으며 구체적인 메이커를 지정해 예약할 수는 없다. 예약 시 대표차종으로 제시되는 것도 그 차를 직접 받을 확률은 절반 정도다. 특히 Hertz 같은 메이저 렌트사는 신차 입고 후 1년이 지나면 주행거리 상관없이 무조선 신차로 바꾸므로 새로운 차는 계속 들어온다. 그래서 봄에 빌렸던 차종이 여름에 가면 없고, 겨울이 되면 또 바뀔 수 있다. 미국과 캐나다에서 대여되는 차의 형태와 등급별 사이즈는 한국과 거의 같다.

차는 좌석수보다는 짐의 양과 트렁크 공간을 고려해서 결정해야 한다. 좌석은 좁더라도 끼어 앉을 수 있지만, 짐가방이 트렁크에 들어가지 않으면 그것은 매우 난감한 문제가 되기 때문이다. 짐가방을 밖에서 보이도록 좌석에 놓고 다니는 것은 도난의 우려가 있으므로 절대로 해서는 안 되는 일이다.

렌트카의 등급별 특색

등급	국내의 유사차종	권장 인원수	특징
Compact	i30	2~3인	
Midsize	아반테~소나타	3~4인	
Fullsize	소나타~그랜저	3~4인	
Premium	그랜저~에쿠스	3~4인	
Luxury	그랜저~에쿠스	3~4인	
Midsize SUV (5인승)	스포티지	3~4인	트렁크 작음
Standard SUV (7인승)	소렌토, 모하비	4~5인	
Minivan (7인승)	카니발	4~5인	
Large SUV (7인승)		5~6인	카니발보다 큰 차
Convertible		2인	트렁크 좁음

렌터카는 최대 8인승까지 있지만, 8인승도 카니발같은 7인승에 좌석하나 더 넣은 정도이므로 이 차에 여덟사람이 타고 다니기는 현실적으로 어렵다.

4명 이상이라면, 그리고 생계를 함께하지 않는 두 가족이 움직인다면 차는 두 대로

미국과 캐나다의 승용차는 한국과 같은 세단형(Notch back) 스타일이 많고, 휘발유, 오토차가 대부분이다.

하는 게 여러모로 좋다. 짐 없이 시내에서만 잠깐씩 차를 쓴다면 모르지만, 인원이 많아지면 각자의 짐가방들이 있으므로 트렁크 공간을 생각해야 하는데 차의 등급이 올라간다고 트렁크 공간이 무한정 넓어지는 것은 아니다. 짐가방이 많을 경우에는 처음부터 7인승 SUV나 7인승 미니밴을 빌리는 게 낫다. 일반 승용차로 28인치 가방 네 개를 실을 수 있는 차는 없다.

옵션 선택

어린아이가 있으면 카시트/부스터 시트는 필수다. 국내에서도 그렇지만 미국/캐나다의 경우는 카시드 규정이 더 엄격해서 어린아이를 보호 장구 없이 태우거나 성인용 벨트를 매고 운행하는 것이 발견되면 바로 단속한다.

규정은 나이보다 키를 기준으로 해야 하며 키 145cm 미만의 어린이는 반드시 시트에 앉혀야 한다. 한국 나이로 치면 키 작은 9살까지도 해당된다. 카시트를 옵션 선택하면 하루당 14불, 최대 90불까지의 비용이 추가되는데, 허츠 골드회원으로 예약하면 최대 비용이 60불 정도로 할인된다. 카시트는 국제선과 미국 국내선 수하물에 무료로 추가 탁송할 수 있으므로 집에서 쓰던 것을 가져가는 것도 좋다.

스마트폰으로 사용하는 내비게이션이 보편화되면서 이제는 내비게이션 옵션을 제공하지 않는 렌트사들이 많아졌다. 허츠 렌터카도 미주지역에서는 내비게이션 옵션이 제공되지 않는다. 그러나 스마트폰 내비는 수시로 통신 데이터를 사용해야 하고 대도시를 벗어난 내륙지역이나 국립공원 지역처럼 전화가 불통인 지역에서는 내비게이션도 작동하지 않게 되므로 기계식 내비도 갖추는 것이 안전하다.
기계식 내비는 〈여행과지도〉에서 대여해준다. 창문에 부착하고 시거잭에 연결해 쓰는 휴대용 가민(Garmin) 내비게이션은 한글 메뉴와 한국어 안내가 나오므로 편리하게 사용할 수 있다. 내비게이션에 대해서는 '내비게이션 준비' 편에 자세한 설명이 있다.

비용결제/보증금

차를 받으려면 주 운전자 본인의 신용카드를 반드시 제시하고 보증금(Deposit)을 설정해야 한다. 신용카드는 렌트비 결제만이 아니라 차에 대한 보증의 의미가 있기 때문이다. 이 점은 선불, 후불예약 공통이다. 카드는 '주 운전자 본인의 이름이 찍혀 있는 신용카드'만 가능하며 예외는 없다. Debit카드, 체크카드, 현금 모두 안 된다. 카드에는 VISA 또는 MASTER, AMEX 마크가 찍혀 있어야 한다.
Deposit 금액으로 정해진 것은 없지만 통상 옵션 포함한 총 렌트비 + 연료 한 탱크 정도의 금액을 잡는다. 차 픽업할 때 카드사에 승인신청 해놓았다가 차가 반납되면 요금을 정산하여 최종결제 금액만을 인출하고 최초 승인신청 되었던 금액은 자동 소멸되는 형태로 이루어진다. Deposit은 사실상 의미 없는 금액이므로 영수증 상에 표시되지 않는 경우도 있고 카드사에서 '해외 사용 승인신청 00달러' 같은 형태의 문자 메시지를 받는 것으로 알게 된다. Deposit으로 잡힌 금액만큼 카드 사용가능 한도가 줄어드는 점도 기억해야 한다. 그래서 장기간 렌트하면서 신용카드를 하나만 가지고 가면 한도액 부족으로 카드 사용이 어려워질 수 있다.
허츠 골드회원의 경우는 픽업 전날 Deposit 승인 문자를 받게 된다. 고객이 오기 전에 모든 준비를 끝내놓기 때문이다.

변경과 취소

렌트사 홈페이지에서 직접, 또는 〈여행과지도〉 같은 정식 예약 에이전시를 통해 예약했을 경우 변경과 취소는 쉽다. 렌트사 홈페이지에 접속해서 직접 진행하거나 예약담당자에게 전화 또는 이메일로 변경 또는 취소 요청사항을 통보해주면 즉시 처리해준다. 변경의 경우는 변경 시점 현지 영업소의 차량수급 사정에 따라 될 수도 있고 안 될 수도 있다.

후불예약의 경우는 예약단계에서 비용지불 한 것이 없으므로 취소시에도 비용 늘어가는 것은 없다. 그러나 선불예약의 경우는 취소시 위약금이 발생한다.

허츠 선불예약을 변경/취소하려면 예약을 진행한 에이전시에 연락해야 하며 허츠 사이트로 들어가서 직접 할 수는 없다. 판매가격, 대금결제, 환불 등의 문제는 에이전시 고유의 업무에 속하기 때문에 허츠 웹사이트에서는 처리할 수 없기 때문이다.

영업소

미국/캐나다의 어지간한 도시마다 렌터카 영업소가 다 있다. Hertz의 경우 LA 대도시권에만 23개의 영업소, 라스베이거스 시내에만 22개의 영업소를 운영하고 있고 미국/캐나다의 모든 공항에서 픽업/반납할 수 있다.

영업소의 규모는 어느 도시에서나 공항 영업소가 가장 크고 영업시간도 길어서 연중무휴 24시간 픽업/반납할 수 있다고 볼 수 있다. 시내에도 많은 영업소가 있지만 영업시간은 공항보다 짧아서 주말에 문을 닫는 곳도 있고 주중에도 저녁시간에는 대부분 문을 닫는다.

Hertz렌트카의 도시별 영업소 위치와 영업시간, 전화번호 등은 〈여행과지도〉 사이트에서 쉽게 찾아볼 수 있다. 한글로 도시이름 한두 글자만 입력하면 영업소 정보가 자세히 나온다.

내비게이션 준비

내비게이션 기계

외국에서 가장 많이 쓰이는 기계는 톰톰(Tomtom)과 가민(Garmin) 내비게이션이다. 국내 내비게이션과 다름없이 터치스크린 방식으로 작동하며 전체적인 사용법도 한국의 내비게이션과 같다. 기계식 내비게이션에는 미국/캐나다 전 지역의 지도가 이미 다 저장되어 있고 하늘에 떠있는 인공위성과 교신하여 작동하므로 '데이터' 문제는 생각할 필요가 없고 신호가 끊길 일도 없다.

내비게이션에는 미주지역 전체의 여행정보가 다 들어있어서 이 기계 하나만 있으면 숙소 검색, 가까운 주유소 검색, ATM 기계 검색… 무엇이든 다 된다. 안내 멘트는 영어가 기본 제공되고 가민 내비게이션에서는 한국어 안내도 된다.

가민 내비게이션은 기본 메뉴와 안내 멘트를 한국어로 설정할 수 있지만 톰톰 내비게이션은 한국어 설정이 안 된다. 그렇지만 내비게이션 안내에 사용되는 영어는 무척 단순한 것이어서 중학생 영어실력만 돼도 충분히 알아들을 수 있다.

가민 내비게이션은 〈여행과지도〉에서 대여해 쓸 수 있는데, 대여료는 기본 1주일에 4만5천원, 그 후 하루당 2~3천원의 이용료가 추가된다.

내비게이션을 구입하려면 현지의 대형마트나 전자제품 판매점으로 가면 된다. 가격은 내장된 지도의 종류에 따라 다른데 미국/캐나다 지역 전체가 내장된 최신형 기계는 20만원 내외로 구입할 수 있다.

기계식 내비와 구글지도를 함께 쓰면 확실하다.

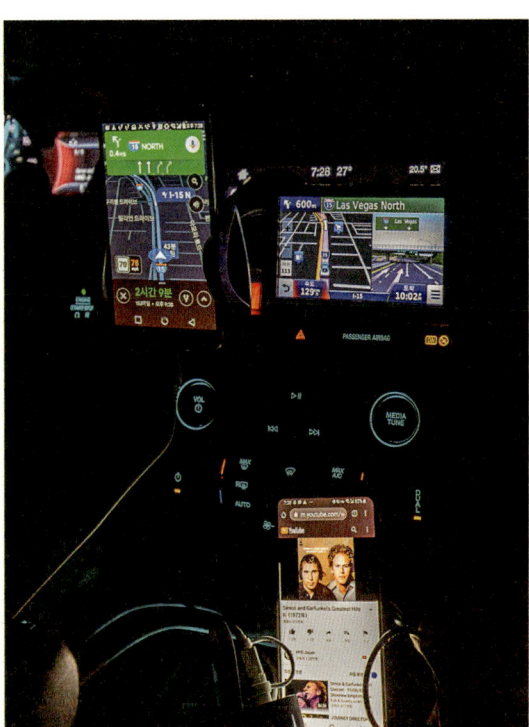

미국에서 많이 쓰는 가민 내비게이션. 기본 메뉴와 안내 멘트를 한국어로 설정할 수 있어서 편리하다.

가민 내비게이션에 목적지 일괄 저장

여행중 찾아갈 목적지를 내비게이션에 미리 저장해 가면 현지에서 매우 편리하다. 현지에서 이동할 때마다 목적지를 검색해 찾는 것도 반복하다 보면 번거로운 일인데, 국내에서 즐겨찾기에 모두 저장해 가면, 현지에서 원터치로 바로바로 사용할 수 있어 편하다.

입력해둘 목적지가 많지 않으면 내비게이션 기계에서 직접 찾아 저장해도 되지만 목적지가 수십 개가 되면 내비게이션에서 일일이 찾는 것도 시간이 많이 걸린다. 이때 '구글지도'와 가민 응용프로그램인 '베이스캠프'를 활용하면 손쉽게 목적지를 찾고 입력해둘 수 있다.

또 목적지를 찾으며 구글지도에 저장해둔 장소는 나중에 열어보아도 지도상에 노란 별로 표시되므로 현지에서 구글 내비를 사용하거나 뚜벅이 모드로 다닐 때도 편하다. 베이스캠프를 이용해 내비게이션에 입력할 때는 좌표로만 가능하므로, 먼저 구글지도에서 목적지의 좌표를 모두 찾아 리스트를 만들고, 그것을 내비게이션 기계에 복사해 넣어야 한다.

1 구글계정에 로그인한다.

구글계정이 없어도 목적지를 검색하고 좌표를 얻는 것은 되지만, 구글지도에 목적지를 저장하는 것은 안 되므로 현지에서도 스마트폰으로 구글지도를 사용하려면 로그인 후 작업을 하는 것이 좋다.

2 구글지도에서 목적지를 찾아 저장하고 좌표를 얻는다.

1 검색창에 목적지를 입력한다. 구글지도에서는 한글로 대부분 다 검색되고 철자가 조금 틀려도 괜찮다.

검색된 위치가 지도에 표시되면, 정확한 위치인지 확인해보고 좌측의 '저장' 버튼을 눌러서 일단 구글지도에 저장시킨다. 저장되면 노랑별로 바뀐다. 이렇게 저장된 위치는 다음에 구글지도에 로그인 해서 열어보면 언제나 노랑별로 지도상에 나타나므로 찾아보기 좋다. 저장을 해제하려면 노랑별을 다시 누르면 된다.

지도상 정확한 위치에 커서를 놓고 마우스 우클릭. '이곳이 궁금한가요?'를 선택.

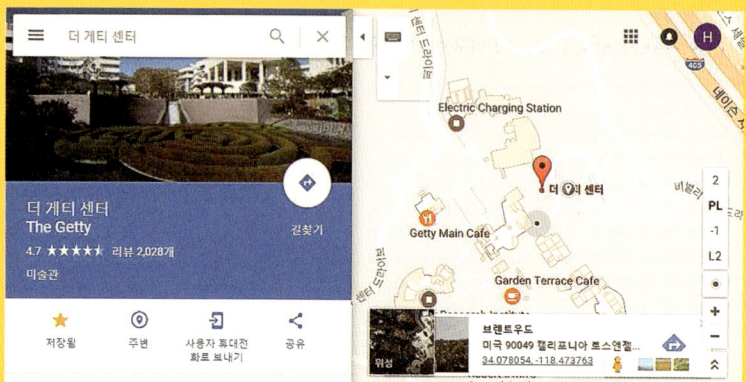

2 '이곳이 궁금한가요?'를 누르면 화면 하단에 그곳의 스트리트뷰와 함께 주소와 좌표가 뜬다. 그런데 이 좌표는 일반적으로 쓰는 좌표형식이 아니므로, 보통 쓰는 60진수 좌표로 전환해주어야 한다. 변환방법은 간단하다. 이 좌표를 클릭한다.

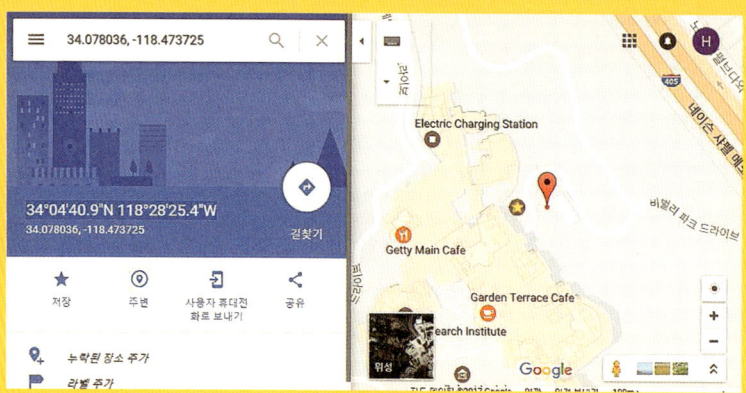

3 그러면 60진수로 변환된 좌표가 좌상단 박스에 크게 뜬다.
이것을 '복사-붙이기' 해서 목적지 리스트를 만들어둔다. 목적지 이름은 다음 예시처럼 지역/종류별로 일관성 있게 정하는 것이, 나중에 찾아볼 때 편하다. 이름은 굳이 영어로 쓸 필요 없고 한글로 적어도 내비에서 그대로 나온다.

33°49'58.5"N 117°58'02.1"W - LA 게티센터
34°50'50.5"N 117°55'02.1"W - LA 숙소1 (페퍼트리)
35°49'52.3"N 117°56'12.1"W - LA 숙소2 (베스트웨스턴)

3 가민 응용프로그램인 '베이스캠프'를 실행한다.
베이스캠프는 아래 사이트로 들어가면 무료로 다운받을 수 있다.
http://www8.garmin.com/support/download_details.jsp?id=4435

4 좌표를 입력해서 리스트를 만든다.
베이스캠프는 아래 사이트로 들어가면 무료로 다운받을 수 있다.
http://www8.garmin.com/support/download_details.jsp?id=4435

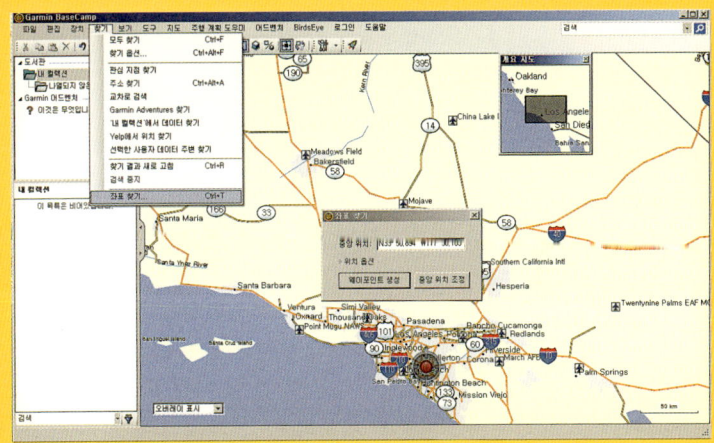

1 베이스캠프 상단 메뉴바에서 '찾기 - 좌표 찾기'를 선택하면 화면중앙에 좌표입력창이 뜬다. 여기에 구글에서 찾은 좌표를 붙여넣고 '웨이포인트 생성'을 누른다. 입력버튼을 누를 때마다 좌측 '내 컬렉션' 메뉴에 좌표 리스트가 생성된다.
이렇게 생성된 리스트를 내비게이션에 복사해 넣으면 되는데,

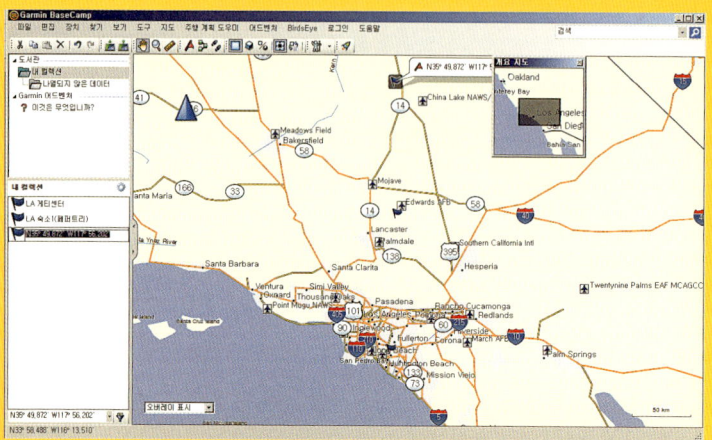

2 그러나 좌표 숫자만 보고서는 어디인지 알 수 없다.
그래서 복사하기 전에 좌표숫자들을 알기 쉬운 이름으로 바꿔주는 작업을 해야 한다.
이름 바꾸기는 좌표를 천천히 두 번 클릭하거나, 마우스 우클릭하거나, 더블클릭하면 된다.
이름 바꾸기까지 되었으면 모든 준비는 끝났다.

3 내비게이션 기계를 PC와 연결한다.
기계가 인식되기를 기다리면서 목적지가 엉뚱한 곳에 찍히지는 않았는지 하나씩 클릭해
서 지도상 위치를 확인해보는 것도 좋다. 기계가 연결되면 좌상단에 기계 이름이 뜬다.
(현재 연결된 기계는 nuvi 2597)

4 상단 메뉴바에서 '장치-장치로 전송-내 컬렉션을 장치로 전송'을 선택하면 화면중앙에 연결된 기계 이름이 적힌 팝업창이 뜨고, '확인'을 누르면 바로 저장된다. 저장완료 메시지 같은 것이 없으므로 조금 허무하지만, 이것으로 모든 작업 완료.

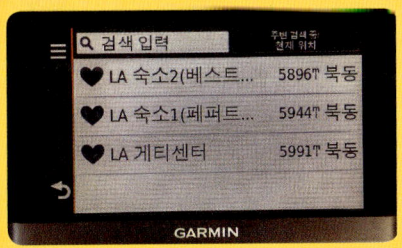

5 기계를 켜서 '목적지-저장완료' 메뉴로 들어가보면 내가 저장한 목적지 리스트가 나타난다. 현지에서 원터치로 사용할 수 있다. 목적지 리스트는 일련번호, 가나다순… 모두 무시되고 무조건 '현재위치에서 가까운' 순서대로 보여진다.

여행준비 321

구글지도 내비게이션

구글지도는 내비게이션 기능도 가지고 있다. 스마트폰 앱스토어에서 구글지도를 다운받아 실행시키면 그것으로 모든 준비 끝나며 비용도 무료다. 이동 중에 주기적으로 지도 데이터를 내려받아야 하므로 데이터 이용료가 들지만 그 비용은 크지 않다. 사용법도 매우 간단해서, 목적지를 찾아서 교통수단을 자동차로 선택하고 '시작'을 터치하면 끝이다. 목적지는 대부분 한글로 검색되고 여행 떠나기 전 별표로 저장해 둔 위치를 찍어도 되므로 기계식 내비보다 편하다. 음성안내도 좌회전 우회전 한국말로 나온다.

구글내비의 가장 큰 장점은 실시간 교통상황이 반영된다는 것이다. 그래서 사고나 공사로 정체된 구간이나 통제하는 구간이 있으면 그것을 피해 빨리 갈 수 있는 코스로 안내한다. 다양한 옵션 기능도 있어서 고속도로를 피해 국도로만 갈 수 있는 코

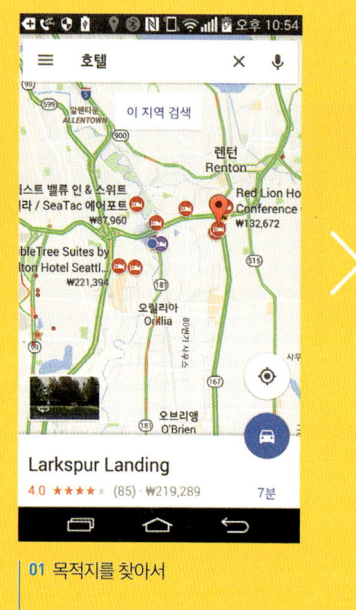

01 목적지를 찾아서

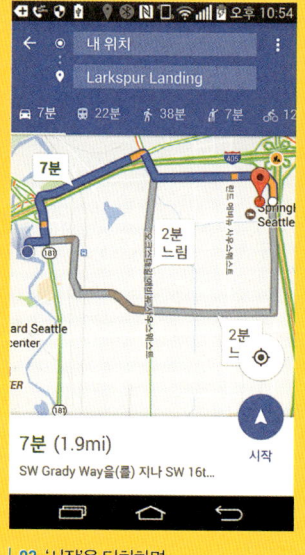

02 '시작'을 터치하면

스, 유료도로를 피해 갈 수 있는 코스도 선택할 수 있고, 주변지역의 교통상황을 지도상에 모두 표시하거나 바탕 지도에 지형이미지를 띄우는 등 편리하게 활용할 수 있다.

구글내비가 가진 유일한 단점은 지도데이터 수신이 원활하지 않은 지역에서는 '먹통'이 될 수 있다는 것이다. 도시지역 여행 중에는 이런 일이 거의 없지만, 사막이나 산악지역, 국립공원지역에서는 내비가 작동하지 않는 일이 발생할 수 있다. 기계식 내비는 기계 안에 3~4기가 분량의 미국/캐나다 전 지역 상세도가 다 들어있지만 구글지도는 이동하면서 주기적으로 해당지역의 지도데이터를 내려받아야 하기 때문에 그렇다. 미국/캐나다는 마을이나 간선도로에서 조금만 벗어나도 전화통화(데이터 수신) 불가인 지역이 많으므로 구글지도만 믿을 수는 없다.

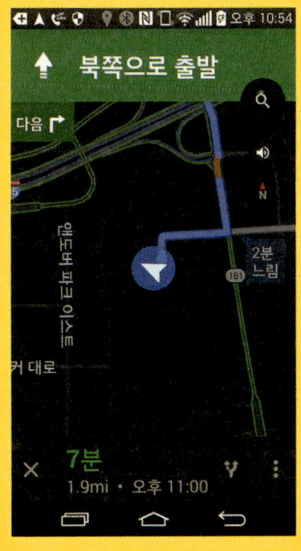

03 바로 안내한다. 야간에는 야간모드, 어두운 화면으로 안내한다.

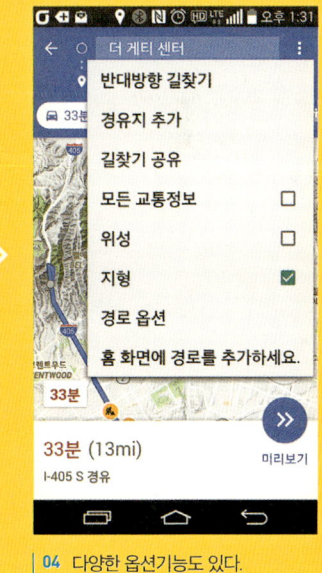

04 다양한 옵션기능도 있다.

여행물품 준비

국제운전면허증

우리나라에서 취득한 면허내용은 미국과 캐나다에서도 그대로 통용된다. 그러나 그 사람들은 한글을 읽을 줄 모르기 때문에 한국면허증의 외국어 번역 사본, 국제면허증을 함께 보여주어야 한다. 즉, 오리지널 면허증은 어디까지나 국내 면허증이고 국제면허증은 그것의 번역본이므로 외국 나갈 때는 국내면허증을 꼭 가지고 가야 한다. 간혹 국제운전면허증만 가지고 나갔다가 차를 받지 못해 낭패를 겪는 사람들이 있다. 현지의 카운터 직원에게 아무리 사정해도 안 된다. 국제운전면허증만으로는 면허증의 효력이 없다.

국제면허증만 가지고 가서 차를 받지 못할 경우 다소 복잡한 방법이긴 하지만, 허츠 렌터카처럼 국내에 직영 영업소를 운영하는 렌트사에 예약했을 때는 한국에 있는 면허증 사진을 찍어서 한국내 사무소에 보내고, 국내 사무소에서 그 내용을 확인했다는 공식 문서를 꾸며 현지로 보내주면, 현지에서는 한국내 사무소의 책임하에 차를 내주는 경우도 있다. 그러나 시간도 많이 걸리고 국제 전화와 메일을 주고받고 해야 하는 복잡한 일이다.

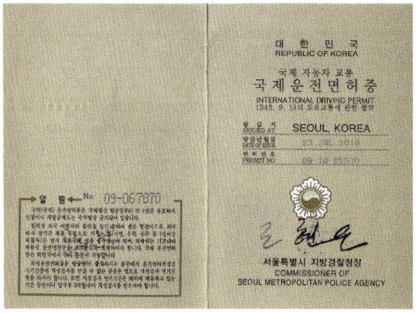 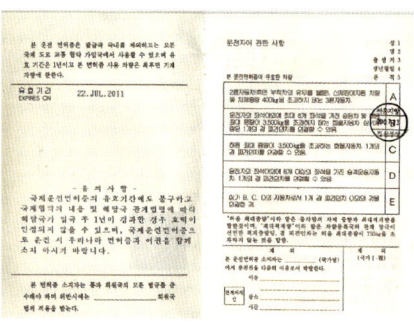

국제운전면허 자격이 따로 있는 것으로 생각하는 사람도 있지만, 시험을 따로 보는 것은 없다. '면허 딴 지 1년이 넘어야 한다'는 것도 렌트회사의 규정이지 국제면허증 발급 조건은 아니다. 미국은 1년 경과 규정도 없으므로 면허 따고 즉시 운전해도 된다.

국제운전면허증 발급방법

준비물 국내 운전면허증, 여권, 여권용사진 1장, 수수료 결제용 카드 (본인 명의)
장소 가까운 경찰서 민원실 또는 가까운 면허시험장
절차 신청서 작성해서 제출하고 잠시 (몇 분) 기다리면 즉석에서 만들어준다.

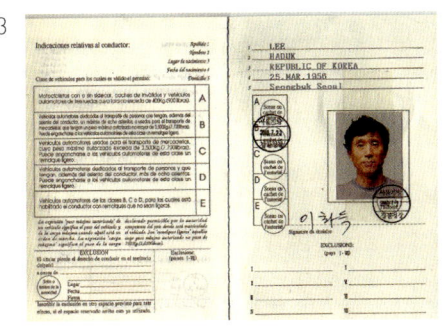

1 국제운전면허증 뒤/앞 표지. 뒤표지 하단에는 면허증의 효력과 관련해 중요한 '알림'이 적혀 있다. 1년 이상 외국에 체류할 경우 국제면허증은 효력이 없어지므로 현지 면허를 취득하라는 내용이다.

2 국제 면허증 내지. 면허소지자를 위한 부분으로 한글로 되어 있다.
A B C D E 는 국제적으로 통용되는 면허내용이다. 한국의 2종보통면허는 여기서 B에 해당이 되며 B에 도장이 찍혀있다. 이것으로 미국의 9인승 승합차와, 중소형(총중량 3.5t 이내) 캠핑카까지 운전할 수 있다.

3 국제면허증 내지. 외국인을 위한 부분이다. 면허내용이 각국 어로 설명되어 있다.

대리인 발급 방법

본인이 면허시험장 갈 시간이 없으면 대리인이 가서 받을 수도 있다. 여권과 면허증 외에 대리인이 추가로 준비해야 할 서류는 위임장인데, 위임장은 발급 희망자 본인의 도장을 가지고 가면 현장에서 작성할 수 있다. 위임장 아래 위임자의 도장찍는 부분에는 서명을 해도 되는데, 인감증명 없는 도장을 찍는 것이나, 필적감정 없는 사인을 하는 것이나 따지고 보면 형식적인 서류다. 어쨌든 창구에서 이것 한 장만 더 써서 제출하면 본인이 가지 않아도 된다.

이따금 해외에 장기체류하는 사람이 국제면허기간 1년이 지나서 연장을 희망하는 때가 있다. 그러나 해외 체류중 연장은 안 된다. 반드시 여권을 가지고 가야 하므로 안 되기도 하지만, 해당국의 법에도 1년 이상 체류할 때는 그 나라 면허를 따도록 되어있기 때문에 국제면허증이 있다 해도 그것은 효력이 없다.

그 외 자세한 것은 〈도로교통공단〉 홈페이지에 자세히 나와있다.(http://dl.koroad.or.kr)

신용카드

렌터카를 받으려면 본인의 신용카드가 반드시 필요하다. 현금으로도 안 되고 체크카드로도 안 되며 배우자의 카드로도 안 된다. 오직 예약자 본인의 신용카드만 된다. 이것은 요금의 정산만이 아니라 차에 대한 보증의 의미로 신용카드가 필요하기 때문이다.

또한 신용카드에는 본인의 이름이 요철로 찍혀 있어야 하고, 그 철자도 여권상 철자와 동일해야 한다. 성과 이름의 띄어쓰기 정도는 달라도 괜찮지만 영문표기 철자 하나라도 다르면 외국인들은 고개를 갸우뚱하고, 깐깐한 담당자는 안 된다고 할 수도 있다. 카드번호나 이름이 요철로 찍혀 있지 않고 프린트되어 있는 종류도 있지만 그것은 렌트사에서는 받아주지 않는다.

신용카드는 해외사용 한도액이 정해져 있고, 차를 픽업할 때는 렌트비 총액을 상회하는 금액을 Deposit으로 잡아놓게 된다. 그래서 한도액이 작은 카드는 렌트카 보증금만으로 사용한도가 다 차버리거나 렌트기간이 길 때는 한도부족으로 차를 받지 못하는 수도 있으므로 해외사용 한도액이 충분한지도 확인해두어야 한다.

신용카드는 최소 두 개를 준비하는 것이 좋다. 국내에서 발행되는 신용카드는 모두 VISA 또는 MASTER에 가맹되어 있고 미국/캐나다의 모든 지역에서 이 두 카드는 다 통용된다. 그렇지만 상점에 따라서는 한 가지만 되는 곳도 있고, 기계에 따라서는 멀쩡한 신용카드를 인식하지 못하는 경우도 있으므로 신용카드는 두 개 - 비자와 마스터 각각 하나씩 준비하는 것이 좋다.

비자와 마스터 외에 해외 렌트시 사용가능한 카드는 AMEX, JCB 카드 정도이며 그 외의 종류는 렌트사별로 될 수도 있고 안 될 수도 있으므로 렌트사에 문의해 보아야 한다.

법인카드도 사용가능하다. 법인카드에 사용자의 이름이 찍혀 있는 경우에는 카드 뒷면에 사인이 있어야 하고 사용자의 이름이 찍혀 있지 않으면 카드 뒷면에도 사인이 없어야 한다. 법인카드의 사용에 대해서는 렌트사마다 규정이 다를 수 있으므로 예약할 때 렌트사에 확인할 필요가 있다.

학생이거나 어떤 이유로 신용카드가 없는 사람은 부모님(가족)의 신용카드 계솨에서 본인 이름의 '가족카드'를 발급받으면 된다. 그러면 한도액이나 해외사용 등 모든 조건을 동일한 수준으로 발급받을 수 있으므로 문제 없다.

가족카드의 발급에는 일반 신용카드 발급 때와 마찬가지로 여러 날 걸리므로 미리 만들어두어야 하고 이 때 해외 사용 한도액도 반드시 확인해두어야 한다. 특히 장기간 렌트할 것이라면 렌트비 총액을 1.5배 이상 상회하는 한도액이 가능한지 확인하고, 하나로 카드로 안 될 것 같으면 두 장의 카드를 준비해서 현지에서도 두 장을 제시해야 한다.

체크카드/환전

미국/캐나다를 여행하면서는 현금을 쓸 일이 거의 없다. 실제로 지난번에 두 사람이 한 달 동안 미국을 여행하면서도 현금을 쓴 것은 몇 십 만 원 정도였다. 호텔이나 주유소, 식당 등 모든 상점은 물론이고 도로변의 주차기계도 대부분 신용카드로 된다.

그리고 국내에서 현금을 환전하는 환율보다 현지에서 카드로 쓰는 환율이 나쁘지 않으므로 굳이 돈다발을 들고 위험하게 다닐 이유가 없다. 돈이 필요하면 현지의 현금지급기(ATM기계)에서 그 때 그 때 빼 쓰면 된다. 한국의 ATM 기계에서 돈을 빼는 것이나 미국/캐나다의 ATM 기계에서 돈을 빼는 것이나 방법은 똑같다. 둘 다 내 계좌에 들어있는 돈을 필요한 만큼 빼 쓰는 것이다. 한국에서 뽑으면 한국 돈으로 나오고 미국에서 뽑으면 미국 달러, 캐나다에서 뽑으면 캐나다 달러로 나온다. 그리고 이 때의 환율은 은행창구에서 적용받는 '현금 살 때 환율'보다 유리한 '외국으로 송금 보낼 때 환율'을 적용받는다. ATM 기계 수수료가 한 번 뽑을 때마다 인출금액의 1% 정도 수수료가 붙지만 기계에서 뽑을 때의 환율은 해외송금할 때의 환율이 적용되므로 현찰을 바꿔가는 것과 별 차이가 없다.

체크카드는 국내 전용이 있고 해외에서도 쓸 수 있는 것이 있다. 카드 뒷면에 'PLUS' 또는 'Cirrus'같은 마크가 있으면 해외사용 가능 카드인데 이것도 출국 전에 은행 창구로 가서 카드를 보여주고 직원의 확인을 받는 것이 좋다. 만약 국내 전용이라고 하면 해외사용 가능 카드로 바꿔 달라 하면 되고 즉석에서 해준다.

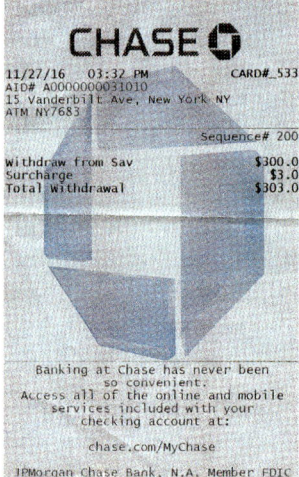

1 ATM 기계는 어디서나 쉽게 찾을 수 있다. 현금을 인출할 때는 'Withdrawal'을 선택한다는 것만 알면 사용법은 국내 현금지급기와 같다.

2 뉴욕의 ATM 기계에서 300불을 뽑았다. 수수료가 3불 들었지만, 해외송금할 때의 환율을 적용받았으므로 현금 살 때 환율과 비교해서 별 차이가 없었다. 계산해보니 300불에 1천원 정도 더 든 셈이다. 현금을 쓸 일이 거의 없어서 이 돈으로 열흘 넘게 쓴 것 같다.

한국에서 가져가야 하는 여행물품

유럽 갈 때는 가지고 가야 하는 물품이 많지만 미국/캐나다로 갈 때는 한국에서 준비해 갈 물품이 별로 없다. 미국/캐나다는 전압이 110V여서 한국에서 쓰던 전기밥솥이나 무선주전자를 쓸 수 없고 (이런 전열제품은 전압변환이 되지 않고 대부분 110V 또는 220V 고정이다) 김치나 여러 가지 밑반찬도 현지의 어지간한 도시마다 다 있는 한국식품점에서 사면 된다. 그 외에 필요한 것들이 있을 때도 가까운 대형마트나 한인마트에 가면 다 구할 수 있으므로 한국에서 꼭 가지고 가야 할 물품은 없다.
휴대폰이나 노트북처럼 '프리볼트' 전기제품을 쓰려면 '돼지코'를 가지고 가야 한다. 이것은 현지에 가서 살 수도 있지만 도착 첫날부터 전기를 쓰려면 이것은 여러 개 준비해가는 것이 좋다. 인터넷으로 살 수도 있고 동네 철물점에서도 판다.

상비약

미국의 대형 슈퍼에서는 처방전 없이 살 수 있는 약품의 종류가 매우 많고 값도 저렴하다. 그렇지만 필수적인 약품은 한국에서 준비해가는 것이 좋다 여행 다니다가 갑자기 어디가 아플 때 차를 몰고 약품을 파는 대형 슈퍼를 찾아가는 것도 어려울 수 있고 필요한 약을 정확하게 찾아내는 것도 어려울 수 있다. 여행중 우선적으로 가지고 다녀야 할 것은 소화기관용 의약품이다. 여행 다니다가 병이 나는 것은 대부분 소화기관에서부터 시작되며 초기에 소화기관만 잘 다스리면 더 큰 증상으로 이어지지 않기 때문이다.
구체적으로는 낯선 음식을 먹고 속이 거북할 때 먹을 소화제와 상한 음식을 먹고 배탈이 났을 때 먹는 설사약이 필요하다. 소화제로는 베아제나 훼스탈이 널리 알려져 있고, 설사약으로는 에세푸릴 캡슐 또는 정로환이 좋다. 그 외에 열이 나거나 몸살 기운이 있을 때 몸 안의 염증물질을 제거해주고 열을 내려주는 소염진통제(이부프로펜 제제)도 필수적으로 가지고 있어야 한다. 여행중에는 아무래도 먹는 것이 시원치 않을 수 있으므로 평소 먹던 영양제도 넉넉히 가지고 가서 매일 챙겨먹는 것이 좋다.

전화/데이터 준비

자동 데이터로밍 서비스

쓰던 전화기를 그대로 가지고 가서 쓰는 가장 편한 방법이다. 통신사에 데이터 해외 로밍서비스를 신청하고 하루 9000~10000원 정도의 비용을 지불하면 된다. 데이터는 사용량 관계없이 하루(24시간)당 요금으로 다음 달 요금에 청구된다. 국내에서 걸려오는 전화나 문자를 모두 받을 수 있다. 자신의 폰으로 114 걸어서 물어보면 자세한 방법을 알려준다. 해외여행중에도 즉시 신청, 개통할 수 있다. 스마트폰 '인터넷 함께쓰기'로 설정하면 다른 사람도 데이터를 쓸 수 있지만 속도는 떨어진다.

미국 유심카드 구입

미국 통신사의 심카드를 구입, 내 폰에 장착해 쓰는 방법이다.
심카드를 바꿔 끼우는 순간 미국 전화기가 되고 전화번호도 미국번호가 발급된다. 미국 통신사의 요금으로 전화와 데이터를 쓸 수 있으므로 비용적으로 가장 저렴한 방법이 된다. 그러나 국내 번호가 없어지므로 전화는 물론 문자도 받을 수 없고 문자 발신도 안 된다. 요즘은 카톡으로 문자와 전화를 무제한 이용할 수 있으므로 사실상 별 불편은 없고 가장 많은 사람들이 이 방법을 이용한다. 미국 통신사의 유심을 끼워도 카톡이나 기타 스마트폰 앱들은 국내와 다름없이 사용할 수 있다.
인터넷으로 찾아보면 해외용 유심을 판매하는 업체들이 매우 많은데, 미국 또는 캐나다만 되는 유심, 미국/캐나다 다 되는 유심, 단기간용 유심 15일, 30일… 장기간용 유심 등 고객의 수요에 맞춘 여러 가지 제품들이 있다.

유심은 출국 전에 택배로 받을 수도 있고 출국 당일 인천공항에서 받을 수도 있는데, 특별히 '기계치'가 아닌 사람이라면 공항에서 받아도 무리없이 장착해 사용할 수 있다.

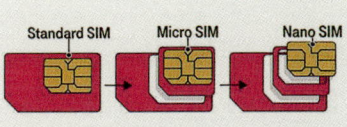

미국 통신사의 유심카드를 국내에서 구입해서 간단히 교체할 수 있다.
포켓 와이파이는 전화기 정도의 크기로 휴대가 간편하다

포켓 와이파이

국내의 가정 또는 사무실에서 쓰는 인터넷 공유기 같은 '휴대용 와이파이' 기계를 들고 다니는 것이다. 기계는 출국 전에 온라인으로 신청해서 출국 당일 공항에서 수령해 가지고 간다. 현지에 도착한 후 전화기를 '데이터 수신 차단' 상태로 하고 기계에서 뿌려주는 와이파이 신호를 잡아 사용하면 된다. 국내에서 쓰던 번호가 바뀌지 않으므로 국내로의 전화 송수신과 문자 송수신 모두 가능하다. 요금도 데이터로밍 서비스보다 하루당 1~2천원 정도 저렴하고, 여러 사람이 동시에 접속할 수 있으므로 여러 사람이 갈 때 특히 유용하다. 그러나 미국내 통화시에는 해외로밍을 통한 국제전화 요금이 나오게 되므로 이 점은 불리하다.
휴대용 와이파이는 여러 사람이 쓸 경우 특히 전기 소모가 많으므로 보조배터리도 필수로 가지고 가야 한다.

| 미국 유심 : kkday www.kkday.com
| 포켓와이파이 : 도시락 www.wifidosirak.com

비자 신청

미국 ESTA 신청

한국사람은 2008년부터 비자 없이 미국 여행을 할 수 있게 되었다. 조건은 90일 이내의 기간 동안 관광/업무 목적으로 미국을 방문하는 사람이며 전자여권(2008년 8월 25일 이후 발급)을 가지고 있어야 한다. (과거의 일반여권은 표지가 부드러운 비닐로 되어 있고 전자여권은 표지에 전자칩이 들어 있어서 딱딱하고 두껍다)
전자여권이 없는 사람은 비자를 받아야 하는데 비자를 받는 것보다는 전자여권을 만드는 게 훨씬 쉽다. 그렇지만 다른 외국처럼 여권 하나 들고 쓱 들어갈 수 있는 것은 아니고 사전에 인터넷으로 '여행허가 신청 - ESTA'을 해야 한다.
대부분 일반여행자들은 인터넷에서 서식 작성하고 결제하는 것으로 간단히 끝나지만 ESTA 시스템 상에서 신청을 받아주지 않고 비자 인터뷰를 하라고 하는 경우도 있으므로 이것도 미리 해두는 것이 좋다. 예약된 항공편명이 있으면 언제라도 신청할 수 있고 유효기간은 신청 완료 후 2년까지다.
신청 접수되었더라도 나중에 미국 공항 입국심사대에서 거절당할 수 있다는 단서 조항이 있지만 그건 '기본적인 안내'이므로 신경 쓸 것 없다. 또 신청서 접수 후 완료될 때까지 최대 3일이 걸릴 수 있다고 되어 있지만 대부분은 인터넷 결제 후 10분 안에 승인이 난다.
인터넷 검색창에 '미국여행허가신청' 또는 'ESTA'를 치면 ESTA 공식 홈페이지 한글 웹사이트로 들어갈 수 있다. 신청방법이 단계별로 매우 자세하게 설명되어 있어서 거기 써 있는 대로만 하면 되는데 설명이 너무 자세해서 그것을 일일이 읽어보느라 시간이 많이 걸리는 형편이므로 어렵게 생각할 것 없다. 쓰다 틀리면 다시 쓰면 된다.

생각만으로도 즐거워지는 미국 여행. 한국인은 비자 없이 여행할 수 있지만, 입국신고 절차는 거쳐야 한다.

ESTA 신청 방법

01 첫 페이지, "신규신청"을 클릭한다.

02 "개인 신청서" 클릭

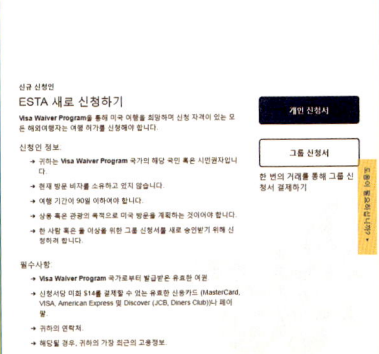

03 한번 읽어보고 "확인&계속" 클릭

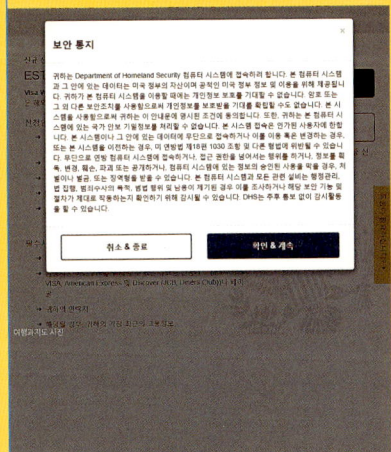

04 하단의 "…동의합니다" 클릭후 다음단계로.

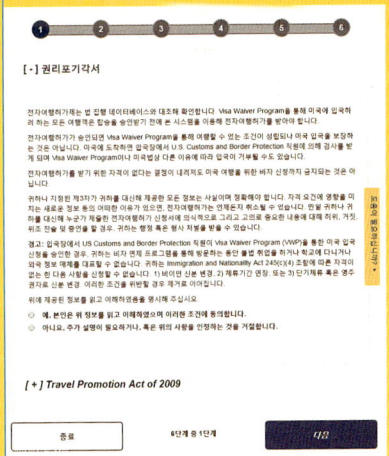

05 신청자 인적사항 기재. 이름은 여권과 동일하게. 모든 정보는 영문으로.

06 개인정보 계속 입력. 발급국가는 'SOUTH KOREA', 개인식별번호는 생략

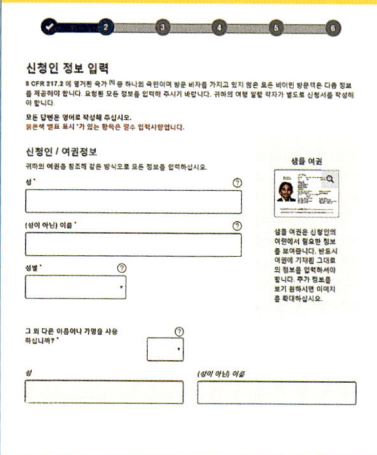

07 한국 국적만 있다면 '아니오' 선택.

08 CBP Global entry는 미국 자동출입국 시스템으로 회원이 아니면 '아니오' 선택.

미국을 자주 다니는 사람이라면 CBP Global entry에 가입하는 것도 좋다.
이것에 가입되어 있으면 미국 입국심사대에서 줄서서 기다리지 않고 자동화 시스템을 이용해 빠르게 통과할 수 있어 좋지만, 절차가 다소 복잡하고 비용도 많이 든다. 가입하려면 우선 국내의 자동출입국 시스템에 가입 완료한 뒤, 다시 미국의 자동화 시스템 회원에 가입하고 승인을 받아야 한다. 수수료는 100불 든다.
한미자동출입국심사 사이트(www.ses.go.kr) 로 가면 절차와 방법이 자세하게 안내되어 있다.

09 주소는 영문으로 적어야 하는데, 영문주소 적기가 어려우면 네이버 검색창에서 '영문주소'로 찾아보면 쉽게 찾을 수 있다.
우리나라의 국가번호는 82

10 고용(직장) 정보를 영문으로 적는다.

11 여행정보 입력. 미국 여행이 목적이라면 '아니오'

12 예약된 호텔주소를 쓴다. 비상연락인은 미 국내 지인이 있으면 지인을 쓰고 없으면 국내 사람을 쓴다.

13 모두 아니오. 하나라도 '예'가 있으면 안 된다.

14 내용 확인 후 '다음'

15 최종 검토 단계. 여권정보를 다시 한번 적고 '다음'

16 결제단계. 지금 신용카드가 준비되어 있지 않으면 납부기한 내에 ESTA 홈페이지에 다시 접속해서 결제하면 된다.

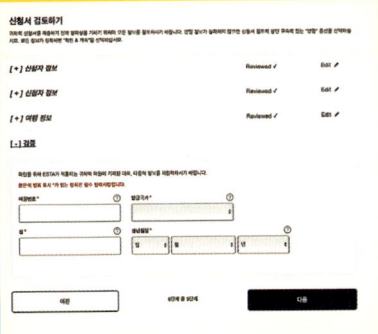

17 신용카드 정보를 모두 적는다. 신청비용은 14USD

18 완료.
완료되었다는 증명서같은 것은 없다. 입력한 내용은 미국 출입국 시스템에 등록되어 있으므로, 출력물 없이 그대로 가면 된다. 최종 승인까지 10분 정도 걸릴 수도 있으므로 바로 승인이 되지 않으면 잠시 기다릴 필요가 있다.

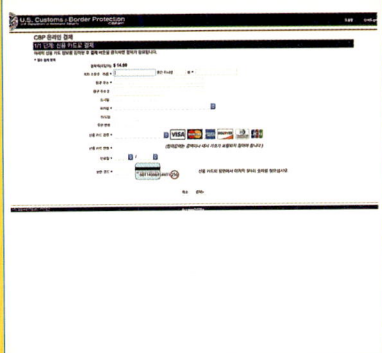

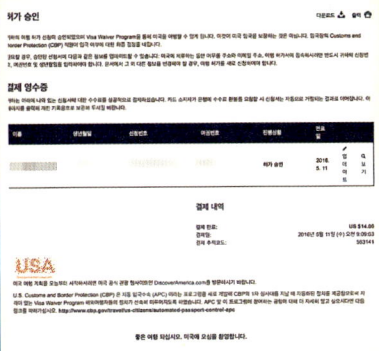

여행준비 337

캐나다 eTA 신청

공항을 통해서 캐나다로 입국하려면 미국의 ESTA처럼 캐나다 여행허가신청 'eTA'를 작성해야 한다. 미국에서 자동차로 넘어갈 때는 이 절차가 필요 없다. 국경에서 여권만 보여주면 된다.
eTA의 유효기간은 5년이며 인터넷 신청서 작성하고 결제하는 것으로 모든 절차가 완료되기 때문에 따로 출력물을 뽑거나 입국시 제출할 서류는 없다.

01 캐나다 이민국 홈페이지(http://www.cic.gc.ca/english/visit/eta-start-ko.asp)로 접속하면 이런 페이지가 뜬다. 페이지 아래쪽으로 내려가서 '신청하기' 버튼을 누른다.

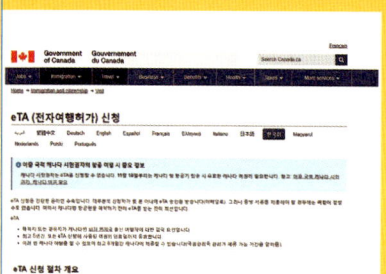

02 비행기로 입국하는지 확인하는 페이지. 아래쪽 두 칸은 NO 를 선택하고 다음 페이지로 넘어간다.

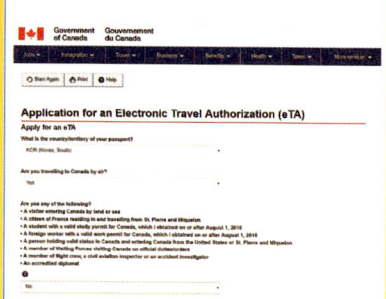

03 개인정보 입력하는 페이지.
이름은 여권과 100% 일치해야 하므로 여권을 꺼내서 다시 한번 확인

04 개인정보 계속 입력.
중간에 'Funds available….'은 캐나다 여행 여행경비 예상금액을 대략 선택하면 된다.

05 정보 계속 입력.

06 집주소를 영문으로 입력한다. 네이버에서 '영문주소변환기'를 검색해서 거기에 한글로 치면 정확히 번역해준다.

07 입국 거절 사유 체크. 모두 NO에 체크해야 한다. 하나라도 YES가 있다면 승인이 나지 않을 가능성이 높다.

08 맨 위 칸에는 캐나다 여행 예정일 맨 아래 칸에는 영문이름을 입력한다. 영문이름 위쪽의 'I Agree'에도 체크

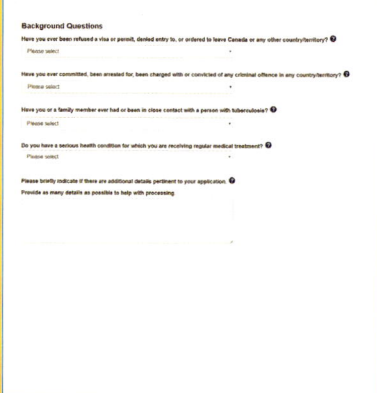

09 비용 안내. 한 번 읽어보고 다음단계로 넘어간다.

10 결제는 비자/마스타/아멕스/JCB 카드로 가능하며 본인 카드가 아니어도 된다. 초록색 버튼을 누르면 완료

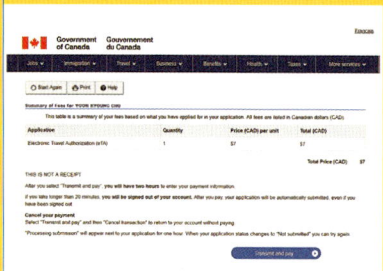
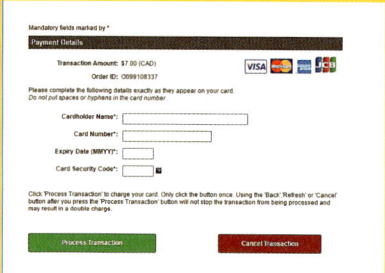

입국 승인 통보는 이메일로 오는데, 규정에는 72시간 이내라고 되어 있지만 대부분 몇 분 안에 메일이 오게 된다. eTA는 인터넷 신청만으로 모든 과정이 끝나므로 별도의 출력물을 뽑아갈 필요는 없다. 향후 5년간은 그냥 입국하면 된다.

날짜별 체크리스트

출발 10일 전에 체크할 사항

1. 여권을 다시 한번 살펴본다.
여행 끝날 때까지 유효기간이 남아있는지 확인하고 문제가 있다면 즉시 발급 받아야 한다. 예전에는 여권 유효기간 연장 제도가 있었지만 전자여권이 나온 다음부터는 무조건 신규 발급 절차를 거쳐야 한다. 예전엔 여권발급에 보름 이상씩 시간이 걸렸지만 요즘은 신원조회에 별다른 문제가 없다면 (근무일 기준) 3~4일 만에 받을 수 있다.

2. 신용카드와 체크카드를 다시 한번 살펴본다.
주 운전자의 신용카드를 다시 한번 체크한다.
여권상 영문 이름과 신용카드의 영문 이름은 철자 하나도 다르면 안 된다.
카드상 영문이름은 요철로 찍혀있어야 하고, 해외 사용 한도 금액도 렌트비 총액을 충분히 상회할 만큼 넉넉해야 한다.
허츠 골드회원에 가입되어 있다면 회원정보에 등록된 카드와 동일한 카드를 가지고 가야 하는데, 만약 카드가 바뀌었다면 골드회원에 로그인해서 카드 정보를 수정한다. 체크카드는 해외 사용 가능한 것인지도 다시 한번 확인한다.

3. 미국여행허가 ESTA 또는 캐나다 여행허가 eTA 를 신청한다.
캐나다 eTA는 항공편으로 캐나다 입국할 때만 필요하고, 미국에서 육로로 들어갈 때는 필요 없다.

4. 국제면허증을 발급받는다.
국내면허증의 유효기간(여행중에 적성검사 기간 만료일이 도래하는지) 확인해보고, 국제면허증도 발급받는다.

5. 여행 가방을 준비한다.

렌터카로 제공되는 차종은 매우 다양해서 어떤 차가 나올지 알 수 없다. 차는 좌석보다 짐 실을 공간(트렁크)이 문제인데 짐가방 개수가 많으면 현지에서 난감해질 수 있다. 중, 대형 짐가방이 네 개 이상이면 일반 승용차의 트렁크에는 싣지 못할 수 있다. 그 때는 7인승 미니밴이나 SUV를 빌려서 뒷좌석 전체를 트렁크 공간으로 써야 한다. 짐이 많을 때 활용도가 높은 것은 '이민가방'이라고 부르는 대형 천가방이다. 중간에 지퍼가 있어 2단 3단으로 키울 수도 있고 물건을 다 꺼낸 뒤 납작하게 접어서 트렁크 밑바닥이나 좌석 밑에 찔러 넣고 다닐 수도 있다. 이민 가방 두 개면 4~5인 여행용 짐은 다 들어간다.

하드 케이스의 트렁크는 짐이 있으나 없으나 정해진 부피가 있고 납작하게 찌그러트릴 수도 없으므로 짐칸이 작은 차를 받으면 가방 넣을 자리가 없어서 매우 난감하다. 미주지역은 일반석의 경우 1인당 23kg 가방 두 개까지 부칠 수 있고, 기내용 가방은 별도로 가지고 탈 수 있으므로 가지고 갈 수 있는 짐의 양은 넉넉한 편이다.

6. 각종 예약 서류를 확인한다.

항공권 출발/도착, 렌터카 픽업/반납 시각과 영업소, 숙소예약사항, 그리고 미주지역 국내선 항공권을 예약했다면 날짜와 시각 등도 다시 한번 확인하고, 각종 예약확인서는 한데 모아서 날짜별로 철해둔다. 만약 크게 잘못된 것이 있더라도 열흘 전이면 대부분 정정할 수 있는 시간이므로 최종적으로 꼼꼼히 확인한다.

특히 미주지역 국내선 항공을 예약한 것이 있으면 이 내용도 꼼꼼하게 확인한다. 항공권을 구매한 다음 여행일정을 바꿨을 수도 있으므로 날짜나 출발/도착시각 등을 최종적으로 자세하게 확인한다.

7. 인터넷 물품구입을 완료한다.

인터넷 구매는 물품이 제대로 오는 수도 있지만 배송지연이나 잘못된 상품이 올 수도 있고 반품이나 교환 등의 시간도 필요하므로 열흘 전에는 인터넷 구매를 완료해두는 게 좋다. 유심을 쓸 것이라면 이것도 열흘 전에는 주문해서 사용법을 충분히 알아두는 것이 좋다.

1 2 3

1 소나타~그랜저 정도의 풀사이즈 등급 승용차에도 대형 하드케이스 여행가방 두 개를 넣으면 남는 공간이 별로 없다.
2 짐을 이렇게 싣고 다닐 수는 없다. 밖에서 짐가방이 보이면 도둑의 표적이 된다.
3 7명이 7인승으로 여행하는 것은 불가능하다. 7좌석을 다 펴면 트렁크 공간은 거의 나오질 않는다.

출발 하루 전

1. 인터넷 체크인을 한다.

요즘엔 대부분 항공권을 이메일로 받고(전자항공권), 좌석배정도 집에서 인터넷으로 하고 간다. 물론 옛날식으로 송이항공권을 받고 공항에 나가서 좌석을 배정받을 수도 있지만, 그렇게 하면 좋은 좌석은 다 없어지고 일행끼리 떨어져 앉아야 하는 경우도 생긴다. 또 공항에서 짐 부치기 위해 오래 기다려야 하므로 집에서 미리 하고 가는 게 좋다.

각 항공사 홈페이지로 들어가면 인터넷 체크인 메뉴가 있다. 미국/캐나다의 경우 대부분 출발 24시간 전부터 체크인이 가능하고 여기서 원하는 좌석을 클릭하여 지정하는 것이다.

인터넷으로 좌석을 지정했으면 완료된 화면에서 체크인 서류를 출력(인쇄)해서 공항 갈 때 가지고 간다. 짐은 셀프체크인 완료한 사람들 전용 카운터로 가서 부치면 된다.

모바일 체크인 방법도 있지만, 그러면 보안검사를 하고 비행기를 탈 때까지 여러 차

큰 비행기에서는 통로쪽 좌석이 편하다. 요즘엔 집에서 인터넷으로 좌석배정까지 모두 하고 나가기 때문에 출국날 공항 가서 자리를 배정받으려면 제일 나쁜 자리 몇 개만 남아있기 쉽다.

례 여권과 핸드폰을 열어서 보여주어야 하므로 귀찮다. PC로 하고 종이 출력물을 뽑아 가는 것이 편하다.

좌석은 통로쪽이 가장 편하다. 특히 5사람씩 앉게 돼 있는 대형항공기의 중앙열에서 한가운데에 끼어 앉으면 비행하는 내내 매우 답답하다. 경치를 보기 위해 창가쪽으로 앉을 수도 있지만 비행기가 이륙하고 나면 창밖으로 보이는 것은 구름밖에 없다. 이륙 후 식사가 끝나고 나면 기내의 모든 불은 꺼지고, 어둠을 유지하기 위해 창문도 닫도록 돼 있으므로 그나마 창밖을 보고 싶어도 보기 어렵다.

2. 가방을 꾸린다.

필요물품 구입까지 모든 준비가 다 끝났으면 체크리스트를 펼쳐놓고 한 가지씩 체크하면서 가방을 완벽하게 꾸린다. 출발 당일에는 집단속 문단속 등 정신이 없으므로 가지고 갈 가방은 하루 전에 완벽하게 꾸려두어야 한다.

출발 당일에 서두르다가 여권을 집에 둔 채 공항까지 가는 사람도 있고 현지에 도착해서야 자기 차에 놓아둔 한국면허증 생각이 나는 사람도 있다. 모든 짐은 출국 전날 하나도 빠짐없이 완벽하게 꾸려서 현관 앞에 모아두고 자는 것이 좋다.

인천공항을 떠나 현지의 숙소에 들어갈 때까지, 첫날 일정에 필요한 물건들은 가능하면 하나의 가방에 몰아서 기내에 가지고 들어가는 게 좋다. 꼭 필요한 서류나 물건같은 것들이 이 가방 저 가방에 흩어져 있으면 공항이나 현지에 도착해서도 그걸 찾느라 복잡해지고 시차와 낯선 환경으로 정신이 없는 통에 서류나 물건까지 여기저기 흩어져 있으면 여행이 매우 힘들어진다.

기내로 가지고 들어갈 가방에 반입금지 물품이 들어있는지도 확인한다. 흔히 실수하기 쉬운 것이 여자들의 화장품이다. 스프레이 종류는 일체 안 되며 액체나 젤 상태의 물품은 각각의 용량만이 아니라 한 사람이 소지한 액체의 총량을 따지므로 화장품 각각의 크기를 잘 따져보아야 한다. 국제선 항공기에 반입가능한 액체류의 기준은 '100ml 이하의 소형 용기에 담긴 액체류들이 1L 지퍼백 안에 모두 담길 수 있을만큼' 이다. 이보다 많은 양은 위탁수하물로 부쳐야 한다.

전자담배를 비롯해 스마트폰, 노트북, 보조배터리… 등 배터리 종류는 화물칸 내에서 폭발하거나 화재를 일으킬 수 있기 때문에 위탁수하물로 부칠 수 없고 기내로 들고 들어가야 한다.

3. 각자의 여권과 국내면허증/국제면허증/신용카드/체크카드는 각자가 가지고 가는 것보다는 모두 모아서 한 사람이 책임지고 관리하는 것이 좋다. 일행 모두가 다 꼼꼼한 사람이라면 모르겠지만 일행 중 누구 하나가 무엇 하나를 잃어버리거나 찾지 못한다고 해도 전체 여행이 틀어질 수 있기 때문이다. 정신적으로도 한 사람이 한 가지 임무를 맡아 계속 신경쓰는 것이 안정적이고 안전하다. 해외 자유여행은 생각보다 무척 복잡하고 이것저것 신경 쓸 일이 많다.

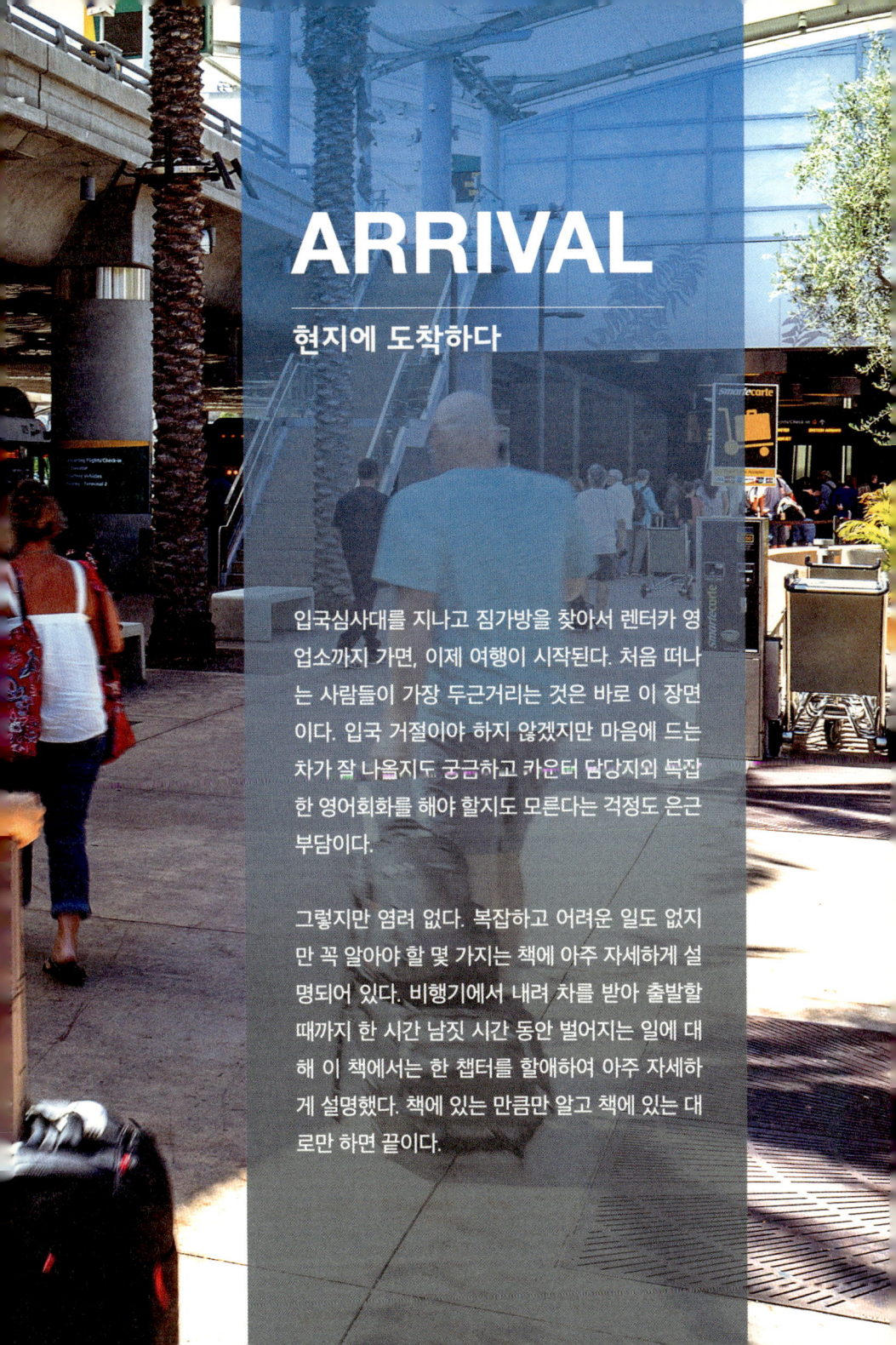

ARRIVAL
현지에 도착하다

입국심사대를 지나고 짐가방을 찾아서 렌터카 영업소까지 가면, 이제 여행이 시작된다. 처음 떠나는 사람들이 가장 두근거리는 것은 바로 이 장면이다. 입국 거절이야 하지 않겠지만 마음에 드는 차가 잘 나올지도 궁금하고 카운터 담당자와 복잡한 영어회화를 해야 할지도 모른다는 걱정도 은근 부담이다.

그렇지만 염려 없다. 복잡하고 어려운 일도 없지만 꼭 알아야 할 몇 가지는 책에 아주 자세하게 설명되어 있다. 비행기에서 내려 차를 받아 출발할 때까지 한 시간 남짓 시간 동안 벌어지는 일에 대해 이 책에서는 한 챕터를 할애하여 아주 자세하게 설명했다. 책에 있는 만큼만 알고 책에 있는 대로만 하면 끝이다.

공항에서

입국심사

비행기에서 내리면 긴 복도를 지나서 입국심사대로 간다. 입국심사대는 미국/캐나다 시민 전용창구와 외국인 창구로 나뉘어져 있으므로 창구를 잘 보고 줄을 선다. 곳곳에 안내원이 있고 한국인 안내원도 눈에 띄므로 잘 모르겠거나 궁금한 것이 있으면 물어보면 된다.

출국 심사할 때와 똑같은 요령으로 입국심사대를 통과한다. 입국심사할 때 왜 왔냐 얼마나 머물거냐 등 물어보는 경우가 있지만 특별한 내용은 없다. 영어를 잘 못해도 괜찮으므로 염려할 건 없다. 심사관이 시키는 대로 양손 지문을 찍고 카메라를 바라보고 사진을 찍으면 여권에 도장을 찍어서 돌려준다.

세관통과

입국심사대를 지나서 'Baggage claim' 이라는 안내판을 따라 계속 걸어가면 짐가방 찾는 곳이 나온다. 가방은 여러 라인에서 나오는데 전광판을 보면 내가 타고온 항공

미국 공항은 어디서나 카트 사용료를 USD5 받는다. 그래서 별로 쓰는 사람이 없다.

편명이 적혀 있고 몇 번 라인에서 가방이 나오는지도 적혀 있다. 미국 공항에서는 카트 사용료를 5불 받는다. 지폐도 되고 신용카드도 된다.

세관통과는 비행기에서 내리기 전에 작성해둔 세관서류를 직원에게 주는 것으로 간단히 끝난다. 세관서류는 반입금지품목이 있는지 거액의 현금을 가지고 있는지 하는 것인데, 포장된 한국식품은 반입가능하므로 세관서류에 식품을 반입한다고 표시해서 주면 된다.

만약 현지 세관에서 면세통관 초과 물품(담배 1보루 이상 등)이나 한국식품을 가지

식품 통관

가공되어 포장완료된 식품은 염려 없다

미국/캐나다의 농산물 검역도 엄격한 편이다. 짐가방이 가벼운 여행자는 검사하지 않지만 아시아에서 오는 짐가방이 큰 사람들은 대부분 식품을 많이 가지고 오는 경우가 많다는 것을 그들도 잘 알기 때문에 가방 검사하는 경우가 많다.

식품종류를 가지고 들어간다면 미국 입국할 때 세관신고 서류에 식품이 있다고 표시하는 게 원칙이다. 없다고 했다가 검사해서 나온다고 어쩌는 건 없지만, 있는 걸 없다고 할 필요는 없다.

농산물 검사를 하는 큰 목적은 '살아있는' 유기물의 반입을 막자는 것이다. 그래서 생야채나 과일, 생고기… 이런 것들은 안 된다. 그러나 가공되어 포장완료된 식품은 대부분 다 통관된다. 미국은 한국보다 먹을 게 흔한 나라이므로 굳이 바리바리 싸갈 필요는 없지만, 원하면 가지고 갈 수도 있으므로 통관을 염려할 건 없다.

김치나 젓갈 등 반찬들을 가지고 가면 세관에서 모두 열어볼 수 있는데 가공되어 통에 담겨진 반찬들은 아무 문제 없다. 세관에서 검사를 하고나면 '검사필증' 테이프를 감아주고 검사했다는 안내문도 짐가방에 넣어준다.

고 문제 삼으면 직원 말대로 순순히 따르는 것이 좋다. 세관원이 문제를 삼을 때는 그 사람 나름대로 규정과 원칙을 적용해서 그렇게 하는 것이므로 그 사람을 상대로 말싸움을 하거나 애걸한다고 그 결정이 번복될 가능성은 없다.

비행기 도착 후 입국심사를 받고 짐가방을 찾아 렌터카 영업소까지 가는 데에 최소 한 시간은 걸린다.

국내선 환승

미국내 어느 도시를 경유하는 항공편을 탈 경우에는 첫 기착지에서 입국심사를 받고 위탁수하물까지 다 찾은 다음, 국내 연결 항공편으로 갈아타야 한다. 이 점은 최종 도착 도시에서 입국심사를 받는 유럽이나 다른 나라의 경우와 다른 것인데, 간혹 이것을 잘 모르고 연결항공편을 선택했다가 시간이 부족해 비행기를 놓치는 사람들이 있다. 나도 그런 적이 있다.

입국심사를 받고 짐을 다 찾아서 세관검사까지 마치고 터미널을 이동하여 국내선 항공편으로 갈아타려면 최소 두 시간은 잡아야 한다. 갈아타는 방법은 공항마다 다르지만 일단 짐을 찾아서 세관검사까지 마치면 대합실로 나오기 전에 국내선(DOMESTIC) 갈아타는(TRANSFER) 방향이 안내되어 있다. 잘 모르겠으면 근처의 제복입은 공항 직원에게 물어보면 된다.

미주지역 국내선으로 갈아타는 곳은 입국심사를 받고 짐가방을 모두 찾아서 세관을 통과한 다음에 나온다. 한글로도 안내되어 있으므로 이것만 따라가면 된다.

렌터카 영업소 찾아가기

짐가방을 찾아서 대합실로 나오면 천장이나 벽에 각종 안내판이 붙어있고 어느 공항이나 Taxi, Bus, Parking 그리고 Rental Cars 같은 교통수단 안내판은 다 있다. 아주 드물게는 Rental Cars 안내판이 도무지 보이지 않는 경우도 있지만, 그 때는 제복을 입은 공항직원 누구에게나 물어보면 쉽게 알려준다.

렌터카 영업소는 대합실 가까운 위치에 있어서 걸어갈 수 있는 경우도 있지만, 대부분은 공항에서 멀리 떨어진 곳에 있어서 셔틀버스나 모노레일 같은 것을 타고 가야 한다.

어느 공항에나 도착층 대합실에는 'Rental Cars' 안내판이 곳곳에 있다. 자동차 위에 열쇠 있는 아이콘이 렌터카다.

렌터카 영업소에서

픽업할 때 주의해야 할 대화

고객에게 원하는 차종을 묻는 경우

고객에게 '이런 차는 어떤가요?' 하면서 차종 선택을 묻는 경우가 있다. 이것은 대부분의 경우 유상 업그레이드다. 왜냐하면 렌터카는 등급으로만 예약이 되며 차의 메이커나 종류는 고객선택사항이 아니기 때문에 굳이 차를 고르라고 하면서 일거리를 만들 이유가 없는 것이다. 그런데 친절한 척 그런 소리를 한다면 그것은 업그레이드를 통한 매상 올리려는 목적일 가능성이 높다.

또는 예약된 등급의 차가 없어서 다른 등급의 차를 내주어야 하기 때문일 수도 있다. 그 때는 반드시 고객에게 설명하고 동의를 받아야 하기 때문에 물어본다.

어떤 경우에든 차종 선택을 묻는다면 "세임 프라이스?"인지를 꼭 확인해야 한다. 간혹 무상업그레이드인줄 알았는데 나중에 비용이 청구되었다며 억울해하는 사람이 있지만, 고객이 현장에서 동의하고 사인까지 하지 않았느냐고 하면 할 말이 없다.

그리고 주차장에 가서 차를 보아 기대했던 차보다 훨씬 못하다고 하면, 다시 카운터로 돌아가 교체를 요구해야 한다. 임차서류에 사인하고 차를 끌고 나온 다음에는 고장난 경우가 아니라면 교체가 쉽지 않다.

영업소 담당자가 하는 말은 정확히 이해하고 사인해야한다.

추가보험 확인

에이전시를 통해 국내에서 예약하면 현지에서 추가해야 할 보험에 대해 자세히 안내해준다. 요금에 포함되어 있는 것은 무엇이고 현지에서 추가할 것은 무엇이고 비용은 얼마인지도 자세히 알려준다. 인터넷으로 직접 예약할 경우에도 이런 중요사항은 상세하게 설명되는 것이 기본이다.

이런 설명이 없거나 애매한 채 출국하도록 하는 렌트사는 이용하지 않는 것이 안전하다. 중소렌트사의 경우 예약단계에서 언급이 없었던 비용이 현지에 가서 이것저것 추가되는 경우도 없지 않기 때문이다.

허츠 사전결제 예약의 경우는 여행자에게 필요한 추가보험까지 모두 포함해서 결제완료하고 가는 것이므로 현지에서 추가할 보험은 없다.

추가 가능한 옵션

FPO (Fuel Purchase Option)

렌터카는 연료 한 탱크가 가득 찬 채로 받아서 가득 채워 반납하는 것이 기본이다. 간혹은 숟간 정도만 채워진 채 차를 내어주는 경우도 있으므로 엄밀히 말하면 받은 만큼 채워서 돌려주는 것이 원칙이다.

그런데 나중에 반납하는 날 연료를 채우기 위해 주유소를 찾아다니는 게 번거롭고, 연료가 부족한 채로 반납하면 연료비용에다가 서비스료 부가세까지 추가되어 매우 높은 연료비용을 지불하는 억울함을 겪게 된다.

그래서 나중에 남은 연료 관계없이 손쉽게 반납하기 위해 연료 한 탱크 값을 미리 지불하는 옵션을 판매하고 있다. 편리하긴 하지만 이 옵션비용에도 부가세가 추가되고, 나중에 많이 남은 채로 반납하면 그만큼 손해가 되므로 경제적인 것은 아니다. 연료를 채운 채 반납해도 이미 지불한 옵션비용은 환불해주지 않는다.

허츠 골드회원 가입할 때 이 옵션 상시선택으로 체크하는 부분이 있는데 여기에 체크해두면 렌트할 때마다 자동으로 언제나 적용된다. 경제적인 옵션은 아니므로 예전에 허츠 골드회원 가입한 사람은 허츠 골드 페이지에 로그인해서 이 옵션 해제를 해놓고, 필요할 경우에만 현지 카운터에 요청하는 것이 좋다.

미국의 경우 FPO 옵션과는 별도로 '연료포함 예약'이 있는데, 렌트 기간이 2주 이내의 기간이라면 추천할 만하다. 연료 한 탱크 전체 비용이 아니라 하루당 연료비로 20불 정도씩, 최대 5일치만 더 내면 되므로 1,2일 동안 짧게 쓸 경우에는 20~40불, 일주일, 열흘을 쓸 경우에도 최대 100불만 더 내면 된다. 반납할 때 남은 연료 신경 쓰지 않을 수 있으므로 편하고, 이 옵션에는 추가운전자 1인 무료제공 혜택도 있으므로 일거양득이다.

PERS (Premium Emergency Roadside Service)

한국의 '보험사 긴급출동'과 유사한 서비스다. 타이어 펑크시 지원요청, 연료고갈시 응급 지원, 차 안에 키를 두고 문을 잠갔을 때 응급센터에 전화를 걸어 도움을 요청할 수 있다. 이 옵션을 신청하지 않은 사람도 응급센터에 전화를 걸면 동일한 서비스를 받을 수 있으나 그 때는 적지 않은 비용을 지불해야 한다. 그렇지만 이런 일이 자주 있는 것은 아니고, 렌트기간 중 잘 해야 한 번 발생한다면 그 때 서비스를 받고 그에 대한 비용을 지불하는 것이 경제적일 수 있다. 일반적인 교통사고나 차량고장 등의 경우에는 PERS 가입여부와 관계없이 누구나 출동서비스를 받을 수 있다.

임차영수증은 중요한 계약서

임차영수증에 사인을 하는 것은 거기 적혀있는 모든 조건에 동의한다는 뜻이다. 따라서 고객이 사인한 영수증 내용에 대해서는 차후 고객 본인을 포함해 누구도 이의를 제기할 수 없다.

해외 렌터카를 쓰고 돌아와 발생하는 클레임이나 불만사례의 대부분은 임차영수증 확인 미비로 생긴다.

"머라머라 했는데 영어회화가 서툴러서 잘 못알아들었다."

"뒤에 사람들도 기다리고 있고 피곤하기도 해서 대충 사인해주고 왔다."

이런 컴플레인은 인정되지 않는다.

직원의 말이 빨라서 잘 이해하지 못했다면 천천히 말해달라고 재차 물어서 충분히 이해한 다음 사인해야 한다. 주고받은 대화는 기록되지 않으며 나중에 분쟁이 생겼을 때 증빙자료로 인정되는 것은 임차영수증뿐이다.

차 받을 때는 임차영수증을 케이스에 담아주는데, 케이스의 모양은 영업소마다 다르다. 케이스 겉면에는 무인반납시 적도록 되어 있는 '주행거리/연료량/차넘버' 같은 칸이 있고, 응급전화 번호도 있다.

렌트 관련한 여러 가지 조건은 이 케이스에 소책자 형태로 적혀 있기도 하고, 임차영수증과 함께 길게 붙어 있기도 하다. 렌트 관련한 최종적인 계약조건은 여기에 적혀 있는 것이 기준이므로 이것은 중요한 계약서인 것이다.

빼곡하게 적힌 내용을 현장에서 모두 읽고 체크하기도 어렵지만 중요한 사항은 예약할 때 예약담당자가 안내해주므로 그것만 기억하고 있으면 된다. 차 사용 중에 궁금한 내용이 있으면 이것을 열어보면 된다.

임차계약서와 이것을 담아주는 봉투의 모양은 같은 렌트사라도 영업소마다 제각각이다.

현지에 도착하다 355

임차영수증 보는 법

임차영수증 상단에는 차량관련사항과 비용에 대한 내용이 적혀 있고, 아래쪽에는 보증금과 픽업/반납에 관한 사항이 안내되어 있다. 중요한 보험은 모두 사전결제 요금에 포함되어 있으므로 현지에서 추가될 비용은 연료비용 밖에 없다. 지불할 총 비용은 $55.31이다.

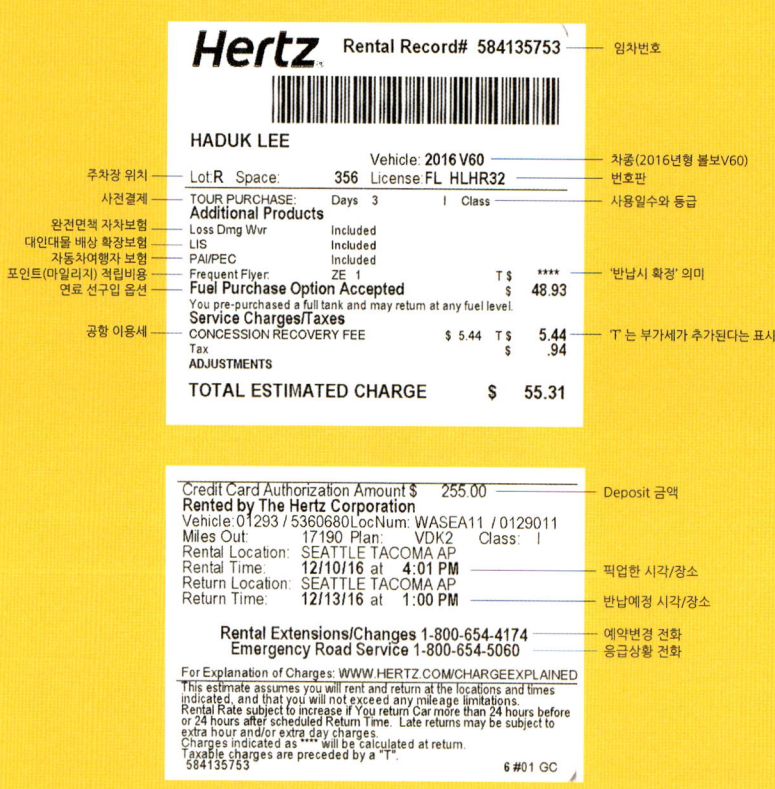

영수증 아래쪽에는 조금 덜 민감한 사항이 안내되어 있다.

Deposit은 선불이든 후불이든 잡아놓게 되어 있다.

전화번호는 두 가지가 있는데, 사용기간 연장이나 변경을 원할 때 거는 전화, 그리고 사고나 고장 등 응급상황 발생할 때 거는 전화가 따로 있다.

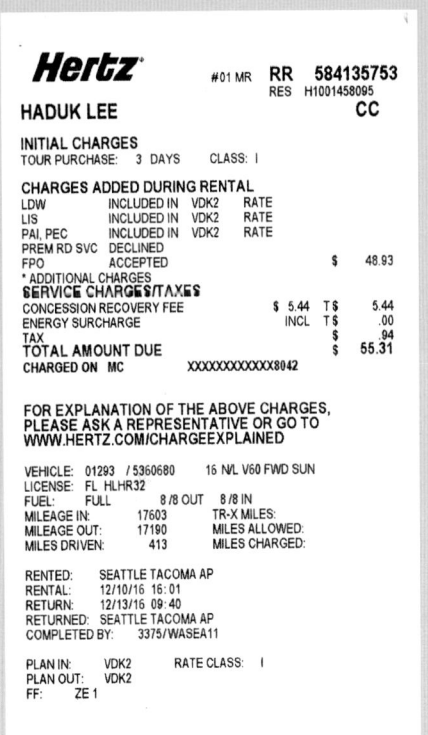

차를 반납하면 반납받은 직원이 휴대용 단말기에서 이런 영수증을 뽑아준다.

임차영수증과 내용 동일하게 $55.31만 지불되었다.

FPO 옵션을 선택했으므로 연료를 채우지 않고 반납했지만, 하단에는 풀로 받아서 풀로 반납한 것으로 기재되어 있다. 그러므로 연료비용 없음.

만약 임차영수증에 있던 금액과 다른 금액이 적혀 있다면, 그것은 현장에서 확인할 필요가 있다. 귀국 후에 예약 에이전시를 통해 확인하고 돌려받을 수도 있지만 그렇게 되면 시간도 많이 걸리고 일이 더 복잡해진다.

예약한 차가 없다고 할 경우

공항처럼 큰 영업소에서는 그런 일이 거의 없지만 성수기 시내 영업소에서는 예약한 등급의 차가 없다고 하는 일도 간혹 있다.

그것은 렌트사가 오버부킹을 잡았다기보다는 앞서 예약한 사람들이 제때 반납을 안 하거나 사고나 고장으로 수리 들어가거나 그런 예상치 못했던 일이 겹칠 때 일어난다. 그것에 대비해 렌트사에서도 여분의 차를 확보해놓기는 하지만, 아무튼 사람들이 몰리는 성수기에는 그런 일이 생길 수도 있다.

차가 부족해서 하는 말이므로 어쩔 수 없다. 그대신 다른 등급의 차를 받는 수밖에 없지만, 이 때는 요금부분을 정확히 따져야 한다. 예약한 것보다 낮은 등급의 차라면 차액 환불을 약속받아 임차영수증에 적도록 하고, 높은 등급의 차라면 추가비용 없이 차를 받아야 한다. 예약한 차가 없을 경우 그보다 높은 등급의 차를 동일한 가격으로 주는 것이 허츠와 같은 메이저 렌트사의 규정이기 때문이다.

주차장으로 가봐서 차가 도저히 쓸 수 없는 상태라면 다시 교환을 요구할 수 있고, 교환해줄 때까지 물러나면 안 된다. 확실한 약속 없이 영업소를 떠나 나오면 그것은 차량 인수에 동의하고 출고했다는 의미가 되기 때문에, 그곳에서 발생한 문제는 현장에서 해결해야 한다.

그곳에 차가 없다면 다른 영업소를 수소문해서 내가 쓸 수 있는 차를 준비해달라고 할 수도 있다. 다른 영업소로 이동하는 방법은 임시로 받은 차를 몰고 가는 수도 있고 택시를 타고 갈 수도 있겠는데 택시를 타고 가야 한다면 그 비용 역시 렌트사에 요구할 수 있다. 택시비 영수증을 챙겨서 귀국 후에 예약 에이전시를 통해 고객센터에 청구하면 된다.

담당자의 일처리가 답답하거나 마음에 들지 않을 때는 '매니저'와 이야기하고 싶다고 하면 된다. 미국에선 무언가 문제가 있을 때 매니저를 부르는 것이 드문 일은 아니며 담당자 입장에서도 그게 편하다. 매니저는 경험도 많고 권한도 더 있으므로 담당자보다 합리적으로 일처리를 해줄 수 있다. 어떤 경우에도 언성을 높이는 것은 삼가야 한다. 누구의 잘잘못을 떠나서 업장에서 고성이 들리는 건 경찰이 출동할 사유가 되기 때문이다.

주차장으로 가서

골드회원은 주차장으로 직행하면 차 안에 서류와 키가 놓여 있고, 일반 이용자는 서류작성이 끝나면 차 키와 임차영수증을 주면서 차가 주차되어 있는 곳의 위치를 알려준다. (몇 층 몇 번 자리에 있다고 볼펜으로 적어준다)

미국과 캐나다의 메이저 렌트사는 대부분 새 차와 다름없이 깨끗한 차를 주고, 보험도 완전면책 자차보험을 제공하므로 차의 흠집같은 것은 신경 쓸 필요 없다. 전 이용자가 그랬든 내가 그랬든 차에 흠집 난 것은 모두 렌트사에서 보험으로 처리하기 때문이다.

새 차를 받아서 바로 몰고 나갈 수는 없다. 렌터카를 처음 받는 것은 새로 차를 구입하는 것이나 다름이 없고 기계 조작법은 비슷해 보여도 차마다 조금씩 다르기 때문이다. 짐이 많다면 우선 트렁크를 열어서 짐가방이 모두 들어가는지 확인한다. 짐가

1
2

1 외국차는 전조등 스위치가 핸들이 아니라 따로 떨어져 있는 경우가 많다.

2 핸들에 붙어있는 각종 스위치의 사용법도 잘 알아둔다. 크루즈컨트롤이 특히 중요하다. 크루즈컨트롤은 대부분 가속페달을 밟아 어느 속도로 올려놓은 다음 버튼을 On 시키면 바로 작동되도록 되어 있다. 속도 조절은 +- 버튼을 사용하게 되고, 브레이크에 발을 얹으면 크루즈컨트롤 기능은 바로 해제된다.

현지에 도착하다 359

 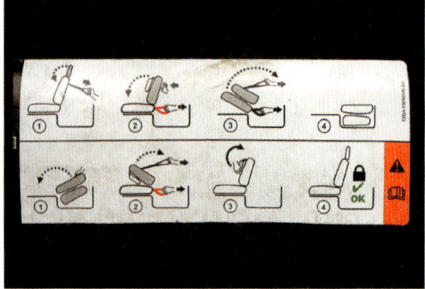

1 7인승은 3열이 짐칸 겸용으로 쓰인다.
2 좌석을 넣고 빼는 방법은 그림으로 쉽게 알 수 있다.

방을 좌석에 싣고 다닐 수는 없으며 그것은 차량털이범의 표적이 되기 때문이다. 미국/캐나다에도 차량털이 좀도둑은 있으며 주차할 때는 차 안을 깨끗하게 비우는 것이 상식이다.

만약 짐가방을 도저히 넣을 수 없는 상황이라면 카운터로 다시 가서 트렁크가 더 큰 차로 교체해달라고 해야 한다. 같은 등급에 그런 차가 있을 수도 있고, 업그레이드 비용을 내고 좀 더 큰 차로 받을 수도 있다. 이 때 업그레이드 비용의 책정은 직원의 재량권 발휘가 가능하다. 차가 부족한 성수기라면 흥정의 여지가 없겠지만, 그렇지 않다면 적당히 할인해줄 수도 있으므로 담당자와 기분 좋게 이야기할 필요가 있다.

짐을 실었으면 시트의 위치를 내 몸에 맞게 조절하고, 후방거울도 시야에 맞게 조정한다. 방향지시등, 전조등, 와이퍼도 작동시켜봐야 하고, '크루즈 컨트롤'의 생김새도 눈여겨 보아두어야 한다. 오디오와 히터/에어컨도 확인하고 한국에서 내비게이션을 가지고 갔다면 기계를 켜서 하늘이 훤히 보이는 개활지로 가지고 가 최초 위성신호가 수신될 때까지 기다려야 한다.

미국/캐나다는 모든 차종 오토이므로 기어조작에 대해서는 신경쓸 것이 없다. 요즘 많이 나오는 'Eco' 기능은 주행하다 차가 멈춰서면 저절로 시동이 꺼짐으로써 연료를 절약하는 기능이다. 이것을 모른 채 차를 운전하다가 갑자기 시동이 꺼지면 당황하게 되지만 브레이크에서 발을 떼면 저절로 시동이 걸리므로 염려할 것 없다.

샌디에이고 공항에서는 주차장을 나오면 잠시 차를 멈추고 내비게이션을 조작할 수 있는 자리가 마련되어 있다. 이곳에서 위성신호 받기를 기다려서, 첫 목적지를 입력하고 떠나라는 배려다.

그런 일은 거의 없지만 연료량도 살펴보아 연료가 임차계약서에 기재된 것과 다르게 채워져 있다면 그것도 직원을 불러 확인시킨다.

뉴욕 등 동부지역에서 렌트할 때는 운전석 전면 모서리에 Plate Pass (한국의 하이패스와 같은 기능) 단말기가 붙어 있고 이것을 사용할 것이라면 케이스를 당겨서 사용가능상태로 On 시킨다. (Plate Pass 에 대해서는 '유료도로' 편 참고)

이럭 저럭 하다 보면 주차장에서 10~20분 시간은 금방 간다.

수자상을 나길 때 출입구에 대기히고 있는 직원에게 임차영수증을 건네주면 차가 출고됐음을 기록하고 차단기를 열어준다.

렌터카 주차장을 나갈 때 직원에게 면허증과 서류를 보여주고 나간다.

도착 첫날의 스케줄

시차적응

인천공항을 떠나 동쪽으로 비행하는 동안 시간은 무척 더디게 간다. 지구의 자전방향과 같은 방향으로 날아가기 때문이다. 저녁 무렵 출발해서 몇 시간을 비행했어도 창 밖은 여전히 훤하다. 미국/캐나다의 표준시는 한국보다 14~17시간 늦지만 지리적 위치로 따져보면 미국/캐나다는 한국보다 7~10시간만큼 동쪽에 있다. 즉, 우리가 몸으로 느끼는 시차는 7~10시간 빠른 셈이다. 오후에 출발해서 10시간 비행했으면 이미 밤이 되고 잠자리에 들어야 하는 것이 우리 몸이 원하는 바이지만 현지에서 그 밤은 이미 지났고 하늘엔 해가 쨍쨍하다. 다시 밤이 되려면 오래 기다려야 하므로 그에 맞추려면 몸이 힘들다. 높은 하늘을 날아가는 비행기 안은 기압도 낮고 공기도 나쁘다. 국제선 비행기가 이동하는 1만 미터 상공은 사실상 우주에 가까운 높이어서 공기도 거의 없고 기압도 매우 낮다. 비행기 내의 기계장치로 기압도 높여주고 산소도 공급해주지만, 자연 상태를 따라올 수는 없다. 그런 비행기 안에서 거의 고정된 자세로 열 시간 이상을 앉아있는 것은 실제로 매우 힘든 일이다. 거기에 먹고 자는 시간까지 갑자기 바뀌게 되면 몸은 매우 힘들어진다. 그래서 여행 초반 시차적응은 매우 중요하며 쉽지 않은 문제다.

시차적응은 정신이 아니라 몸의 문제다. 우리 몸은 해가 뜨면 일어나서 하루 세 번 밥을 먹고 해가 지면 잠을 자도록 만들어져 있다. 단순한 이야기다. 그래서 시차 적응은 아주 단순한 문제일 수 있다. 거기 시간에 맞춰 잠 자고 먹으면 되는 것이다.

잠 자는 것보다 우선하는 것이 먹는 것이다. 때 맞춰 밥 먹는 것부터 해주면 우리 몸의 시차적응이 한결 빨라진다. 출발하기 전에 먹고 비행기에서 두 번 먹었는데 내려서 또 밥을 먹어야 한다니 도대체 하루에 밥을 몇 번이나 먹나 싶지만 현지 시간 맞춰 밥을 먹어주는 것은 시차적응에 큰 도움이 된다. '배꼽시계 맞추기' 라고 할 수 있다.

그리고 첫 날은 가능한 한 늦게 자는 것이 방법이다. 저녁에 잠이 쏟아지면 동네를 걸어서 돌아다니기라도 하면서 어떡하든 현지의 잠 잘 시간까지 기다렸다 자야 한다. 너무 너무 졸려서 초저녁에 잠자리에 들면, 틀림없이 다음날 새벽에 잠을 깬다. 그렇게 깬 잠은 다시 들 수도 없고 다음날 하루도 수면부족으로 피곤한 하루를 보내야 한다.

쉬운 스케줄

도착 첫 날부터 빡빡하게 관광을 시작하는 것은 힘들다. 일정이 매우 짧아 하루가 금쪽같은 상황이라면 어쩔 수 없겠지만 첫날부터 강행군을 하게 되면 며칠 가지 않아 피로 누적으로 몸살이 난다. 도착 첫 날은 가까운 마트로 가서 앞으로의 여행에 필요한 물품을 구입하며 시간을 보내는 것도 좋다. 미국/캐나다의 마트 구경도 아주 재미있다.

미국/캐나다의 도시마다 대형 슈퍼마켓이 여러 군데 있다. 내비게이션의 '업종별 검

미국과 캐나다의 한국마트는 한국의 대형슈퍼 못지않게 크고, 없는 것 없이 다 있다.

색' 메뉴에서도 가까운 마트를 찾을 수 있고 구글지도에서도 쉽게 찾을 수 있다. WALMART, SAFEWAY 같은 종합 슈퍼마켓도 있고 TARGET, FRY'S 같은 전자제품 전문 매장도 있다. 한국마켓으로는 '한남체인'이나 'H mart'가 뉴욕, LA 등 한국사람이 많이 사는 도시마다 있다.

짐 정리

슈퍼마켓에서 이런 저런 물품을 구입해오면 그것도 한 짐이고 한국에서 압축해 꾸려온 짐 가방도 풀어 헤쳐놓으면 방 안 가득이다. 한국에서 가방을 쌀 때는 최대한 압축해서 보안검색대를 통과해 운반하는 것이 목적이었으나 현지에 도착한 다음에는 사정이 다르다. 먹는 것, 입는 것 기타 용도별로 물품을 분류하고 그것을 차의 트렁크와 여러 개의 가방에 나눠담는 것도 시간이 많이 걸리고 요령이 필요하다.

가장 신경써야 할 것이 식생활과 관계된 물품들이다. 하루 세 번 빠짐없이 밥을 먹어야 하고 밥 먹을 때마다 필요한 물품의 종류가 상당히 많아서 여기 저기 흩어져 있으면 그 때마다 그것을 챙기는 것도 무척 번거롭다. 냄새나는 반찬들을 한데 모아 플라스틱 통에 담아두면 숙소에서나 야외에서나 간편하게 들고 다니며 식사 준비를 할 수 있다.

매번 먹을 물을 사러 다니는 것도 여행 다니면서는 무척 번거로운 일이므로 휴대용 정수기도 가지고 다니는 것이 좋다.

트렁크 공간을 잘 활용하여 가지고 간 짐을 요령있게 정리해두는 일도 효율적인 여행을 위해서 여행 첫날 꼭 해야 하는 일이다.

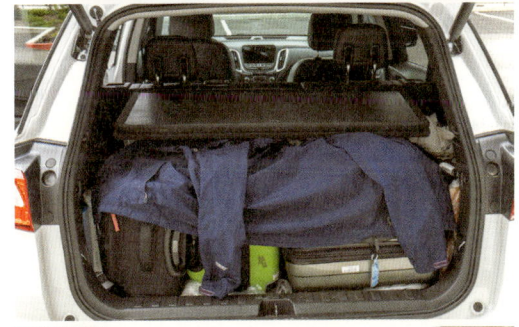

1 한국에서 압축해 가져온 짐을 용도별로 분리해서 정리해두는 것도 첫날 해야 하는 일이다.
  장기간 가지고 다녀야 할 짐들을 바닥에 깔고

2 용도별로 짐을 분류하고 가방을 나눠서 그 위에 얹은 다음

3 어두운 색의 옷으로 짐가방을 덮고 그 위에 짐칸 가리개까지 올리고

4 뒷문을 닫으면 완벽하다. SUV 종류는 뒷 유리창 선팅이 합법이므로 안에 실은 짐이 보이지 않는다.

REAL
TRAVEL
여행이 시작되다

자동차여행을 처음 떠나는 사람들이 가장 궁금하고 또 걱정도 되는 것이 운전일 것이다. 미국영화를 많이 본 사람이면 그런 걱정이 더 들 수도 있다. 그렇지만 영화는 영화일 뿐이다.

결론부터 말하면 미국과 캐나다에서 운전하기는 한국에서 운전하는 것보다 훨씬 편하다. 누구나 법대로 규칙대로 운전하는 나라에서 나도 법대로 규칙대로만 한다면 어렵고 복잡할 일은 없다.

먹고 자는 것도 마찬가지다. 미국과 캐나다에는 한국사람들이 워낙 많이 살고 있어서 어딜 가나 한국식당, 한국마켓 찾아가는 것은 어렵지 않고, 누구나 차를 몰고 여행하는 나라 미국과 캐나다에는 자동차여행자들에게 최적화된 숙소도 얼마든지 있다.

미국과 캐나다에서 운전하기

미국의 고속도로

미국과 캐나다는 무료 고속도로(Free way)가 대중교통의 기본이다. 도시간 이동에는 물론이고 집에 있다가 편의점을 갈 때도 고속도로, 약국을 갈 때도 고속도로를 타고 간다. 미국의 어느 도시에서든 집에서 나와 5분, 길어야 10분이면 고속도로로 진입할 만큼 고속도로는 전국 어디나 뻗어있다. 통행료가 없는 무료도로이므로 'Free way'다.

제한속도는 시내의 복잡한 구간에서는 55마일도 있고 좀 한적한 지역은 60~65마일, 탁 트인 사막처럼 매우 한적한 곳에서는 75마일인 곳도 있다. 1마일은 약 1.6km이므로 대략 시속 90km부터 120km까지 있는 셈이다. 여기에 10km 정도 초과분을 생각한다면 보통 100~130km까지 달릴 수 있다고 보면 된다.

미국의 고속도로가 한국과 다른 점은 제한속도가 구간별로 계속 달라지는 점, 그리고 톨게이트와 휴게소가 없는 점이다. 미국의 고속도로에도 'Rest Area'가 있긴 하

1 시내의 고속도로. 서행차는 우측차선으로 빠지는 게 상식이다.
2 휴게소는 말 그대로 잠깐 쉬어가는 곳이다. 화장실 하나만 있고 주유소도 상점도 없다.

만 여기는 말 그대로 혼자서 잠시 쉬어가는 곳이다. 한국 고속도로의 '졸음쉼터' 정도로 생각하면 된다.

주유소나 상점을 가려면 인터체인지를 나가서 가까운 마을로 가야 한다.

화물차 승용차 지정차로 개념은 없다. 아무 차나 아무 차로로 가도 되지만 대부분 안쪽 1차로 쪽으로는 빨리(과속하는) 가는 차들이 다니고, 바깥쪽으로는 서행하는 경향이 있다. 오른쪽으로 추월해도 되지만 한국처럼 지그재그로 계속 다니는 사람은 없다. 그렇게 가려면 필경 제한속도보다 많이 과속해야 하는데 그렇게 눈에 띄게 과속하는 차는 경찰에게 걸리기 때문이다.

미국/캐나다의 고속도로는 여러 대의 차들이 한 무리를 이루어 일정한 속도로 가는 것이 일반적이다. 눈에 띄게 빨리 가는 차도 없고 눈에 띄게 서행하는 차도 없다. 여러 대의 차가 제한 속도를 조금(10마일 내외) 넘기는 정도로 크루즈컨트롤을 설정해놓고 거의 같은 속도로 무리지어 달린다.

미국의 LA나 샌프란시스코 시내의 고속도로 진입로에는 신호등이 있다. 주로 통행량이 많은 출퇴근 시간에 운영되는데, 인터체인지에서 차들이 한꺼번에 밀려들어와 본선의 흐름을 막는 것을 방지하기 위한 장치다. 신호등이 꺼져 있으면 자유롭게 진입할 수 있지만 빨간불이 켜 있으면 정지했다가 녹색신호에 진입해야 한다. 신호 한 번에 차 한 대씩만 들어갈 수 있으므로 앞차의 꼬리를 물고 따라가면 안 된다.

1
미국의 고속도로 이정표. 계속 가면 Sacramento가 나오고, Livermore 출구는 1/2 마일 전방에, 이번 출구는 Calaveras Road - 84번 도로 서쪽방향으로 간다는 뜻이다.

오른쪽 도로변에 서있는 노랑색 안내판은 "권장" 안내판이다. 의무는 아니지만 실질적인 권장이므로 지키면 좋다. 35마일 권장 구간에서 45마일 50마일로 진입하면 커브가 급해서 아찔해진다.

2
'EXIT ONLY'라고 표시된 차로로 진행하면 반드시 나가야 한다. 나갈 것이 아니라면 미리 차로를 바꿔야 한다. 출구 직전에 차로를 바꾸는 것은 위반이다.

3
대도시의 고속도로 진입로에는 대부분 신호등이 있다. 주로 출퇴근 시간에 작동하는데 양쪽 차로에서 신호 한 번에 차 한 대씩 진입한다. 신호등이 꺼져 있을 때는 프리패스다.

캐나다의 고속도로

캐나다의 고속도로도 미국과 거의 같다. 미국처럼 무료이고 휴게소 없고 제한속도에서 10km를 넘지 않는 범위에 크루즈컨트롤을 맞춰놓고 무리지어 달리는 것 등이 똑같다.

미국과의 차이점은 마일이 아니라 km를 쓰고 제한속도는 100km 또는 110km로 주 전체가 통일되어 있다는 것이다. 도로 상태나 표지판의 내용도 두 나라가 거의 같으므로 과속만 주의하고 다니면 특별히 신경 쓸 일은 없다.

참고로 미국 차로 캐나다 고속도로를 주행한다면 100km 제한 지역에서는 68mile 정도, 110km 제한 지역에서는 75mile 정도로 크루즈컨트롤을 맞춰놓고 가면 과속에 단속될 일은 없다.

캐나다 고속도로의 이정표 내용도 미국 것과 거의 같다. 이정표 바탕색은 녹색도 있고 청색도 있다.

1 2
3 4

1 고속도로에 있는 'Rest Area.' 식탁과 화장실만 있고 상점이나 주유소는 없다.
2 캐나다도 미국처럼 고속도로 내에 휴게소가 있지 않고 고속도로를 벗어난 곳에 주유소와 상점이 있는 형태다.
3 4 주유소 안내판. 이런 안내판을 따라서 고속도로를 벗어나면 상점과 패스트푸드 점이 있는 주유소가 나온다.

장거리 운전

미국과 캐나다 자동차여행의 가장 큰 특징은 장거리 운전이다. 캘리포니아주의 면적만 남한의 4배, 이웃한 네바다주와 애리조나주의 면적도 각각 남한의 세 배이므로 샌프란-LA-라스베이거스-그랜드 캐니언만 돌아본다고 해도 남한의 10배 되는 지역을 운전해 다녀야 하는 셈이다.

미국과 캐나다의 관광지 숫자를 세어보면 일본이나 이탈리아 한 나라가 가지고 있는 관광지 숫자보다 적을 수 있다. 그러나 그것이 뻥튀기 되어 대륙 전체에 흩어져 있으므로 한 군데 보고 몇 시간을 달려가서 또 한 군데 보고… 이래야 하는 것이 미국과 캐나다 여행이다.

그러나 장거리 운전이 꼭 힘든 것만은 아니다. 지평선을 바라보며 유유자적 운전해 가는 멋도 있고 크루즈컨트롤을 켜놓고 음악도 듣고 이야기도 하며 편안하게 운전하는 즐거움도 있다.

장거리 운전에서 주의할 일은 두 가지, 과속과 졸음운전이다. 대도시 지역만 벗어나면 고속도로는 매우 한적하고 길도 좋다. 제한속도가 갑갑하게 느껴져서 빨리 달리고 싶은 마음이 굴뚝같지만, 안 된다. 경찰은 어디에나 있다. 아무도 없는 것 같은 사막에도 경찰은 있다. 높은 하늘에서 비행기로 돌면서 과속하는 차를 잡아낸다고 한다. 그래서 이렇게 한적한 길을 달리려면 크루즈컨트롤이 꼭 필요하다. 아무도 없는 길을 혼자서 달리다 보면 본의 아니게 과속할 위험이 있기 때문이다.

졸음을 쫓는 가장 좋은 방법은 껌을 씹는 것이라고 한다. 씹는 동작을 계속 하는 것이 졸음을 쫓는 데는 가장 효과적이라는 의학적 보고가 있다. 껌을 씹어도 졸음이 온다면 더 이상 방법이 없다. 쉬어가야 한다. 그대로 계속 가다가는 나도 모르는 사이에 차가 길 바깥으로 떨어진다. 깜짝 놀라서 정신 차려봐야 이미 늦었다.

이런 길에서 크루즈컨트롤을 맞춰놓고 가만히 앉아있다 보면 쏟아지는 졸음을 참기가 어렵다.

졸음운전/차멀미 예방

운전을 유난히 힘들어하는 사람들이 있다. 운전대만 잡으면 졸음이 쏟아진다 하고 장거리 운전은 겁부터 낸다. 아빠가 그러는 집은 가족들도 대부분 차멀미로 고생하는 경우가 많다.

그 이유를 알고 보면 무척 허무하다. 언제나 '외부 공기 차단' 상태로 다니기 때문이다. 늘 그렇게 하고 다니는 사람들이 의외로 많다. 외부공기를 차단하는 이유는 '매연이 들어오니까', '에어컨 시원하라고' 그렇게 한다고 하는데, 이것은 실내 공기를 탁하게 만들뿐 장시간 운전에는 매우 해로운 일이다.

밀폐된 차 안에 여러 사람이 앉아있는 것은, 각자의 머리에 커다란 비닐봉투 하나씩 묶어놓고 숨쉬기 하는 것과 다를 게 없다. 실내의 공기는 얼마 가지 않아 숨쉬기 답답할 만큼 산소가 부족해지므로 졸음이 오고 머리가 아프고 속도 울렁거리게 되는 게 당연하다. 긴 터널을 지나가는 경우가 아니라면 차는 언제나 외부공기 유입 상태로 있어야 한다.

외부공기 차단상태는 특별한 경우에만 쓰는 기능이다.

유료도로

미국의 도로는 대부분 무료이지만, 샌프란시스코 도심으로 들어가는 다리 모두, 뉴욕 맨해튼으로 들어가는 일부 다리와 터널처럼 통행료를 받는 곳들이 있고, LA 남부 '어바인' 지역처럼 유료 고속도로도 있다.

시내의 경우 통행료는 대부분 $5 내외이며 톨게이트에서 현금으로 낼 수도 있고 한국의 하이패스처럼 전용차로를 통과한 다음 후불결제 하는 방법도 있다. 현금으로 내는 것이 경제적이지만 이 차로는 줄이 길어서 기다려야 하는 단점이 있다. 렌터카 이용자도 전용 차로를 이용할 수 있는데 이 때는 통행료 이외에 'Plate Pass 수수료'가 추가된다. 수수료는 하루당 USD 5.95다.

뉴욕 등 동부에서 렌트할 경우는 운전석 머리맡에 작은 단말기가 붙어 있는데 이것을 열어서 On 상태로 하고 지나가야 자동징수 시스템이 작동한다.

통행료와 수수료는 렌트시 사용한 카드 계좌에서 렌트사 이름으로 빠져나가지만, 실제 업무는 'Plate Pass LLC'에서 총괄하므로 렌트사에서는 모른다. 통행료 관련해 궁금한 것이 있으면 www.platepass.com에 접속해서 알아보아야 한다.

전용차로의 이름은 FasTrack(캘리포니아) E-Z Pass(뉴욕) Sun Pass(플로리다) 등 여러 가지가 있는데 이들 유료도로의 통행료 업무는 'Plate Pass LLC'에서 총괄한다.

필수 교통규칙

STOP 사인

한국사람들이 미국과 캐나다에서 가장 주의해야 할 교통규칙이 '스톱사인'이다. 미국도로를 운전하면서 가장 많이 만나는 표지판이 스톱 표지판이고 가장 철저하게 지켜야 할 것도 스톱 표지판이다.

신호등이 있는 교차로는 신호등을 따르면 되므로 별다른 것은 없다. 문제는 신호등 없는 교차로, 동네의 작은 골목길이다. 차도 별로 없고 지나다니는 사람도 없는 동네 골목길에도 길과 길이 만나는 곳에는 어김없이 스톱사인이 있다.

한국에서는 탄력 죽이지 않고 교차로로 슬쩍 들어가는 것이 노련한 운전법으로 통한다. 차앞 차의 꼬리를 물고 맥이 끊기지 않게 붙어주는 것도 뒤차에 대한 매너다.

그렇지만 미국과 캐나다에선 그렇게 하면 안 된다. 스톱사인이 서 있는

'STOP' 사인은 한국 여행자들이 가장 위반하기 쉬운 일이므로 신경 써서 지켜야 한다. 스톱하지 않고 '스무드하게' 진입하다가 경찰에게 걸려서 벌금 무는 사람들이 적지 않다.

신호등 없는 교차로에는 대부분 스톱사인이 있지만 만약 없다면 스톱하지 말고 그냥 통과해야 한나. 그 도로에 우선권이 있다는 뜻이다.

곳에서는 반드시 완전히 스톱했다가 다시 출발해야 한다. 앞차의 뒤를 따라 꼬리를 물고 교차로로 진입하는 것도 안 된다. 만약 경찰이 보면 당장 따라와서 10만원 20만원 제 맘대로 벌금을 매길 일이고, 실제 그렇게 딱지를 떼이는 사람도 적지 않다.

'캘리포니아 스톱'이란 말이 있다. 유독 캘리포니아 사람들은 교차로에서 정지하는 척만 하고 지나간다는 것이다. 자세히 보면 캘리포니아에선 정지를 하긴 하지만 차의 탄력이 완전히 사라지기 전에 다시 가속하는 사람들이 많다. 그것도 위반이다. 그래시 "당신은 정지히는 척만 했지 안전히 전지한 것이 아니다" 라며 벌금을 물렸다는 이야기도 듣는다.

가장 모범적인 스톱은 스톱하고서 3초 후에 출발하는 것이다. 3초는 전방과 오른쪽 왼쪽을 한 번씩 보고 출발하라는 의미라고 미국경찰이 설명해주었다. 실제로 건전한 미국시민들은 다 그렇게 한다.

스톱사인 스톱사인… 미국에서 처음 운전하며 며칠 동안은 주문 외우듯 중얼거리며 운전해야 한다. 교차로에 들어설 때면 으레 마음이 조급해지던 한국에서의 버릇이 남아 있어서 쉽지 않겠지만 빨리 익숙해져야 한다.

먼저 도착한 차가 먼저 간다. 애매할 땐 양보하는 게 미국 캐나다 사람들의 기본이다.

우선순위

신호등 없는 교차로에는 사방에서 차가 올 수 있다. 이때 우선순위의 원칙은 한 가지, 먼저 스톱한 차가 먼저 가는 것이다. 차 두 대가 거의 동시에 마주쳤다면? 미국과 캐나다 사람들은 거의 대부분 양보한다. 당신이 먼저 가야 그 다음에 내가 안심하고 가겠다는 것 같다. 만약 동시에 스톱해서 애매하다고 생각되면 저쪽 사람을 바라보라. 그러면 그 사람이 먼저 가라고 손짓할 것이고 그때 "땡큐" 하면서 먼저 가면 된다. 빨리빨리 한국사람의 버릇이 거기 가서 갑자기 바뀌긴 쉽지 않다.

오른쪽이 먼저냐 왼쪽이 먼저냐 하는 규칙도 있겠지만 신호등 없는 사거리에 사방에서 줄지어 차들이 모여드는 경우는 아직 보지 못했다. 미국에 사는 사람도 그 경우는 알쏭달쏭해 한다. 그렇게 복잡한 곳이라면 대부분 신호등이 있다.

꼬리물기 없음

일행끼리 차 두 대가 움직일 때, 한국에서라면 100% 앞 차의 꼬리를 물고 연속해서 진입한다. 맥이 끊기면 안 된다는 생각 때문이다. 낯선 외국에서라면 그런 마음은 더 들 것이다. 그러나 절대로 그렇게 하면 안 된다. 앞 차가 출발한 다음 나도 일단 스톱하고, 다른 차들을 살펴본 다음 진입해야 한다. 교차로를 먼저 통과한 차는 뒤차가 따라올 때까지 천천히 가거나 기다려야 한다. 그런데 기다릴 일도 없다. 미국/캐나다의 신호등 없는 거리에는 차도 별로 없다. 그리고 그렇게 절차를 거쳐서 따라가는 시간도 길어야 몇 초다.

신호등

미국/캐나다의 신호등은 한국의 신호등과 별로 다르지 않다. 세로 신호등이 대부분이지만 가끔은 가로신호등도 있고 빨간불 노랑불 녹색불 좌회전 모두 같다.
한국과 다른 것이 한 가지 있다면 좌회전 신호등이 별로 없으며 좌회전에 대한 언급이 없으면 어디서나 비보호 좌회전이 기본이라는 것이다. 유턴 역시 마찬가지다. 금지되지 않은 것은 모두 자유, 유턴 금지표시가 없다면 어디서나 유턴이 된다. '직진하는 차를 방해하지만 않는 범위 내에서' 라는 것은 당연한 상식이다.
신호등과 함께 적혀있는 내용도 신호등과 마찬가지로 지켜야 한다.

1 유턴은 안 된다고 적혀 있다. 그런데 좌회전 안 된다는 말이 없으므로 좌회전은 되는 것이다. 비보호 좌회전.
2 좌회전밖에 할 수 없는 곳인데도 좌회전 화살표는 없다. 파란불에 좌회전은 미국 캐나다에서 기본이다.

1 2

유턴금지는 글로 적어놓기도 하는데, 밤엔 이게 잘 안 보일 수도 있다.

1. 동네에 따라서는 좌회전 신호등이 따로 있는 데도 있다.
2. 'No Turn On Red' 빨간 불일 때는 턴 - 좌, 우회전 금지. 도심의 복잡한 교차로에 이런 사인이 많이 있다.
3. 드물게는 이런 신호등도 있다. 'Solid red' - 빨간불이 계속 들어와 있을 때는 우회전 금지. 빨간불이 깜빡일 때는 왼쪽에서 직진해오는 차에 주의하면서 우회전 해도 되고, 녹색불일 때는 마음놓고 우회전할 수 있다. 여기는 Market 거리로 가는 차는 우회전(유턴) 하라는 안내판.

횡단보도

신호등 없는 횡단보도에서는 사람이 신호등이다. 횡단보도에 사람이 내려섰을 때는 말할 것도 없고 횡단보도 근처에 사람이 서 있을 때도 차는 멈춰 서야 한다. 그리고 그 사람이 건너갈 의사가 없다는 것이 확인될 때까지 기다렸다 지나가야 한다.

멈춰서는 위치도 횡단보도에 바짝 다가서는 것이 아니라 충분히 떨어진 곳에 서야 한다. 그래야 그 사람이 안심되기 때문이고 일찍 멈추는 것이 내게도 이익이 된다. 왜냐하면 내가 멈추기 전까지 그 사람은 움직이지 않을 것이므로 내가 미리 멈추는 것이 그 사람을 빨리 보내고 나도 빨리 갈 수 있는 방법이기 때문이다.

다시 출발하는 시점은 그 사람이 '도로의 중앙을 충분히 넘어갔을 때' 정도면 적당하다. 길 건너던 사람이 되돌아올 수도 있는 일이므로 그 사람 꽁무니를 스치듯 지나가는 것도 위험한 운전이다. 만약 길 건너는 사람 앞을 휙 지나간다면, 그것은 100% 단속 대상이다.

신호등 있는 횡단보도에서 'No Turn On Red' 사인만 없으면 횡단보도에 녹색불일 때도 보행자 안전에 유의하면서 지나갈 수 있다.

횡단보도 앞쪽으로는 땅에 'XING (Crossing이라는 뜻)'이라고 써 있기도 하고 안내판이 서 있기도 하다.

1 2
3

1 2 미국 캐나다의 횡단보도는 그냥 줄만 그어져 있는 경우가 대부분이다. 한국처럼 흰 줄이 많이 칠해져 있지 않고, 횡단보도의 폭도 좁아서 시시해 보인다.
3 횡단보도에 녹색불일 때도 보행자가 없으면 지나갈 수 있다.

양방향 좌회전 전용차로

미국에서 볼 수 있는 독특한 차로인데, 길 한가운데 차로를 양방향 좌회전 전용차로로 운영하는 것이다. 가는 차 오는 차 모두 이 차로에서 대기하다가 전방 상황을 보아서 적당히 좌회전 할 수 있다. 양쪽에서 그렇게 이용하므로 정면충돌의 우려도 생기지만 실제 그런 상황은 일어나지 않는다. 복잡하지 않은 주택가 도로에 이런 차로가 종종 있다.

속도규제

미국과 캐나다에서 과속은 불가능하다. 언제나 어디서나 차가 다니는 곳에는 경찰의 감시망이 있다고 믿어지기 때문이다. 속도 단속은 카메라로 하기도 하지만 대부분 경찰이 눈으로 보고 따라오는 방식이다.

미국과 캐나다에서 운전하며 가장 눈 여겨 보아야 할 것이 제한속도(SPEED LIMIT)다. 제한속도는 길을 가면서 계속 변하기 때문에 조금 전에 봤던 제한속도와 지금의 제한속도가 다르고 같은 고속도로에서도 구간에 따라 제한속도는 바뀐다.

그렇지만 미국과 캐나다에도 허용되는 과속은 있다. 대략 제한속도에서 10% 정도까지를 안전한 선으로 이야기한다. 따라서 제한속도 30마일의 주택가라면 35마일 이내라면 단속되지 않고 40마일을 넘어가면 단속될 가능성이 매우 높다. 제한속도 55마일의 고속도로라면 60마일 정도까지는 보통 달리며 65마일을 넘어가면 단속 가능성이 매우 높다.

간혹 요리 조리 차선을 바꾸며 눈에 띄게 빨리 달리는 차가 있다. 자기만 잘하면 경찰의 눈을 피해갈 수 있으리라고 생각해 그러는 것 같지만 예외 없다. 그런 차

1 속도규제 표지판에 조건이 써 있다. 트레일러와 트럭은 55마일. 일반승용차는 기존에 달리던 대로 달리면 된다.
2 속도규제는 시내에서 더 잘 지켜야 한다. 경찰은 시내에 더 많기 때문이다.

1 2

여행이 시작되다   383

는 불과 얼마 가지 않아서 길가에 붙들려 서 있는 것을 볼 수 있다.

차 한 대도 없는 황무지의 직선도로를 달릴 때도 미국/캐나다 사람들은 제한속도를 지킨다. 그런 데에도 경찰이 있다고 믿기 때문이다. 이 허허벌판 사막에 경찰이 어디 있을까… 싶지만 경찰은 하늘에서도 보고 있다. 비행기를 타고 높이 떠서 사막 전체를 감시하고 다닌다. 높이 떠 있으면 먼 거리까지 한눈에 들어오고 사막은 공기가 깨끗해서 먼 곳까지 다 보인다고 한다. 아무도 없는 줄 알고 신나게 달리다 보면 어느새 무전 연락 받은 경찰이 따라와서 불을 번쩍인다. 이따금 사막의 한적한 도로에서 경찰에게 잡혀있는 차를 볼 수 있는데, 참 신기한 일이다.

각종 규제 표지판

흰색 바탕에 검정 글씨로 적혀있는 규제내용은 반드시 지켜야 한다. 지키지 않으면 근처에 있던 경찰이 따라와서 벌금을 물린다. 노랑색 표지판은 권고사항이다. 지켜야 할 의무는 없지만, 그렇게 하는 것이 운전자의 안전을 위해 좋다는 것이므로 그것도 따르는 게 좋다. 흰색바탕은 의무, 노랑색 바탕은 권장사항이며 그 외 표지판은 그리 중요하지 않으므로 표지판에 너무 신경 쓰지 않도록 한다.

1 일방통행, 진입금지는 이렇게 여러 가지 표지판으로 안내하고 있다.
2 빨간불에 우회전 금지. 앞의 가로지르는 도로에 우선권이 있기 때문이다.
3 Right Lane Must Turn Right - 오른쪽 차선의 차는 '머스트' 우회전. 얼떨결에 가다가 이런 사인을 만났다면 무조건 우회전이다. 이 장소에서 차선을 바꾸는 사람은… 미국엔 없다. 이런 규제 표지판을 모두가 다 지키므로 그걸 무시했다가 사고가 날 수도 있는 일이고 경찰에게 걸리면 잡힌다. 이곳은 정면에 빨간불일 때 우회전 금지이기도 하다.
4 학교 앞 25마일 (단, 인도에 학생들이 있을 때).
5 좌회전, 직진, 우회전이 지정된 교차로에서는 그대로 따라야 한다. 흰색 바탕에 검정 글씨로 적혀 있는 내용은 무엇이든 'Must,' 반드시 지켜야 한다.
6 길가에 흰색 표지판이 있다. 흰색 표지판은 'Must,' 반드시 읽어보고 따라야 한다. 그런데 내용이 조금 이상하다. 'AFTER STOP RIGHT TURN PERMITTED ON RED' 'No turn on red' 표지판이 없으면 어디서나 스톱한 후 우회전한다. 이 당연한 말을 왜 써놨을까 싶다. 그러나 미국의 '흰색 표지판' 중에 '쓸 데 없는 소리'는 없다. 사람들은 이곳에서 '겁을 먹고' 우회전하지 않고 서 있는 경우가 많다고 한다. 우회전해야 하는 곳에서 길을 막고 서 있는 사람들이 종종 있기 때문에 '서 있지 말고 진행하라'는 표지판을 세워놓은 것이다.
7 전방에 공사구간 있음. 공사관련 안내판은 오렌지색이다.

카풀레인

대도시권의 고속도로에는 'Car Pool Lane' 이 있다. 다인승 전용차로인데, 보통은 2명 이상, 구간에 따라서는 3명 이상 탄 차만 들어갈 수 있다.

표시는 바닥에 마름모 사각형으로 표시하고 길가에 안내판을 세워놓았다. 러시아워 때는 물론 이 차로가 빠르지만 언제나 이 차로가 빠른 것은 아니다. 그 이유는 이 차로를 들어가고 나오는 구간이 정해져 있어서 아무 때나 들락거릴 수가 없기 때문이다. 그래서 카풀레인으로 들어갔는데 오히려 그 차로가 막혀서 쌩쌩 지나가는 일반 차로를 부러운 마음으로 바라보아야 할 때도 있다.

카풀레인도 들어가고 나오는 구간이 정해져 있다는 내용은 꼭 명심하고 지켜야 한다. 그것 역시도 위반하다가 경찰에 걸리면 벌금을 문다. 카풀레인에 대한 규제 - 시간, 인원, 위반시 벌금 내용은 도시마다, 구간마다 조금씩 다르며 중앙분리대에 서 있는 안내판에 그 내용이 적혀 있다.

1 대도시의 고속도로에는 대부분 카풀레인이 있다. 구간에 따라 2인 이상 또는 3인 이상 탄 차만 주행가능하다.
2 위반시 벌금은 40만원부터 시작이다.
3 카풀레인은 아무데서나 들어가고 나올 수 없다. 황색 실선 또는 백색 실선 두 줄로 그어진 구간에서는 차로를 바꿀 수 없고, 백색 점선으로 끊어진 곳에서만 차로를 바꿀 수 있다.

1 2 3

1 2 3

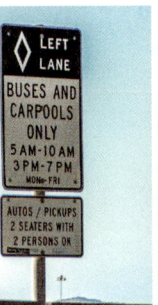  

1 카풀레인은 대부분 '주중 출퇴근 시간'에만 운영한다. 그 외 시간은 막히는 일도 없으므로 자유롭게 다닐 수 있다.
2 3 캐나다의 카풀레인 규칙도 미국과 동일하다.

카시트/안전벨트

미국/캐나다는 언제나 어디서나 전 좌석 안전벨트가 필수다. 경찰에게 걸리면 그 벌금도 왕장 불리브로 누구나 다 지긴다. 기시트는 말할 것도 없다. 키 145cm 이하의 어린이는 자기 키에 맞는 시트를 장착해야 한다. 체중 9kg까지의 젖먹이 아이라면 유아용 카시트, 체중 9~19kg의 아이라면 아동용 카시트, 그 이상이면 키를 높여주는 부스터시트를 장착해야 한다.

카시트 장착 의무는 나이로 따지는 게 아니라 키로 따져야 한다. 카시트의 목적은 아이의 안전이기 때문에 나이를 먹었어도 키가 작은 아이라면 부스터시트를 해야 하고, 경찰도 눈으로 보고 판단한다. 카시트는 뒷좌석에 하는 것이 원칙이고 렌트사에서도 뒷좌석용만 빌려준다.

카시트는 렌트할 때 옵션으로 빌려 써도 되지만 일주일 이상 장기간이라면 대여료도 작지 않으므로 집에서 쓰던 것을 가지고 가는 것도 좋다. 카시트는 위탁수하물과는 별개로 추가해서 부칠 수 있으므로 가지고 가는 것이 더 편할 수 있다.

스쿨버스/소방차/경찰차/구급차

스쿨버스는 말 그대로 움직이는 신호등이다. 스쿨버스가 학생들을 내리고 태우는 동안은 모든 차들이 정지해야 한다. 버스에서 내린 학생들이 길을 건너갈 수 있으므로 가는 차 오는 차 모두 정지해야 하고 학생들이 모두 건너간 후 버스가 출발할 때까지 기다려야 한다. 달리고 있는 스쿨버스는 신경 쓸 것 없지만 도로변에 정차한 스쿨버스의 비상등이 번쩍이고, 버스의 왼쪽에 'STOP' 표지판이 펼쳐져 있다면 이때는 무조건 스톱이다.

이따금 소방차나 경찰차, 구급차가 요란한 경적소리와 함께 불을 번쩍이며 달려올 때가 있다. 이때는 당황하지 말고 깜빡이를 켠 다음 길가로 비켜나 멈춰 선다. 비키는 장소는 언제나 오른쪽 제일 바깥 차선이다. 슬금슬금 가는 것도 안 된다. 무조건 스톱이다. 신호대기중일 때도 마찬가지다. 신호대기중에 긴급차가 달려오는 것을 보았다면 즉시 차를 움직여서 최대한 길을 열어주어야 한다.

좌회전 포켓에서 신호대기중인 차는 예외다. 일단은 직진 차로만 열어주면 되니까.

1 2 스쿨버스가 불을 번쩍번쩍하면서 정지한다면 가는 차 오는 차 모두 Stop이다. 학생들이 승/하차 중이므로 불이 꺼지고 버스가 출발할 때까지 기다려야 한다. 스쿨버스의 생김새는 미국과 캐나다가 똑같다.

3 요란한 경적 소리와 함께 소방차가 달려온다면 모든 차는 바깥쪽으로 비켜나서 멈춰서야 한다. 경찰차가 사이렌 소리와 함께 달려올 때도 마찬가지다.

1 2 3

주정차 금지구역

한국에서도 주차단속은 많이 하지만 정차 단속은 거의 하지 않는다. 주차가 금지된 구역에서도 대충 봐서 다른 차들이 지나갈 틈만 남겨놓을 수 있으면, 그리고 단속카메라만 없으면 적당히 차를 대놓고 볼일을 보러 간다. 주정차가 모두 금지된 금지구역에서도 운전석에 사람이 앉아있는 상태라면 5분이든 10분이든 서 있어도 괜찮다고 생각하고, 경찰이 봐도 뭐라 하지 않는다.

그러나 외국에선 안 된다. 미국/캐나다뿐 아니라 일본, 유럽, 호주 등 다른 모든 나라에서는 이렇게 아무데서나 차를 멈출 수 없다. 주정차 금지구역은 말 그대로 주차는 물론 정차도 안 되는 구역이며 무조건 Go Go 움직여야 하는 지역이다. 잠깐, 정말 몇 초 동안 멈춰서 사람을 태우거나 내린다면? 그것도 안 되고 아무도 그러지 않는다. 경찰이 보면 바로 따라와서 벌금을 물리기 때문이다.

교통규칙에는 교차로 모퉁이나 횡단보도에서 몇 미터 이내, 소화전에서 몇 미터, 버스정거장에서 얼마… 자세하게 나와 있지만 일일이 따지려면 어렵다. 미국에서는 도로변 경계석에 칠해져 있는 페인트 색깔을 보면 된다. 흰색은 주정차 가능, 노란색은 (트럭, 조건부) 정차 가능, 빨간색은 주정차 금지다.

1 조건부 정차가 가능한 노랑색 구간. 트럭들이 짐 실을 때 최대 20분까지 차를 세울 수 있다. 일반 승용차는? 트럭이 아니므로 안 된다.
2 두 시간까지 주차 가능.

1 2

1 2
3 4

1 왼쪽은 두 시간까지, 오른쪽부터는 15분만 주차 가능.
2 잠깐 멈추는 것도 안 되는 빨간색 구역이다.
3 'NO STOP' 잠깐 멈추는 것도 안 된다. 무조건 움직여야 한다. 자전거 차선을 주행해도 안 된다.
4 사람이 타고 내리는 목적으로 3분까지 정차 가능. 도심의 호텔 앞에 이런 표지가 있을 수 있다. 그러면 짐 싣고 내리는 것은? 'ONLY PASSENGER'라고 써 있다. 그러면 5분 정도는? 3MINUTE 라고 써 있다.

가장 주의해야 하는 것이 빨간색으로 칠해져 있는 구간이다. 이곳에서는 잠깐 멈추는 것도 안 되고 무조건 Go Go 진행해야 한다. 미국/캐나다에서 도로상의 주정차 위반은 주차 단속원이 아니라 경찰이 하고, 과태료가 아니라 범칙금으로 부과되며 액수도 매우 많다.

전조등은 24시간

낮이고 밤이고 시내고 교외지역이고 따질 것 없이 언제나 전조등을 켜고 다니는 것이 좋다. 지역에 따라 낮에도 전조등 켜는 것이 의무인 곳도 있고 아닌 곳도 있지만 시동 걸면 무조건 전조등을 켜도록 한다. 이것은 한국에 돌아와서도 마찬가지다. 낮에도 전조등을 켜고 다니면 사고예방에 확실한 도움이 되더라는 연구 결과가 여러 나라에서 발표되었다. 그래서 이것을 의무규정으로 정해 놓은 나라도 많다. 미국과 캐나다에서도 주마다 법이 달라서 의무이며 단속하는 지역도 있고 자율에 맡기는 지역도 있지만 어디가 어떤지 따질 것 없이 무조건 켜도록 한다. 우리는 현지의 교통사정과 교통사고의 위험에 특히 취약한 외국인 여행자이기 때문이다.

1 한낮에도 모든 차들이 전조등을 켜고 있다.
2 토론토 시내. 날은 흐리지만 시간은 낮 열두 시, 한낮이다. 모든 차들이 전조등을 켜고 다닌다.

주유/주차/교통단속

주유소

미국/캐나다의 주유소는 모두 셀프이며 계산도 주유기에서 신용카드로 직접 하도록 되어 있다. 드물게는 한국의 신용카드로 결제가 안 되는 (Zip 코드 입력필요) 기계도 있는데, 그 때는 상점 카운터 직원에게 가서 결제한 다음 주유해야 한다. 몇 번 기계에서 얼마치 넣을 거라고 하면 카드 긁고 주유기 눈금을 0으로 리셋해준다.

미국은 트럭을 제외하면 거의 모든 차가 휘발유를 쓰고, 주유소도 경유가 없는 곳이 많다. 그럴 일은 거의 없지만 렌터카 픽업시 경유차를 준다면 휘발유차로 바꾸는 것이 좋다.

산유국인 미국/캐나다의 연료비는 한국의 1/2이나 그 이하 수준으로 매우 싸다. 주유소에 따라 연료비 차이가 있는데 대체로 시내 주택가가 싸고, 땅값 비싼 도심과 선택의 여지가 없는 사막지역이 비싸다. 가격 차이도 작지 않으므로 장거리 여행을 시작하기 전 시내 주택가에서 연료를 가득 채우는 것을 잊지 말아야 한다.

2 3 4
5

1 주유소는 24시간 하는 곳도 많고 어디나 다 매점을 겸하고 있으므로 밤에 필요한 물건이 있을 때는 주유소 매점으로 가면 된다.
2 3 디젤 주유기도 있으므로 가솔린과 혼동하지 않도록 한다. 혼유로 인한 엔진 고장은 보험처리도 안 된다.
4 휘발유 주유기에는 87, 89, 91 등 숫자 선택하는 게 있는데 숫자는 '옥탄가'를 표시하고 숫자가 높을수록 연소효율이 높은 고급휘발유다. 보통은 제일 저렴한 Regular를 많이 넣지만 고급 휘발유는 연비가 높으므로 좋은 점도 있다.
5 주유소의 형태나 이용법은 미국과 캐나다가 완전히 똑같다.

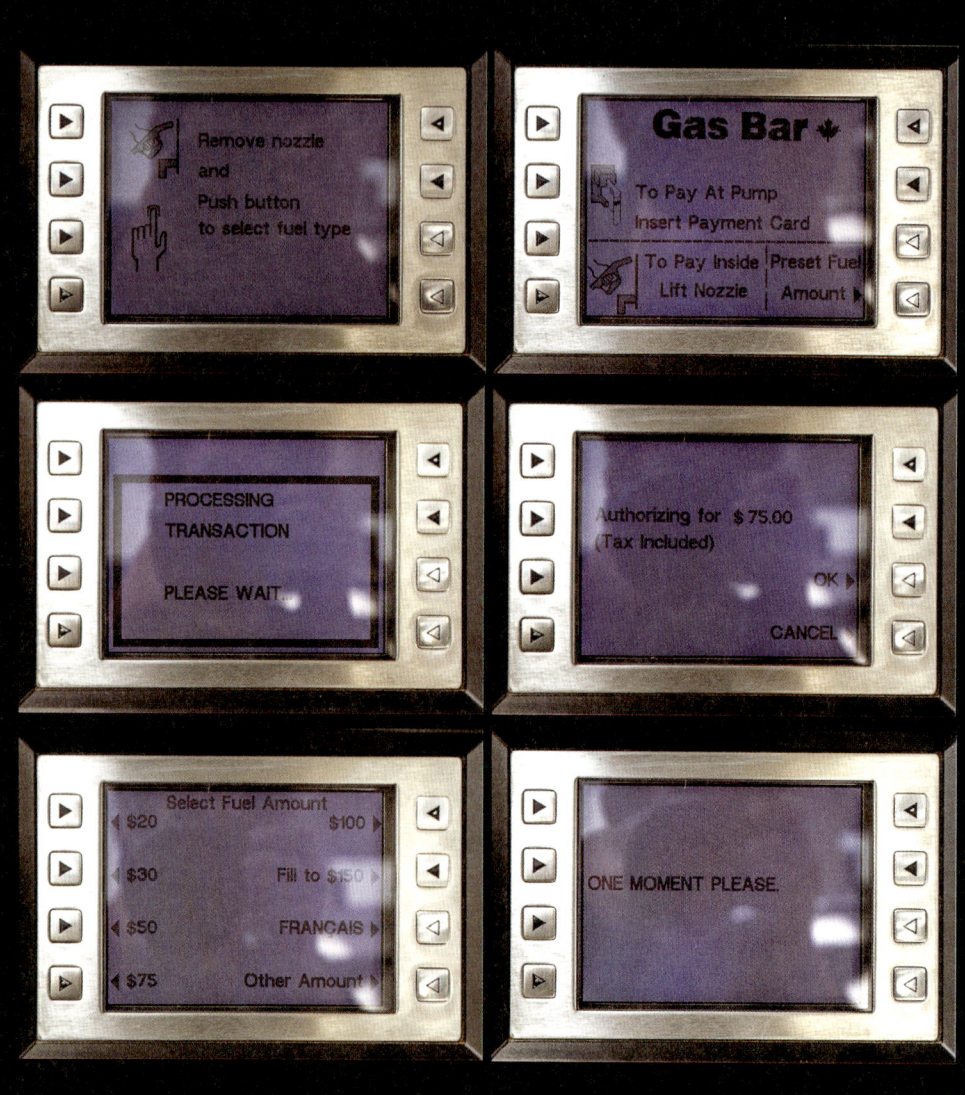

주유기 이용법은 한국의 셀프주유와 똑같아서 설명이 필요 없다.
카드 넣고 금액 정하고 유종 선택하고 주유한 다음 노즐을 원위치 시키면 영수증이 나온다.

사막지역 여행할 때는 연료 보충에 주의!

미국의 중서부 지역은 사막이거나 반 사막인 지역이 대부분이다. 참고로 라스베이거스가 있는 네바다주 면적은 한국의 2.8배나 되는 반면 인구는 한국의 1/20에 불과하다. 사람 자체가 없으므로 몇 시간을 달려도 변변한 마을 하나가 없는 경우도 많다. 이런 지역에서는 주유소와 주유소 간격이 100km를 넘는 경우도 있는데 100km라면 서울에서 출발해 대전까지 가는 동안 주유소가 딱 하나 있다는 뜻이다.

이런 데에서 기름이 떨어지면 꼼짝 못한다. 렌터카 응급센터에 도움을 요청하면 되지만 그 사람이 올 때까지 한 시간 이상 기다려야 할 수도 있고 전화가 터지지 않는 지역이라면 더 어려울 수 있다. 한여름이나 한겨울에는 더위와 추위로 고생할 수도 있으므로 연료는 늘 신경 써야 한다.

사막의 고속도로에서 연료 경고등이 들어왔다면 이미 시기를 놓쳤을 가능성이 높다. 불이 들어온 다음 잘 가야 30km 이상을 갈 수 없기 때문이다. 미국 차들은 대부분 연비가 좋지 않고 중대형 SUV나 미니밴 같은 차들은 기름을 무척 많이 먹는다. 실제로 덴버에서 포드 익스플로러를 받아 샌프란시스코까지 10일 동안 여행하면서 하루도 빠짐없이 연료를 가득 채웠다. 하루에 한 탱크씩 기름이 들어갔는데 리터당 연비를 계산해보면 6~7km를 넘지 않는 것 같았다.

한국의 일반 승용차를 생각하고 무심히 다니다가는 중간에 기름이 떨어져 꼼짝 못하는 경우가 생긴다. 미국 캐나다의 중서부지역을 여행할 때 연료 눈금이 절반 이하라면 기름부터 채워야 한다. 다음 주유소를 언제 만날지 알 수 없다.

미국과 캐나다의 내륙지역은 상상을 초월할 만큼 넓고 사람이 살지 않는다.

주차장

자동차가 기본 교통수단인 미국/캐나다는 가는 데마다 주차장이 많다. 도심의 빌딩가만 아니라면 어디가나 무료주차가 기본이다. 땅값 비싼 도심지, 이름난 관광지는 유료주차해야 하지만 그런 데에서도 주차장은 많이 있어서 찾기가 어렵지는 않다.

도로변 주차장은 주차를 희망하는 시간만큼 요금을 계산하고 그냥 가는 방식이 대부분이고, 시에서 운영하는 무인주차장의 경우는 원하는 시간만큼 요금을 계산한 다음 영수증을 뽑아서 차 안의 대시보드에 올려놓고 가는 방식이 대부분이다. 기계의 모양은 지역마다 조금씩 다르지만 사용방식은 그림과 간단한 설명으로 알기 쉽게 안내되어 있으므로 어렵지 않다.

샌프란시스코 도심이나 뉴욕 맨해튼처럼 이름난 관광지에서는 시에서 운영하는 주차장만으로 부족해서 사설주차장 건물로 가야 할 경우가 많다. 사설주차장은 대부분 한국의 사설주차장과 같은 방식이어서 들어갈 때 카드를 뽑아가고 나올 때 기계 또는 출구에서 시간만큼 계산하고 가면 된다. 주차료는 도로변 주차장 또는 시에서 운영하는 무인주차가 가장 싸고, 사설주차장은 비싸다.

목적지에 다 왔는데 주차장이 보이지 않는다면 내비게이션에서 '업종별 검색 - 주차장'으로 찾아보면 가까운 순서대로 주차장 리스트가 나온다. 구글지도에서 'Parking'으로 검색해도 주변의 주차장들이 지도위에 표시되므로 쉽게 찾을 수 있다.

스트리트 파킹할 때 한 가지 주의해야 할 점은 경사로에 주차할 때는 앞바퀴를 인도쪽으로 틀어놓아야 한다는 점이다. 만약의 사고에 대비하는 조치인데 이렇게 되어 있지 않은 차를 발견하면 벌금을 매긴다.

1 2
3

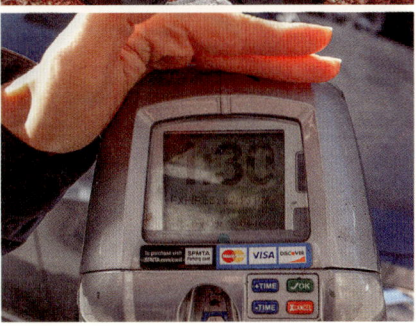

1 2 시내에서 가장 흔히 볼 수 있는 도로변 주차기계.
3 시간당 요금은 지역마다 다르지만 기계에 써 있다. 신용카드도 되고 동전도 된다. 원하는 시간만큼 비용을 지불하면 액정화면에 시간이 표시되고, 그 때까지 주차기계는 초록색 불이 반짝인다. 그 시간이 지나면 빨간 불이 반짝이게 되고, 지나가는 단속원 눈에 띄면 주차위반 벌금 스티커를 차에 꽂아놓고 간다. 기계사용법은 매우 간단해서 원하는 시간 선택하고 카드 한 번 긁어주면 끝. 대부분 신용카드로 되지만 신용카드가 안 되는 구형기계도 가끔은 있다.

이런 기계에서 원하는 시간만큼 계산을 한 다음, 영수증을 차 안에 놓아두고 가는 방식도 있다.

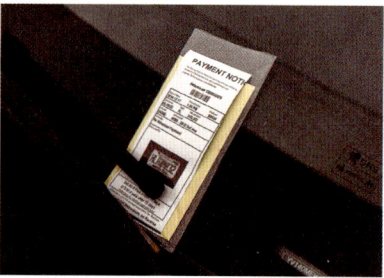

1 2
3
4

1 샌프란시스코 시내. 'Public Parking'이라고 된 곳이 사설주차장이다. 한국식으로 말하자면 '외부차량 유료주차' 라는 의미다.

2 도로변의 'Street Parking' 에도 제한조건이 있다. 화요일과 목요일 오전 2~6시 사이에는 도로청소시간이므로 주차금지.

3 주차위반에 걸리면 스티커를 이렇게 꽂아두고 간다.
스티커에는 인터넷이나 우편으로 납부하는 방법이 자세히 적혀 있으므로 그대로 하면 된다. 주차위반은 교통위반보다는 벌금액이 작아서 몇 만원 정도다.

4 경사로에 주차할 때는 앞바퀴를 인도쪽으로 틀어놓아야 한다.

경찰은 어디에나 있다

미국/캐나다는 '경찰국가'다. 사회 책에 나오는 '경찰국가'의 의미로서가 아니라, 특히 미국은 경찰이 유지하고 경찰이 지키는 나라이며 경찰이 없는 미국은 상상하기 어렵다.

영화에서는 나쁜 경찰 무능한 경찰도 많이 나오지만 그것은 어디까지나 영화다. 미국인들 사이에 경찰은 아무나 되는 게 아니고 경찰이라 하면 일단은 인정해주는, 사회적으로 그런 직업이라고 한다. 그래서 경찰의 권위는 우리의 상상을 넘는다.

길을 가다가 경찰에게 걸렸는데 정말 억울하다. 그래서 법원까지 갔다면 법원에선 누구 편을 들까? 99% 경찰 편을 들어준다고 한다. 경찰과 경찰 아닌 사람이 서로 다른 주장을 한다면 경찰이 옳다는 것이 미국 사람들의 상식이다. 그것이 미국에서 경찰 해먹는 맛이기도 하고, 그래서 경찰을 아무나 시켜주지 않는다고도 한다.

미국은 무슨 일에나 법이 있고 법 없는 일은 없다. 그리고 그 법을 집행하고 감시하는 사람이 경찰이다. 미국 사람들은 어려서부터 법대로 사는 것에 길들여져 있기 때문에 법 없는 일을 만나면 쩔쩔맨다고 한다. '법 없이도 살 사람'이란 말을 미국사람들은 이해하지 못한다. 법 없이 어떻게 산다는 말인가요? 이러면서.

그 법의 집행자인 경찰은 언제나 어디서나 나타난다. 실제로 지난 월드컵 때 우리 교민이 한국 팀의 축구경기를 보면서 슛! 슛! 소리를 지르다가 골을 넣었을 때 비명

경찰이 없는 미국은 상상할 수 없을 만큼 미국은 경찰이 관리하고 지키는 나라다. 미국에서 경찰의 말에 토 다는 사람은 없다.

을 질렀다고 한다. 그랬더니 잠시 후 현관 앞에 경찰차가 왔다고 한다. "무슨 일 있느냐?" 해서 "아무 일도 없다. 축구경기를 보고 있었다"고 했지만 믿지 않으면서 "총을 쏜다는 소리가 들렸고 여자의 비명 소리가 났다는 신고가 들어왔다. 무슨 일이냐?" 하며 꼬치꼬치 캐물었다고 한다. 그렇게 가정생활까지 개입하면서 '법대로'를 외치는 경찰이 도로에서 일어나는 불법을 모른 척 할 리가 없다.

미국사람들은 이 세상에서 가장 모범적으로 법을 지키며 운전한다. 세상에서 가장 착한 사람들이어서라기보다는 엄격하고 무자비한 법에 길들여져 있기 때문인 것 같다. 교통위반뿐 아니라 법을 어겼을 때 개인에게 가해지는 타격은 우리의 상상을 초월한다. 그리고 그 무자비한 법을 집행하는 사람들이 경찰이다.

경찰차

미국과 캐나다의 경찰은 여러 종류가 있다. 시내의 치안을 담당하는 'POLICE'가 있고 도시 외곽을 담당하는 'SHERIFF'가 있고, 고속도로만 돌아다니는 'HIGHWAY PATROL'도 있다. 그들이 타고 다니는 차의 모양도 도시마다 동네마다 다르고 차종도 여러 가지여서 멀리서 보면 알 수 없다.

미국의 경찰차를 알아채기가 어려운 이유 중 하나는 경광등을 끈 채로 조용히 다니기 때문이다. 한국의 경찰차는 24시간 경광등을 번쩍번쩍 켜놓고 있다. 천천히 돌아다닐 때도 경광등을 번쩍이고, 길가에 주차해 있을 때도 지붕의 불은 번쩍번쩍 하고 있다. 빨강 파랑 경광등은 경찰만이 쓸 수 있는 것이므로 500m, 1km 밖에 있는 경찰차도 한국에서는 다 알아볼 수 있다. 그래서 길 가다 한 번 쓱 훑어보면 경찰의 존재 유무를 파악할 수 있고 경찰차가 없다고 판단되면 마음 놓고 교통위반을 한다. 그러나 미국의 경찰차는 상황이 발생하여 출동중인 때만 불을 켠다. 그래서 일반 차들에 섞여 있을 때는 알아보기 어렵고, 길가에 숨어 있을 때도 눈에 띄지 않는다. 심지어는 'POLICE' 글자도 없는 일반 승용차를 타고 단속하러 다니는 경찰도 있다.

미국의 경찰차가 단속을 하는 방법은 이렇다. 교통위반 차를 발견하면, 재빨리 그러나 소리 없이 그 차를 따라간다. 그리고 그 차 바로 뒤에 가서 경광등 스위치를 확 올린다. 그러면 번쩍번쩍하는 섬광이 운전자의 눈을 찌르게 되고, 운전자는 혼비백산하게 된다.

미국에서 경찰차에 걸려본 사람은 안다. 아무 생각 없이 운전하고 있었는데 어느 순간 뒤에서 섬광을 번쩍이며 따라오는 차를 보았을 때의 놀라움, 무너지는 절망감…. 그런 기분은 오래 지나도 생생하게 기억 날만큼 강렬한 것이다.

경찰은 '폴리스'도 있고, '셰리프'도 있고 '하이웨이 패트롤'도 있다. 차 모양도 제각각이고 평상시엔 경광등도 끄고 다니므로 가까이 오기 전엔 존재를 알 수 없다. 이런 차가 뒤에서 따라오며 섬광을 번쩍번쩍하면 '혼비백산' 하지 않을 수 없다.

여행이 시작되다

경찰에 걸렸을 때

경찰이 내 뒤를 따라오는 것 같으면 차의 속도를 늦추면서 바깥 차선으로 빠져야 한다. 차선을 바꾸며 계속 나를 따라온다면 내가 걸린 것이 틀림없다.

안전한 곳을 찾아 차를 멈춘다. 이 때 아무데나 차를 멈추었다가는 불법 정차 죄가 더 붙을 것이므로 정차가 허용된 곳까지 이동해 가서 차를 세운다. 고속도로에서라면 인터체인지 주변을 제외하고 갓길에 서면 된다. 엔진도 꺼야 한다. 시동을 켜놓은 채 있으면 언제든지 도주할 우려가 있다는 뜻이므로 경찰이 긴장한다.

내가 차를 멈추면 어느 정도 떨어진 뒤쪽에 경찰차도 멈춰 서고, 잠시 후 경찰 한 명이 차에서 내려 내 쪽으로 다가온다. 이 때 매우 중요한 일은 가만히 있는 것이다. 경찰이 내게 와서 말을 걸 때까지 아무 행동도 하지 말고 가만히 있어야 한다는 것이다. 면허증 여권을 찾는다고 가방을 뒤적이는 것도 절대로 안 된다.

캐나다는 그렇지 않지만 미국은 개인이 총을 소지할 수 있는 나라이며 범죄자들은 모두 총을 지니고 다닌다. 만약 중대한 범죄자가 우연히 경찰에게 걸려서 면허증 조회를 받게 되었고 그 과정에서 다른 범죄사실까지 발각될 것이라고 한다면…. 그 범죄자는 아마 경찰에게 총을 쏘고 도주해버릴 지도 모른다. 실제 그런 일도 흔히 일

미국의 경찰은 예방보다는 잡는 게 주 목적인 것 같다. 돌아다닐 때도 경광등을 끈 채로 은밀하게 다니고, 도로변이나 주택가에서도 '목 좋은 곳'에 숨어서 위반하는 차를 기다리다가 목표가 발견되면 재빨리 따라가서 잡는다.

어난다고 한다.

그래서 경찰은 매우 긴장한 채 다가온다. 언제라도 몸을 피하면서 동시에 총을 뽑을 마음의 준비가 되어 있다. 그런데 주머니나 가방에서 무얼 꺼내는 듯한 동작을 보게 되면 경찰은 어떤 기분이 들까? 경찰이 와서 말 시키기 전까지는 어떤 액션도 취하면 안 된다.

가장 좋은 것은 차를 세운 다음 엔진을 끄고 창문을 내리고 두 손을 창 밖에 보이도록 내놓아주는 것이다. (차에 탄 강아지처럼) 그러면 경찰은 안심 될 것이고, 자기를 배려해준 사람에게 관용을 베풀어줄 마음도 생겨날 수 있다.

한국에선 경찰의 단속에 걸린 사람이 차에서 내리는 모습도 볼 수 있다. 운전자도 내리고 옆 좌석 뒷좌석에 있던 사람들까지 내려서 경찰을 에워싼다. 그리고 좋은 말로 사정을 해보다가 통하지 않을 것 같으면 언성을 높이기도 한다. 미국이나 캐나다에선 큰일 날 소리다. 차에서 내려서도 안 되고 옆 사람이 참견해도 안 된다. 경찰의 심기를 불편하게 할수록 벌금의 액수만 높아질 뿐이다.

경찰이 하는 말은 무조건 인정해야 한다. 그리고 경찰의 말이 다 끝나기를 기다렸다가 (자기 말을 끊으면 누구나 기분 나빠진다) 외국에서 온 여행자여서 규칙을 잘 몰랐다고, 이젠 확실히 알았으니까 앞으로는 잘할 수 있겠다는 정도로 말해보는 것도 좋다.

외국인 여행자가 영어를 유창하게 잘 필요도 없다. 웃는 얼굴로 진정성 있게 말하면 된다. 그러면 관용을 베풀어줄 수도 있다. 최소한 벌금액수라도 깎아줄지 모른다. 미국과 캐나다의 경찰에겐 '명예'도 중요한 일이다.

범칙금

범칙금 스티커를 받으면 거기 적힌 방법대로 반드시 납부해야 한다. 미국 여행 갔던 사람들 중에 범칙금을 내지 않고 그냥 귀국하면 어떻게 되느냐고 묻는 사람도 있지만, 중대한 경우는 다음번 미국 들어갈 때 그 사실이 문제가 될 수도 있고, 미국 내 모든 렌트사에 그 기록이 통보되어 차를 주지 않을 수도 있다. 국내에서 예약할 때까지 아무 문제 없었는데, 현지에 도착해서 차를 받으려고 할 때 예전 벌금 미납건 때문에 차를 받지 못했다는 이야기도 여러 번 들었다. 그 때는 현지에서 그 미납건을 해결한 다음 차를 받을 수도 있지만 그 방법이 간단치는 않고 일행의 이름으로 다시 예약해서 차를 쓸 수도 있지만 현지에서 직접 차를 달라고 하면 국내 예약가보다 훨씬 비싸지므로 이래 저래 손해다.

범칙금 고지서를 받았으면 미국을 떠나기 전에 해결해야 한다. 미국을 벗어난 다음에 해결하려면 일이 복잡해지고 어떤 경우는 해외에서 납부가 불가능할 수도 있다. 교통 범칙금이나 주차위반 과태료는 발부받은 스티커에 여러 가지 납부방법이 적혀있는데, 그 중 편한 방법으로 하면 된다. 인터넷에 접속해서 신용카드로 내는 방법도 있고 은행에 가서 현찰로 내는 방법도 있고 수취인 지정 수표를 발행해서 우편으로 내는 방법도 있다. 직접 하기 어려우면 현지인 아무에게나 부탁해도 된다. 본인이 직접 납부해야 한다는 법은 없다.

범칙금에 대해서는 렌트사에서 아무런 도움도 줄 수 없으므로 렌트사에는 물어볼 필요도 없다.

숙소

모텔의 발상지 미국

미국과 캐나다 자동차여행자들에게 모텔보다 편리한 숙소는 없다. 당연하다. MOTEL 이란 말이 'Motorist'와 'Hotel' 을 합쳐서 만든 말인 것처럼 '자동차여행자 호텔'이 모텔의 시작이기 때문이다.

국내에서나 외국에서나 자동차여행자에게 가장 중요한 시설은 주차장이다. 주차장과 방 사이의 거리가 가까울수록 심정적으로 편하고 실제로도 편하다. 자동차여행자들은 대부분 짐이 많고, 상당수의 짐을 차 안에 두고 다닌다. 방에 들어간 다음에도 차에 갔다올 일은 꼭 생기고 그 때마다 멀리 떨어진 주차장까지 가야 한다면 그것도 적잖이 불편한 일이다.

그런 의미에서 '발레파킹'만 가능한 고층호텔은 적잖이 불편한 숙소다. 내 차가 어디 있는지도 모르고 차를 쓸 때마다 사람을 시키고 수고비를 주어야 한다는 것은 생각만 해도 갑갑하다.

미국의 모텔은 자동차여행자들에게 최적화된 숙소다.

'합리적인 가격'도 모텔의 장점이다. 자동차로 투어링 하는 사람들 대부분이 그러는 것처럼, 모텔은 저녁에 들어와 잠만 자고 아침 일찍 떠나는 것을 기본으로 만들어져 있다. 헬스장이나 연회장 같은 부대시설이 있어도 여행자에겐 별 쓸모가 없다. 모텔의 기본적인 시설은 '주차장과 방' 딱 두 가지뿐이고 가격도 그만큼만 받는다. 그래서 잠만 자고 떠나는 여행자들에겐 가장 합리적인 숙소다.

방안의 시설이나 청결상태는 염려할 것 없다. 미국과 캐나다는 국민소득이 높은 선진국이며 모든 숙박업소는 정부기관의 관리감독을 받는다. 아무리 저렴한 모텔이라도 침대 시트는 매일 새 것으로 갈고 청소기로 바닥은 민다. 중급 모텔 이상이면 한국의 일반 호텔 이상은 된다.

모텔은 어디에나 있고 매우 많이 있다. 사막 한가운데의 작은 마을에서도 주유소만큼이나 모텔은 꼭 있다. 이름난 관광지 주변이 아니라면 대부분 예약할 필요도 없고 예약하는 것보다 직접 찾아가는 것이 더 싸고 편하다. 그래서 미국/캐나다 여행은 모텔 하나로도 충분하다는 것이다.

평점 좋은 8만원짜리 모텔이나 25만원짜리 호텔이나 실내는 차이가 없다. 여러 가지 부대시설을 누린다면 모르겠지만, 여행 다니면서 하루 밤 묵고 아침 일찍 떠나기에는 고급호텔보다 모텔이 훨씬 편하다.

숙소 선택 기준

요즘엔 모텔에서도 '모텔' 간판을 걸지 않는다. '모텔6' 체인처럼 '모텔'을 고수하는 집도 있지만 OOOO INN, OOOO STAY… 처럼 멋져 보이는 이름을 붙인 모텔들이 많다. 한국에서는 '호텔'과 '모텔'의 구분이 엄격해서 호텔보다 좋은 모텔은 없다. 그러나 미국 캐나다에서는 호텔과 모텔의 명확한 구분은 없는 것 같고 호텔보다 좋은 모텔도 얼마든지 있으므로 이름 가지고 판단할 일은 아니다.

가장 객관적인 기준은 가격이다. 싸면 싼 이유가, 비싸면 비싼 이유가 반드시 있기 때문이다. 겉모습은 규모 큰 호텔 같았는데 막상 들어가 보니 내부가 무척 낡았다고 하면 가격이 싸야 할 이유가 되고 겉에서 볼 때는 조립식 건물의 소규모 모텔이었는데 실내는 일류호텔 못지않게 잘 해놓았다면 제 값을 받을 이유가 된다.

시설도 좋고 방도 좋은데 방값이 싸다고 하면 동네가 나쁠 수 있다. 현지인들도 피하는 무서운 동네가 미국과 캐나다에도 상당히 많지만 여행자는 그런 내용을 알 수가 없다. 싸고도 좋은 것은 없으며 싸면 싼 이유가 반드시 있다는 점만 기억하면, 낭패 볼 일은 없다.

가격만큼 믿을 수 있는 것이 예약 사이트의 '평점'이다. 요즘은 인터넷이 발달해서 시골 구석에 있는 작은 모텔도 전 세계 어디에서나 예약할 수 있고 이용자 누구나 평점을 매길 수 있다. 구글지도나 해외 호텔 예약사이트상의 평점은 인위적인 조작이 불가능한 시스템이며 구글이나 예약사이트 쪽에서도 평점의 객관성과 신뢰도 유지는 매우 중요한 문제로 다루기 때문에 거기 올라있는 평점은 믿어도 된다.

구글지도나 호텔 예약사이트에서 5점 만점에 4점, 10점 만점에 8점 이상의 숙소라면 그것은 의심할 필요가 없다. 가족여행 숙소라면 평점 3.5 또는 7점 정도를 하한선으로 보면 될 것 같다. 물론 아무데서나 잘 자는 털털한 사람들이라면 3점, 6점짜리 숙소도 잘 만하다. 동네가 좀 그렇고 시설이 좀 낡았다 해도 잠만 자고 아침 일찍 떠날 거니까 나쁠 건 없다.

평점 3이나 6 이하의 숙소는 피하는 것이 좋다. 그런 곳은 가격이 저렴하겠지만, 저렴한 이유가 반드시 있기 때문이다. 시설이 낡은 정도는 참을 수 있다고 해도 범죄자들이 우글대는 위험지역이라면 끔찍한 경험을 할 수도 있는 일이다.

미국에서 경험해본 최악의 모텔. 얼핏 보기엔 별 차이 없어보였지만, 방에 들어가 자세히 보니 너무나 지저분한 곳이었다. 이불 덮기도 찜찜해서 대충 자는 척만 하다가 새벽 일찍 나왔다. 가격이 저렴했던 만큼 저렴한 경험을 톡톡히 했다..

소규모 B&B 주의

B&B는 말하자면 민박이다. 독립된 건물을 가지고 규모 있게 운영하는 집도 있지만 일반 가정집의 방 하나를 숙소로 내 놓는 경우도 있다. 이런 소규모 B&B 는 어떤 주인을 만나느냐에 따라 그날 숙소 운이 하늘과 땅 차이로 달라질 수도 있으므로 주의해야 한다.

호텔 예약사이트를 통해 로스엔젤레스 근교의 어느 B&B를 예약하고 갔다. 검색 조건으로 주방시설을 넣었고, 무료주차, 주변환경 모두 괜찮고 평점이 좋으면서 크게 비싸지 않은 집으로 나름 잘 선택한 집이었다. 예약사이트에 나와있는 사진도 훌륭했다.

그런데, 그 집에 도착해서 보니 전혀 예상치 못했던 문제가 닥쳤다. 그 집은 중년 남자 혼자 사는 집이었는데 이 사람은 초고도 비만 환자로 보조기를 짚지 않고는 서 있을 수도 없는 사람이었다. 우리가 묵는 방문 바로 앞이 그 사람이 하루종일 머무는 자리였으므로 방문 밖으로 나갈 일이 있을 때마다 그 사람과 눈인사를 해야 했다. 그래서 화장실이 방 안에 없다는 점도 무척 불편하게 느껴졌다.

그 사람은 우리가 주방에서 저녁을 준비하는 동안에도 계속 우리를 주시하면서 잔소리같은 조언을 해주었고, 전자레인지를 쓸 때는 나급한 목소리로 무슨 주의를 주기도 했다. 저녁을 먹고 우리가 잠자리에 들 때까지도 자기자리에서 TV를 시청하고 있다가 밤 11시가 다 돼서야 자기 침실로 들어가는 것 같았다. 이렇게 불편한 집에 평점 9점, 10점을 준 사람들은 도대체 무슨 이유였을까?

소규모 B&B는 사진만으로는 알 수 없는 점이 있다.

숙소예약 방법

예약하는 방법은 자기가 애용하는 예약사이트로 직접 들어가서 찾아볼 수도 있고, 블로그나 카페에서 추천하는 숙소를 알아볼 수도 있고 외국의 가격비교사이트로 들어가서 알아볼 수도 있지만 구글지도에서 시작하는 것이 여러 모로 편하고 좋다.

01 구글지도에서 대략적인 위치를 열어놓고 검색창에 'hotel'을 친다. 그러면 그 일대의 여러 숙소들이 지도에 표시된다. 사진은 LA 근교 애너하임 지역이다. 디즈니랜드도 가깝고 한국사람들이 많이 사는 지역이며 고속도로를 타고 시내나 주변 관광지로 다니기도 나쁘지 않은 지역이다. 구글에 광고비를 내는 숙소는 침대 표시가 있는 큰 점으로 나타나고, 그러지 않은 집은 작은 점으로 나타나는데 광고 여부는 중요하지 않다.

02 지도상 점으로 커서를 가져가면 숙소 선택에 가장 중요한 기준 두가지, '평점'과 '가격'이 나온다. 맨위에 있는 집은 가격은 저렴하지만 평점이 나쁘다. 가운데 집은 가격도 비싸고 평점도 좋지 않다. 맨 아래 집은 평점도 좋고 가격도 착하다.
이 집을 클릭해서 자세한 정보를 본다.

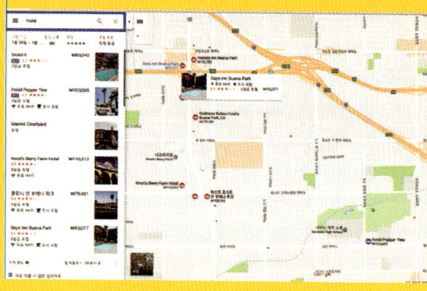

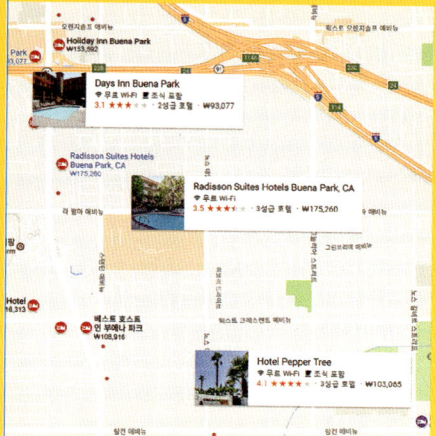

03 구글에서 임의 지정한 날짜를 기준으로 예약사이트별 요금이 나온다. 예약사이트별로 가격차이가 날 수 있지만, 큰 차이는 없다. 특별히 싸게 나온 데가 있다면 세금 불포함 가격일 수 있다. 자기가 주로 이용하는 예약사이트를 눌러 들어간다. 커서를 아래로 내리면 이 숙소에 대한 평가도 볼 수 있다. 평가에서 중요한 것은 전체 평점이다. 전체적으로 평점이 높은데 유독 어떤 사람이 별 하나를 주고 나쁜 이야기를 써놓았다면 그런 것은 신경쓰지 않아도 된다. 그런 사람은 어디에나 있다.

04 부킹닷컴 사이트로 들어갔다. 호텔에 대해 더 자세한 정보를 볼 수 있고 예약까지 완료할 수 있다. 예약하기 전에 날짜를 정확히 해야 한다. 투숙 날짜가 달라지면 요금도 달라진다.

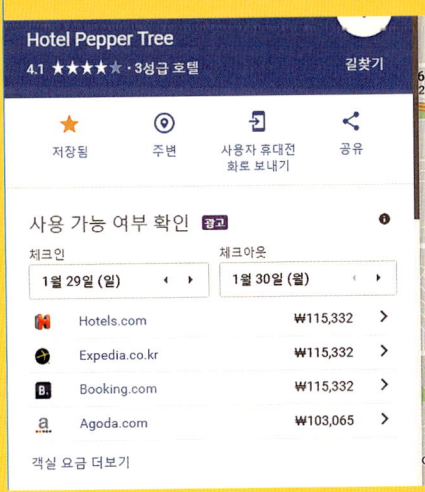

여행이 시작되다 413

호텔 예약사이트 이용시 유의할 점

해외 호텔 예약사이트는 Booking.com, Hotels.com, Agoda.com, Expedia.co.kr 등 유명한 해외 사이트도 있고 국내의 여행사 사이트도 있다. 어느 사이트에서 하든 가격은 비슷하며, 같은 호텔인데 유독 싸게 표시되는 것은 필수적인 세금을 빼고 보여준다든지 하는 경우이다.

취소가능 조건으로 예약한다
며칠 동안의 짧은 여행이라면 모르지만 열흘 이상 장기간 여행이라면 여행스케줄은 언제든지 바뀔 수 있다. 같은 호텔의 가격도 시간이 지나면서 떨어질 수도 있고 여행정보를 검색하다가 더 좋은 조건의 다른 호텔을 발견할 수도 있다.

여행을 준비할 때, 현지에서 여행 다니면서도 숙소를 변경해야 할 일은 얼마든지 생길 수 있으므로, 예약은 언제나 취소가능 조건으로 해야 한다. 물론 취소불가 조건으로 하면 1~2만원 정도 싸게 예약할 수 있지만 그 금액보다 어쩔 수 없이 변경해야 할 때 몽땅 없어지는 금액이 더 크다.

검색팁을 최대한 활용한다
자동차여행자에게 특히 중요한 조건은 주차무료, 취사가능 같은 조건이다. 주방시설이 없더라도 냉장고와 전자레인지만 있으면 밥은 얼마든지 먹을 수 있으므로 필요한 시설을 갖춘 곳인지 꼼꼼히 확인한다.

결제는 달러로 한다
가격보기와 결제를 한화로 하게 되면 한화를 달러로 환전하는 환전 수수료가 나중에 추가된다. 이 비용도 작지 않으므로 비용은 반드시 현지화폐단위로 한다.

일부 나쁜 후기는 무시해도 된다
대다수의 평점이 좋다면 일부 나쁜 평가나 후기는 무시해도 된다. 대부분 좋다 하는

데 어떤 사람이 유독 구체적인 사례를 들며 혹평을 하는 경우도 있다. 그러나 그런 평가는 무시해도 된다. 개인적인 어떤 이유 때문에 악의적인 평을 남기는 사람들은 어디나 있기 마련이다.

세금과 부대비용도 꼭 확인한다
가격은 대부분 세금 불포함으로 표시되며 최종 결제 단계에서 추가되거나 현지 별도로 지불할 수도 있다. 그런데 일반 호텔과 달리 리조트로 분류되는 곳은 '리조트 피' 라는 게 30불 이상 붙고 청소료 등이 추가될 수도 있다. 주차료도 무시할 수 없다. 대도시 도심의 호텔은 하루 5만원씩의 주차료를 별도로 받는 곳도 많다.

현지에서 숙소 구하기

스마트폰만 있으면 미국/캐나다의 어디에서라도 숙소는 쉽게 알아볼 수 있다. PC에서 하던 것처럼 구글지도를 열어서 원하는 지역을 펼쳐놓고 검색창에 Hotel 또는 한글로 호텔이라고 치면 된다. 그 이후의 과정은 PC에서 하던 것과 동일하다.

야영장/호스텔

미국에도 야영장이 있다. 개수로는 수천 개 된다고 하지만 워낙 넓은 땅에 흩어져 있어서 밀도로 보면 많은 것이 아니다. 무엇보다도 미국의 야영장은 캠핑카 위주의 시설로 꾸며져 있어서 텐트를 치는 사람에겐 매우 불편하고 유럽이나 호주의 편리한 야영장과는 차원이 다르다.
바닥은 대부분 울퉁불퉁한 흙바닥이고 전기가 들어오지 않거나 샤워시설이 없는

숙소 찾기

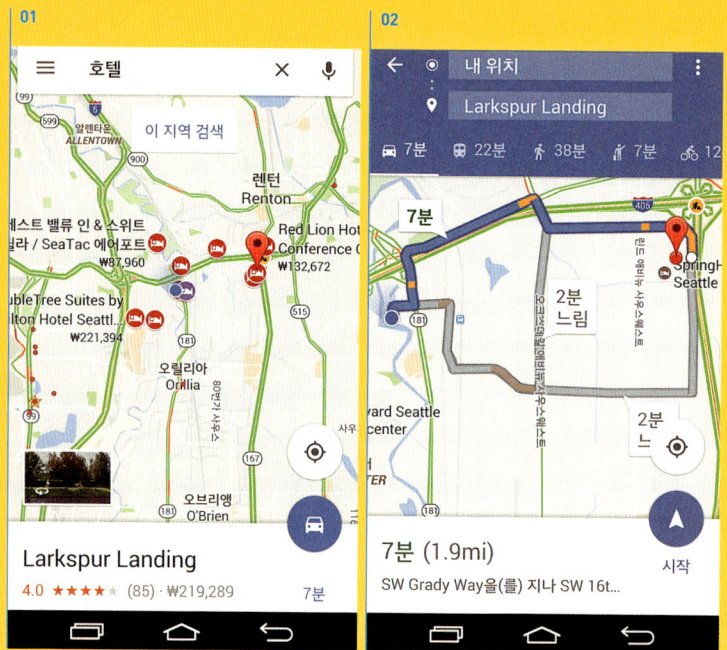

1 원하는 지역을 열어놓고 '호텔' 로 검색하면 주변의 각종 숙소들이 모두 뜬다. 평점과 가격 등을 살펴보고 전화를 걸어서 방이 있는지 물어본다. 가격도 흥정이 가능한데, 구글맵에서 얼마에 뜬 것을 보았는데, 직접 가면 할인되느냐고 물어볼 수 있다. 그러면 적어도 호텔측에서 예약사이트에 지불할 수수료 정도는 깎을 수 있다. 화면 우하단의 자동차 표시를 누른다. 그것도 아니면 지나가다 눈에 띄는 곳에 들어가서 방 있냐고 물어봐도 대부분 빈 방은 있다. 가격이 맞으면 내부 한번 보고 결정하겠다 하면 기꺼이 보여준다. 이렇게 직접 찾아가면 인터넷으로 예약할 때보다 대부분 저렴하다.

2 최단거리 경로가 표시되고 화살표를 누르면 바로 내비게이션 안내가 시작된다.

곳도 많다. 미국에서도 텐트를 가지고 야영을 하는 사람들이 있지만 그것은 깊은 산중 숲속에서 호롱불을 켜놓고 밤하늘의 별을 보며 낭만을 즐기는… 자연주의적인 레포츠 활동이지 유럽의 야영장처럼 투어링하는 여행자가 숙소삼아 이용할 만한 곳은 못된다.

미국에도 유스호스텔이 있지만 이 역시도 유럽처럼 많지 않고 대부분 도심지에 있어서 주차하기도 마땅치 않다. 혼자서 다인실을 이용한다면 일반 모텔의 1/2, 1/3 가격으로 잘 수 있지만 두 사람만 되어도 모텔 숙박비와 맞먹는다. 호스텔 이용자들은 대부분 차 없이 다니는 배낭여행자들이므로 가족여행, 자동차여행자에겐 맞지 않다.

1 2
3 4

1 2 휘트니 산 기슭의 비교적 잘 되어있는 캠핑장이지만 전기는 들어오지 않는다. 관리인이 없고 캠핑장 이용규칙대로 자율 운영된다.
3 라스베이거스 근방의 Calico 캠핑장. 전기는 들어오지만 다른 시설은 아무것도 없다. 전기를 사용할 경우 자리 하나당 하루 이용료는 30달러.
4 맘모스레이크 근처의 시설이 잘 되어있는 야영장이지만, 이곳에서도 전기는 쓸 수 없다.

한인민박

유럽엔 어지간한 도시마다 한국민박집이 있지만 미국엔 한국인들이 많이 사는 뉴욕과 LA 등지를 제외하면 유럽만큼 쉽게 찾을 수는 없다. 다인실도 있고 독방도 있는데 밥은 주지 않는다. 민박집은 대부분 한인타운에 있고 주변에는 식당들도 많기 때문에 밥은 나가서 사먹는 것이 원칙이다.

한인민박의 가장 큰 장점은 저렴한 요금이다. 특히 뉴욕 지역은 호텔 비용이 매우 비싸서 100불 이하로 잘 수 있는 숙소는 찾기 어렵다. 그러나 한인민박은 2인 1박에 60~70불 정도로 잘 수 있으므로 숙박비가 절약된다.

LA만 되어도 호텔이 특별히 비싸지 않으므로 민박의 가격적 메리트는 뉴욕보다 떨어진다. 한인민박은 가정집이나 아파트 한 채를 빌려서 허가 없이 영업을 하는 집이 많다. 간판이 없으므로 겉에서 보아서는 일반 가정집이나 아파트와 구별이 안 된다. 검색과 예약은 '한인텔' 사이트에서 할 수 있다. (http://www.hanintel.com)

호텔방의 생수병 주의!

호텔방 안의 냉장고에 비치된 각종 음료를 먹으면 나중에 비싼 요금이 청구되는 것은 누구나 알고 있다. 그렇지만 자칫하면 낚일 수 있는 것이 '테이블에 놓여 있는 물병'이다.

누구나 냉장고에 있는 것은 유료, 밖에 나와 있는 것은 무료라고 생각하기 쉽다. 실제로 무료 물병을 놓아두는 호텔도 많다. 그래서 아무 생각 없이 뚜껑을 따서 벌컥벌컥 마시고 병을 다시 보면, 깜짝 놀랄 금액이 붙어있다. 시중에서 50센트도 안 하는 물 한 병에 5불 6불, 열 배가 넘는 돈을 받는다. 뚜껑을 다시 붙일 수도 없고… 돈도 돈이지만 사기당한 기분이 들어서 몹시 불쾌하다.

수법도 여러 가지다. 비슷한 생수병 네 개를 준비해서 무료 물병 두 개는 침대 머리맡에 감춰(?)두고 유료 물병 두 개는 눈에 잘 띄는 테이블 위에 두는 수법. 물의 이름을 FREE 비슷하게 'FRED' 라고 크게 인쇄해놓고 물값은 병 뚜껑에 딱지로 붙여놓는 수법… 등.

그런 것들을 야바위(그럴 듯한 속임수로 돈을 따먹는 놀음)라 하면 지나치다 할지 모르겠지만 기분은 딱 야바위에 당한 기분이다. 미국을 여행하며 '법대로 살아가는 선량한 사람들'이라는 생각이 들다가도 호텔방 생수병에 낚이고 나면 '법을 내세우며 온갖 야비한 짓은 다 하는 무리들'이라는 생각으로 싹 바뀐다. 대도시나 유명관광지의 대형 호텔일수록 이런 짓을 더 하는 것 같으므로 대형호텔 들어갈 때는 주의해야 한다.

1 2

1 물값을 받는다는 표시가 없다. FRED라는 글자만 크게 써 있을 뿐이다.

2 병마개를 따면서 보니 6불인지 9불인지 물 값이 적혀 있다. 아뿔싸! 그러나 이미 때는 늦었다.

3 4
5 6

3 비슷한 물병인데 하나는 무료, 하나는 유료다. $20이면 그래도 저렴한 편이다. $2 표시가 눈에 띄게 적혀 있어서 낚이지는 않았다.

4 냉장고도 아니고 주방 테이블에 이렇게 놓여있으므로 무료로 생각하기 쉽다. 그러나 자세히 살펴보면 한 병에 $5 이라고 적혀 있다. 4성급 힐튼호텔이다.

5 6 무료 물은 침대 머리맡에 놓아두었고 눈에 잘 띄는 테이블에는 한 병에 5달러 짜리 물이 있었다. 글씨가 희미하게 인쇄되어 있어서 눈 나쁜 사람은 잘 안 보인다. 유명한 웨스틴호텔이다.

식사

현지에서 한식 먹기

아무거나 잘 먹고 소화도 잘 시키는 사람이 있지만 밥과 김치가 없으면 쩔쩔매는 사람도 있다. 이런 토종 한국 사람도 미국과 캐나다 여행은 걱정이 없다. 어지간한 도시마다 한국식당이 있고 순두부나 얼큰한 찌개, 생선조림까지 한국에서 먹는 식당 메뉴는 다 있다.

포장해간다고 하면 (To go) 밥과 찌개, 여러 가지 반찬까지 모두 포장해주며, 양도 많이 준다. 1인분 포장해가면 양이 크지 않은 사람 둘이서 충분히 먹을 수 있을 정도다.

미국과 캐나다의 한식집은 한국의 어지간한 식당 못지않게 맛을 내고 먹고 나면 속도 편하다. 미국과 캐나다에서는 '반찬 재활용'은 상상으로도 불가능한 일이라고 하므로 그런 점도 염려 없다.

미국과 캐나다의 한국마트는 한국의 대형 슈퍼마켓 못지않게 규모도 크고 반찬 종류도 없는 것 없이 다 있다. 가격도 싸므로 굳이 한국에서 바리바리 싸가지 않아도 된다.

호텔 예약사이트의 시설 옵션 팁을 활용하면 이렇게 완벽한 주방시설이 있는 호텔도 어렵지 않게 찾을 수 있다. 일반 룸보다 비용이 조금 더 들긴 하지만 많이 비싼 것은 아니다.

한국마켓과 현지 슈퍼를 적절히 활용하면 간단하고도 푸짐하게 밥을 먹을 수 있고, 이렇게 하면 식비도 많이 절약된다.

미국의 숙소에는 주방시설을 갖춘 곳도 많다. 풀 사이즈 주방까지는 아니라도 냉장고와 전자레인지만 있다면 방 안에서 적당히 먹는 것도 충분히 가능하다.
이런 취사시설은 국내에서 예약할 때 예약사이트의 옵션 팁으로 선택할 수 있다. 주방시설이 있는 숙소도 냄비나 그릇, 수저까지 준비되어 있지 않은 곳이 있으므로 간단한 취사도구는 가지고 다니는 것이 편하다.

필요한 취사도구

전기밥솥
햇반을 가지고 다니면서 먹어도 되지만, 장기간 여행이라면 밥솥이 편하다. 한국에서 쓰던 전기밥솥은 전압이 달라서 미국이나 캐나다에서 쓸 수 없다. 밥솥은 현지의 한국마트로 가면 살 수 있는데 여행용으로 쓸 것이므로 압력솥까지는 필요 없고 2~3인용 작은 것이면 된다. 3인용에 가득 밥을 지으면 4인까지는 먹는다.

무선주전자

무선주전자 하나만 있으면 라면도 끓이고 즉석국도 해 먹을 수 있고 커피도 타 먹을 수 있고 전자레인지가 없는 곳에서는 햇반도 데워 먹을 수 있다. 미국/캐나다의 대형마트에 가면 무선주전자나 쿠커 종류가 다양하게 있고 가격도 싸게 구입할 수 있다. 무선주전자도 국내에서는 110볼트용을 살 수 없으므로 미국 가서 사야 한다.

1 한국마켓에 가면 여러 종류의 전기밥솥을 팔고 가격도 비싸지 않다.

2 장기간 여행한다면 정수기도 가지고 다니면 좋다. 좁은 차 안에 물병을 싣고 다니는 것도 복잡하다. 휴대용 정수기는 월마트나 프라이 같은 미국 마트에 가면 있다. 브리타 정수기가 제일 유명하고 필터 하나만 넣으면 한 달 이상 쓸 수 있다.

3 4 한국마켓에도 있지만 미국 마켓으로 가면 무선주전자나 쿠커 종류가 다양하게 있다.

| 1 | 2 |
| 3 | 4 |

한국마켓

미국의 어지간한 도시에는 한국마켓들이 있고 한국사람들이 먹는 건 다 있다. 오히려 한국에서는 보지 못하던 먹을거리들도 다양하게 있다. 값도 비싸지 않다. 한국의 백화점 지하 식품코너 정도 가격 생각하면 되고, 현지에서 조달된 식품종류는 한국보다 싼 것도 많다.

매일 장을 볼 필요는 없고 며칠에 한 번 마켓에 들러도 좋고 일주일 열흘 치를 한꺼번에 사서 트렁크에 싣고 다녀도 된다. 미국과 캐나다의 기후는 습도가 높지 않아서 잘 상하지도 않는다. 마켓 이용방법은 한국의 마켓과 똑같다.

마켓 위치는 구글지도에서 '한국마켓' 또는 '한국마트'로 검색하면 나온다. 'H Mart'는 미국과 캐나다 여러 도시에 체인점을 가진 대형 마켓이고, 내륙의 중소도시에서도 소규모 한국식품점은 찾을 수 있다.

1 H Mart는 미국과 캐나다 전역에 많은 체인점을 가지고 있고 규모도 크다.
2 한국에서 쓰던 전기밥솥이나 쿠커는 220V 전용이어서 미국과 캐나다에서는 쓸 수 없다. 미국과 캐나다의 한국마트에는 3~4만 원짜리 휴대용 밥솥이 있다.

1 2

김치나 여러 가지 밑반찬은 물론 김밥과 떡 종류도 다양하게 있다. 한국에서 공수된 것도 있고 현지에서 담가주는 것도 있는데 맛이나 가격이나 한국의 슈퍼에서 파는 반찬과 다를 게 없다.

게/랍스터/스테이크 먹기

미국과 캐나다 여행의 큰 즐거움 중 하나는 '실컷 먹기'다. 미국과 캐나다는 세계적인 식량생산국이다. 자국민들이 먹는 양의 몇 배를 생산해서 세계 여러 나라에 수출하는 나라들이므로 농축수산물 가격이 매우 저렴하다.

그래서 한국에서는 맘껏 먹기 어려웠던 스테이크나 게, 랍스터까지 미국이나 캐나다에 가면 실컷 먹을 수 있다. 요리집에 가서 먹을 수도 있지만, 마트 가서 생물을 사다가 직접 쪄 먹거나 구워 먹으면 맛도 좋고 돈도 적게 든다.

미국과 캐나다는 게와 랍스터의 주산지여서 값도 싸고 파는 곳도 많다. 생물 게와 랍스터는 중국마켓으로 가면 대부분 있다. 중국마켓은 구글지도에서 'China Market'으로 찾으면 되는데 소규모 마켓에서는 생물 생선을 팔지 않는 곳도 있으므로 큰 곳으로 가야 한다.

가격은 게가 kg당 2만원 정도, 랍스터가 3만원 정도 한다. 게나 랍스터를 쪄 먹는 데 특별한 손질법이나 기술은 필요 없고 큰 냄비만 있으면 된다. 솥에 물을 부어 끓인 다음 뜨거운 김에 게나 랍스터를 넣고 10~15분 정도만 찌면 된다. 마트에 따라서는 쪄 주거나 찐 것을 파는 데도 있다.

스테이크는 미국 마트에 가면 부위별로 다양한 고기를 파는데 고기는 대부분 냉장 생고기다. 고기를 잘 모르겠으면 그냥 가장 비싼 것으로 사면 된다. 꽃등심으로 두 사람이 배부르게 먹을 만큼 사도 고기 값은 15,000원 정도다.

살아있는 게나 랍스터를 사려면 중국마켓으로 가야 한다.

1 2
3 4

1 사온 것을 풀어서 껍데기만 한 번 씻고
2 뜨거운 김에 쪄도 되고 소금 간을 살짝 한 물에 삶아도 된다. 10~15분 정도면 된다.
3 분해해서 먹으면 된다.
4 미국과 캐나다는 고기 값이 매우 싸서 두툼한 스테이크 2인분도 1만원을 넘지 않는다.

지역별 중국마켓

뉴욕	Good Fortune Supermarket
LA	Good Fortune Supermarket, 99 Ranch Market
샌프란	99 Ranch Market, Marina food
밴쿠버	T & T Supermarket
토론토	Oceans Fresh Food Market

SAFE FUN TRAVEL

기분 좋은 여행, 안전한 여행

"로마에선 로마 법을!"
여행자들이 잊지 말아야 할 금언이다.

미국과 캐나다는 다민족 국가이므로 인종차별을 걱정하는 사람도 있다. 실제 차별 당했다는 이야기도 듣는다. 그렇지만 인종차별은 미국과 캐나다에서는 법으로 엄격하게 금지하는 일이다. 인종의 '인'자만 꺼내도 큰일 난다는 것이 미국과 캐나다 사람들의 상식이다.
"미국에선 미국 법을" 이것만 잊지 않는다면 걱정할 것 없다. 자유의 여신상이 횃불들고 외국인 여행자를 반기는 나라다.

최선의 안전수칙은 법대로 하기

로마에선 로마법대로 미국에선 미국법대로

영어 속담에 'When in Rome, do as the Romans do' 라는 말이 있다. 로마에 가면 로마 사람들이 하는 대로, 미국에 가면 미국 사람들이 하는 대로, 미국 사람도 한국에 왔으면 한국 사람들이 하는 대로. 그것이 여행자의 상식이다.
누구를 위해서? 나를 위해서!!
예전 TV 개그프로그램에 "안 되는 게 어딨니 다 되지" 하는 코너가 있었다. 그 코너를 재미있게 보면서 그게 한국 사람들의 힘이고 한국의 문화라는 생각을 했다. 한국 사람에겐 안 되는 게 없다. 이건 이래서 안 되고 저건 저래서 안 된다고 하는 사람을 한국인들은 용납하지 못한다. 법을 이야기하면 '법같은 소리 한다' 하고는 무슨 방법을 또 궁리해내는 게 한국 사람들의 오래된 습성이다. 지도 한 장 가지고 외국 나가서 막대한 자금을 빌려 조선소를 짓고 나중에 벌어서 갚았다는 정주영씨의 전설같은 이야기가 유명하지만, 스몰 정주영은 한국에 얼마든지 있다.

담배는 금 안에서 피우라고 했으면 금 안에서 피우는 게 미국사람들의 상식이다.

종로의 어느 학교 앞. 어떤 사람이 교문 앞에다 차를 세워놓고 바라보고 있다. 바닥에도 주정차 금지라고 크게 써 있으므로 미국 사람이라면 이런 곳에 주차할 생각은 결코 할 수 없을 것이다. 그러나 여기는 한국. 오늘은 휴일이고, 차가 드나들 수 있는 공간도 확보되어 있다. 그러면 문제 없는 것 아닌가? 이 한국 사람은 그런 생각을 하면서 차를 바라보고 있는 것 같다. 사진에는 없지만 이 차가 주차할 때 경찰차도 근처에 있었고 경찰 한 명이 차에서 내려 이 차 옆에서 다른 일을 보고 있었다. 이 사람은 불법주차를 하면서 경찰 눈치를 살폈지만 경찰은 아무 말도 하지 않고 그 자리를 떠났다. 경찰이 떠난 후에 이 사람도 자기 볼 일을 보러 떠났다.

안 되는 게 없는 한국 사람들, 법대로라면 불가능했을 일을 '무슨 수를 써서라도' 해내는 게 한국 사람인 만큼, 한국 사람들은 언제나 법 이상의 것을 생각한다. 한국 사회도 예전과는 많이 달라졌지만 지금도 한국 사람들의 준법 정신은 미국 같은 나라에 비하면 한참 못미치는 것 같다.

반면에 미국은 안 되는 게 많은 나라다. 세상 무엇에나 어디를 가나 법이 있고 법대로 하는 것에 길들여져 있다. 그래서 법이 없으면 불안해하고, 시스템이 없으면 어쩔 줄 몰라 쩔쩔맨다고 한다. 궁극의 순간에 "It's the law" 한마디면 천하 없는 미국 사람도 얼음땡, 꼼짝 못한다. 법은 존엄하다는 게 젖먹이 시절부터 길들여져온 미국 사람들의 상식이다.

왜 그럴까? 왜 한국 사람들은 언제나 '법 이상의 것'을 생각하고 미국 사람들은 법이라면 벌벌 떨게 되었을까?

한국은 세계에서도 유례를 보기 어려운 단일민족 국가다. 단일민족이라는 말로도 부족하고, 하나의 거대한 가족과 같은 국가다. 작은 일로는 서로 잡아먹을 듯이 싸우지

2인 이상만 들어갈 수 있는 카풀레인에 혼자 타고 들어가면 벌금은 최하 $341, 우리 돈으로 40만원부터 시작이다. 전용차로 벌금이 이런 정도라면 그보다 중한 교통위반의 벌금은? 상상만으로도 끔찍하다. 300이면 300이지 341달러라는 금액은 또 뭔가 싶지만 그것도 법대로 계산해서 나온 금액일 테니 따질 것 없다. 그냥 지키면 된다. 그런 게 미국의 법이다.

만, 나라에 큰 일이 닥치면 엄청난 단결력을 보이는 것은 현대에 와서도 여러 번 확인했다. 외환위기때, 월드컵때, 촛불시위때, 코로나 사태때 보았던 한국 사람들의 단결된 모습은 직접 보면서도 믿기지 않는, 외국인들로서는 상상을 초월하는 모습이었다고 한다.

가족 내에도 규범은 있지만 그것은 조문화된 법률이 아니라 상식과 불문율로 존재한다. 가족끼리 조문화된 법률을 들이대는 지경에 이르렀다면 그 가족은 이미 망한 가족이다. 그래서 한국 사람에게 '조문화된 법률'은 상식보다 한참 아랫자리에 있다. 거대한 가족국가 한국 사람들의 법에 대한 개념은 그런 것 같다. 마지막 수단.

반면에 미국은 세계에서도 유례를 보기 어려운 다민족 국가다. 유럽계 백인이 다수를 차지하긴 하지만 유태인, 중국인, 이슬람, 인도, 멕시칸, 동남아… 수백 개 민족이 수백 개의 언어와 문화적 배경을 지닌 채 미국 땅에서 살아간다.

만약 이 많은 민족들이 각자의 상식과 문화적 배경을 주장하며 법을 지키지 않는다고 하면 이 나라는 어떻게 될까? 법이 무너지는 순간 미국이란 나라도 무너져버릴 것이다. 미국에서 법보다 존엄한 것은 없다. 수많은 민족과 상식과 문화의 혼돈 속에서 미국이란 나라를 지켜주는 오직 한 가지가 있다면 그것은 바로 법이다.

누구도 예외는 없다. 법은 지켜져야 하며 법을 지키지 않는 사람은 미국의 존립을 위협하는 위험한 존재다. 그래서 미국의 법은 신성하고 엄하다.

금지되지 않은 것은 자유

그러면 미국은 자유가 없는 나라인가? 아니다. '자유의 여신상'이 미국의 상징이듯, 미국이 자랑하는 최고의 가치는 '자유'다. 단, 금지된 것만 빼고. 그것이 미국의 자유다. 미국은 어디에나 금지규정이 있다. 여기선 이것을 금지하고 저기선 저것을 금지한다. 그래서 미국 사람들은 낯선 장소에 가면 금지규정부터 살핀다. 뭘 금지하는지 알아야 뭘 할 수 있는지 알 수 있기 때문이다.

한국 사람들에게 법이란 '이렇게 해라 저렇게 해라'로 받아들여지지만, 미국 사람들에게 법이란 '이렇게 하지 마라 저렇게 하지 마라'로 받아들여진다. 그래서 법에 없는 일이라면 다 해도 되는 자유인 것이다.

거리의 교통표지판에서도 그런 차이를 알 수 있다. 미국의 교차로에 붙어있는 표지판은 대부분 금지규정이고 한국의 교차로에 붙어있는 표지판은 대부분 어떻게 하라는 규정이다.

뉴욕의 어느 공원 입구에 있는 금지규정. 제일 첫 번째로 '어린이가 동반하지 않은 어른 출입금지'가 있고 그 외 규정들이 세세히 적혀 있다. 내용은 모두 '하지 말라'는 것들이다. 미국 사람들은 이런 게 있으면 자세히 읽어본다. 그리고 그대로 한다. 그렇게 해야 하는 것은 여행자도 마찬가지다. 법을 어기는 자는 미국의 존립을 위협하는 위험한 존재이기 때문에 이런 금지규정을 무시하는 사람은 따가운 눈총을 받는다.

그래서 나는 미국이 갑갑하다

여러 차례 미국여행을 다녀왔지만 나는 아직 미국이 갑갑하다. 가는 데마다 지켜야 할 금지규정이 신경 쓰이고 포스가 장난 아닌 경찰 무리는 언제 봐도 두렵다. 아직까지 미국에서 벌금을 내본 적은 없지만 그러느라 신경 쓰며 다녔던 것을 생각하면 미국 여행은 뒷맛이 개운치 않다. 관광지를 다니면서 형식적이든 무엇이든 하루 몇 번씩 가방검사를 당하는 것도 불편하다.

그렇게 불편한 것은 일본도 마찬가지다. 가는 데마다 지켜야 하는 섬세한 규칙과 질서는 알게 모르게 사람을 옥죄고 때론 기분을 잡치게 만들기도 한다. 그래서 예전 이탈리아에서 만났던 일본의 어느 사진가는 "나는 일본이 정말 싫다"며 고개를 절레절레 흔들었는지도 모른다. 인간의 본성이 자연스럽게 살아 숨 쉬는 이탈리아를 그래서 열 번도 넘게 여행하고 있다던 일본의 사진가.

프랑스, 이탈리아, 스페인이나 노르웨이 산골을 여행하며 느꼈던 편안하고 자유로운 여유를 미국에선 느껴보지 못했다. 나만의 기분인지는 모르겠지만, 나의 느낌은 그렇다.

미국 가서 인종차별 당했다는 사람들이 있다. 공식적으로 미국에서 인종차별은 존재하지 않는다. 그리고 상식이 있는 미국사람이라면 피부색 가지고 사람을 차별하는 행동은 하지 않는다. 그런데 불쾌한 경우를 당했다고 하면 그것은 인종 때문에 무시당했다기보다는 그들이 상식이라고 생각하는 규칙이나 질서를 내가 지키지 않은 바람에 불친절한 반응을 받은 것이 아닐까 싶다. 그들은 누구나 안다고 생각하지만 나는 모르는 그들만의 상식.

아무튼 미국은 그런 게 있다. "It's the law". 그런 불편함은 캐나다와도 또 다른 것 같다.

일본인 사진가에게 "일본은 깨끗하고 정돈돼 있어서 좋은데 이탈리아는 너저분하다"고 했더니, "그게 사람을 얼마나 피곤하게 만드는 건지 아느냐"면서 발끈했다. 그리고 "이탈리아의 이런 모습이 자연스러운 것이다. 봐라, 얼마나 인간적이냐"고 했다. 그 말을 듣고 보니 그 사람 말이 맞는 것 같았다.

순서 지키기, 기다리기

미국/캐나다 사람들은 두 사람 이상만 되면 반드시 줄을 선다. 줄을 서도 금에 맞춰 한 줄로 정확히 선다. 결코 새치기를 하는 법이 없지만 어쩌다 징말로 저도 모르게 새치기를 한 격이 되었다고 하면 "앗! 내가 무슨 짓을 한거야!!!" 몹시 당황하고 도망치듯 제 자리를 찾아 간다. 줄서기에는 노인이든 아기엄마든 예외 없다.

그렇게 철저한 사람들이지만 양보를 할 때는 또 잘 해준다. 슈퍼마켓 계산대에서도 물건을 많이 산 사람이 물건을 조금 산 뒷사람에게 양보하는 모습은 흔히 볼 수 있다. 그리고 아무리 급해도 다른 사람의 대화중에는 절대로 끼어들지 않는다. 상점에서 점원들끼리 잡담처럼 들리는 대화를 나누는 중이라도 그들의 대화가 끝나기 전에는 "익스큐즈미" 하고 끼어들면 안 된다. 잡담이든 무엇이든 남의 대화 중간에 끼어드는 것 역시 순서를 지키지 않는 것이다.

식당에서도 "여기요~" 이렇게 부르는 사람은 없다. 손님들이 기다리는 것도 잘하지만, 일하는 사람들도 어떤 손님이 먼저이고 나중인지 정확하게 기억해서 일을 봐주

1 줄을 설 때도 다른 사람의 통행을 방해하지 않도록 통로는 띄워놓는 것이 상식이다.
2 프랑크푸르트 공항의 한국행 비행기 탑승 줄. 통로를 띄워놓은 사람은 아무도 없다. 미국 사람이 여기를 지나가야 한다면 '인종차별적인' 시선으로 째려보면서 '익스큐즈미' 할지도 모르겠다.

므로 부를 필요가 없다. 그냥 점잖게 기다리고 있으면 된다. 종업원을 부를 일이 있을 때는 그 사람을 잠시 바라보기만 해도 바로 알아채고 손만 살짝 들어도 다 알아본다. 그 사람들은 손님들이 놓고 가는 팁으로 먹고 사는 사람들이기 때문이다.

팁 문화

한국 사람들에게 익숙하지 않은 것 중의 하나가 팁 문화다. 미국/캐나다에서는 공공기관이 아닌 개인사업장에서 종업원의 서비스를 받았으면 으레 팁을 주는 것으로 되어있다. 여행자에게 해당되는 것은 식당에서, 택시를 탔을 때, 호텔에서 발레파킹 했을 때와 방을 떠날 때 등이다.

정해진 금액은 없다 하지만 식당에서는 총 계산금액의 15%를 하한선으로 권장하고, 호텔에서는 3불 정도를 주면 충분하다고 한다. 물론 서비스가 마음에 들지 않았다면 주지 않아도 된다. 그러나 종업원들의 기본급은 매우 적으며 팁으로 사는 사람들이라고 하므로 그것을 떼어먹기는 어렵다. 그렇게 팁을 받기 때문에 종업원들도 더 열심히 서비스 한다.

미국 식당에서는 잘 주다가 한국 식당에 가면 팁을 주지 않는 사람들도 있지만 미국 식당 한국 식당이 다른 건 아무것도 없다.

1 2 신용카드로 계산할 때는 종업원이 가져온 계산서에 $5 이렇게 적어서 카드와 함께 주면, 가지고 가서 팁을 더해 계산을 한다. 그렇게 팁을 적어달라는 뜻에서 계산서 가져올 때는 볼펜도 함께 가져온다.

3 팁에 대해 이렇게 안내문을 적어주는 집도 있고 (15~20%)

4 '권장 팁'이 계산서에 찍혀 나오는 집도 있다. 이 집은 뷔페식당이었는데, 처음에 자리안내 받은 것 외에는 서비스 받은 게 없어서 팁은 적지 않았다.

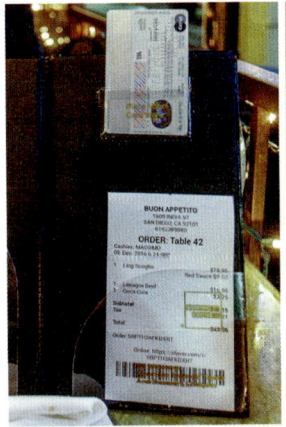

1 2
3 4

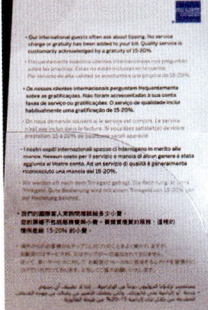  

응급상황 발생

차량 사고발생 시 행동요령

사고가 나면 911에 전화를 걸어 경찰을 부르는 것이 우선이다. 도로 한가운데에서 접촉사고가 났다면 여러 각도에서 사고모습 사진을 찍은 다음 다른 차들의 통행을 위해 안전한 곳으로 차를 옮긴다.

아주 작은 긁힘이라면 국내에서 하듯 본인들끼리 해결할 수도 있지만 외국인 여행자가 외국 나가서 그렇게 하기에는 부담이 된다. 일단 911로 전화를 걸어 경찰을 부르고 경찰이 오면 그 다음은 경찰이 시키는 대로 하면 된다. 그리고 렌트사에 전화를 걸어 사고사실을 알려주어야 한다. 차를 교환해야겠으면 해당 렌트사의 가까운 영업소로 가면 바꿔준다.

고장/연료고갈/타이어펑크 등

간단히 해결할 수 없는 문제가 생겼을 때는 렌트사의 응급센터에 전화를 걸어 도움을 요청할 수 있다. 응급센터 전화번호는 차 받을 때 받은 '임차계약서' 하단에도 적혀있고 임차계약서 케이스에도 있다. ('임차영수증 보는 법' 참고)

전화를 걸어서 현 상황을 말하고 위치를 알려주면 차가 온다. 미국/캐나다는 땅이 워낙 넓으므로 한국처럼 몇 분 안에 도착하기를 기대할 수는 없지만 최대 두 시간 안에는 도착한다고 생각할 수 있다.

차가 운행불능상태의 고장이라면 견인차가 오고, 연료고갈이나 타이어펑크 등의 문제라면 렌트사와 계약된 AAA(American Automobile Association, 미국 자동차협회) 직원이 와서 적절한 도움을 준다.

사막에서 기름이 떨어졌을 때 응급센터에 전화걸면 기름을 가지고 와준다. PERS 옵션을 선택하지 않았으므로 출동비용 $70 정도를 내야 하지만, 이런 일이 자주 있는 것은 아니므로 필요할 때만 비용을 내고 부르는 것이 이익이다.

차량 고장으로 출동할 경우는 무료 서비스가 되지만, 연료고갈, 타이어펑크 등의 문제로 불렀을 때는 출동 비용을 내야 한다. (연료고갈의 경우 연료 2~3갤런 포함한 출동비는 $70 정도)

사고 이외에도 응급출동 서비스를 상시 받기 위해 차를 픽업할 때 PERS (Premium Emergency Roadside Service) 서비스를 옵션 선택할 수 있다. 그러나 이 옵션도 유료이고 확률적으로 볼 때 이런 서비스를 받을 일이 자주 생기는 것은 아니므로 추천하지는 않는다. 만약 문제가 생겼다면 그 때 응급출동 서비스를 요청하고 비용을 지불하면 된다.

차량털이

미국에서도 차량털이 사고가 종종 일어난다. 차 안에 놓여있는 무엇이 보이면 돌멩이로 유리를 깨고 차 안의 물건을 집어 튀는 것이다. 관광지의 야외주차장은 물론이고 대도시 상가의 주차장에서도 이런 일은 일어난다. 가장 좋은 예방책은 차 안에 아무것도 두지 않는 것이다. 밖에서 보아 작은 가방 하나라도 있으면 그것을 노리고 유리창을 깨기 때문이다. 쇼핑백 하나, 휴대용 내비게이션 하나 가져가려고 유리를 깰까 싶지만 미국의 도둑들은 그렇게 한다.

차량털이를 당하면 렌트사 응급센터에 전화를 걸어서 사고사실을 알려야 한다. 보험처리 하려면 '사고발생 즉시 렌트사에 신고'는 의무사항이며 렌트사에서도 그 차의 사고사실을 알아야 다음 배차 스케줄을 짤 수 있기 때문이다. 차는 가까운 영업소로 가서 새 차로 바꿔달라고 하면 바꿔준다. 미국과 캐나다의 렌트비에는 완전면책 자차보험이 들어있으므로 이런 경우 고객이 물어낼 돈은 아무것도 없다.

도난 물품에 대해 보험보상을 받으려면 '폴리스 리포트'가 있어야 하는데, 경찰에겐 연락해봐야 소용없다. 미국에서 차량털이쯤은 소소한 사건으로 치고 911에 전화 걸어도 "근처의 경찰에게 연락은 해주겠지만 언제 갈지는 모른다. 계속 기다리는 것보다는 인터넷으로 신고하는게 좋겠다"는 소리만 한다. 실제 경찰서를 찾아가서 차를 보여주고 이야기해도 "이런 건 인터넷으로 하는 거"라고 할 뿐 사건 접수도 해주지 않는다.

인터넷 신고는 그리 복잡하지 않아서 폰으로도 접속해서 할 수 있다. 신고하면 접수됐다는 메일이 바로 오고 열흘 이상 지나면 'Approved'됐다는 메일에 PDF 파일이 첨부돼서 온다.

Hertz 렌터카의 3자 통역 서비스

허츠 응급센터는 영어가 불편한 외국인을 위해 3자 통역 서비스를 제공한다. 사고나 고장 등 응급상황이 생겼을 때 전화를 걸면 일단 영어로 응답을 한다. 그 때 "코리안 트랜스레이터 플리즈" 또는 "코리안 스피킹 플리즈" 하면 바로 알아듣고 한국인 통역원을 호출해서 3자 통화가 되도록 해준다. 한국말로 한 것을 영어로, 영어로 한 것을 한국말로… 대화를 하려면 시간이 좀 걸리기는 하지만 크게 불편하지 않다. 영어로만 대화하면 잘못 알아들을 수 있는 말도 영어로 한 번 듣고 한국말로 또 한 번 들으므로 더 확실히 알아들을 수 있는 장점도 있다.

허츠 응급센터 : 800-654-5060

1 2 한인타운의 식당 앞 주차장에 차를 두고 밥을 먹고 나오는 사이 이렇게 됐다. 밖에서 가방이 보이도록 두었는데 대도시의 상가 주차장이라고 방심했던 게 원인이다.
3 샌프란시스코 금문교 앞 주차장에도 도둑주의 안내판이 있다.
4 샌프란시스코 '팰리스 오브 파인아츠 씨어터' 입구 무료 주차장에도 'Out of sight' 안내판이 있다.

| 1 | 2 |
| 3 | 4 |

렌트사에 보상 접수는 귀국 후에 하면 되는데, 폴리스 리포트와 도난 당한 물품의 가격을 알 수 있는 '구입 당시 구매 영수증'을 첨부해서 신청한다. 양식은 렌트사 담당자에게 요청하면 보내주고 내용 작성해서 담당자에게 회신하면 된다. 고객이 요청한 금액을 모두 다 보상해주는 것은 아니지만 렌트사의 물품도난 보험(PEC) 보상액은 국내의 여행자보험보다는 훨씬 많다.

경찰서의 온라인 접수 계정은 도시마다 다르므로 현지 경찰에게 물어봐야 알 수 있다.

여행 마무리

여행을 다니면서 주차위반이나 교통위반 범칙금을 받은 것이 있다면, 귀국하기 전 현지에서 반드시 해결하고 와야 한다. 주차위반 범칙금은 대부분 인터넷으로 납부할 수 있다고 안내되어 있지만 해외에서는 접속이 불가능하게 설정된 사이트도 있어 은행 가서 우편환으로 바꾸고 우체국 가서 등기우편물로 보내고 하는 방법이 무척 번거로울 수 있고, 기일을 넘기면 가산금도 붙는다.

교통 범칙금은 더욱 중요한 문제로 이 역시 국내에 돌아와서는 납부하기가 복잡하고 미납상태가 되면 나중에 미국과 캐나다 입국시 문제가 될 수도 있다고 한다.

여행 중 사용한 신용카드를 귀국해서 폐기하는 사람도 있지만 이것은 그리 바람직한 것은 아니다. 렌터카 사용할 때 제시했던 카드로 교통관련 범칙금이 청구될 수도 있고 이 역시 미납상태가 되면 불이익을 당할 수 있기 때문이다.

귀국 후 렌트사에서 소량(30달러 내외)의 금액이 인출됐다는 통지(문자)를 받을 수 있다. 이것은 대부분 여행 중 교통위반 사실에 대한 '사전고지'의 의미로 이해할 수 있다. 교통위반 사실이 적발되면 교통국에서는 차적조회를 통해 렌트사에 고객정보를 요구하게 되고, 렌트사는 이에 응해야 하는데 이 때 차적조회 수수료 명목으로 소액의 비용을 고객카드에서 결제하는 것이다.

본격적인 범칙금은 그 후 우편물 고지서로 날아오게 되는데, 100%는 아니고 경우에 따라서는 오지 않는 경우도 있다. 범칙금 고지서는 최대 6개월 후에 오는 경우도 있다.

국내에서는 접속이 안 되는 사이트도 있으므로, 범칙금은 현지에서 해결하고 오는 것이 좋다.

주차만 지정된 장소에 확실히 하고, 지나치게 과속하는 일만 없다면 여행 다니면서 범칙금을 물 일은 별로 없다.

세상에 한국같은 나라는 없다

유독 한국 사람들은 유럽, 미국 여행을 다녀오면서 소매치기나 차량털이 사고를 많이 당하는 것 같다. 도둑놈들 사이에도 '동아시아에서 온 여행자'들을 노리는 경향이 있겠지만, 한국 여행자들은 어떤 면에서 무척 순진한 사람들인지도 모른다.

그럴 수밖에 없는 것이, 세상에 한국같은 나라는 없기 때문이다. 살면서 소매치기나 차량털이라는 걸 본 적도 들어본 적도 없던 사람들이 그런 게 일상화된 외국을 여행하면서 무얼 어떻게 조심해야 하는지 알기나 할까? 다음 도표는 유엔에서 발표하는 국가별 범죄 통계중에 'Robbery'에 관한 내용이다. 인구 10만 명당 1년 동안 신고되는 'Robbery' 건수. 'Robbery'의 범주에 포함되는 것은 나라별로 차이가 있지만 대략 도둑, 강도, 차량털이… 이런 것들이라고 한다. 이탈리아의 소매치기가 유명하지만 캐나다나 미국은 이탈리아보다 훨씬 많은 범죄가 신고되고 있고 멕시코의 범죄율은 미국의 두 배에 달한다. 한국과 비교한다면 캐나다는 30배, 미국은 50배, 멕시코는 100배다.

미국 캐나다 여행 중 절대로 절대로 해서는 안 되는 행동은 밤에 거리의 ATM 기계에서 돈을 뽑는 일이다. 한국인 여행자들에게 꼭 알려주라고 미국 할아버지가 신신당부했다.

해가 지면 집 밖으로 나가지 않는 게 상식이고 문은 언제나 꼭꼭 잠가야

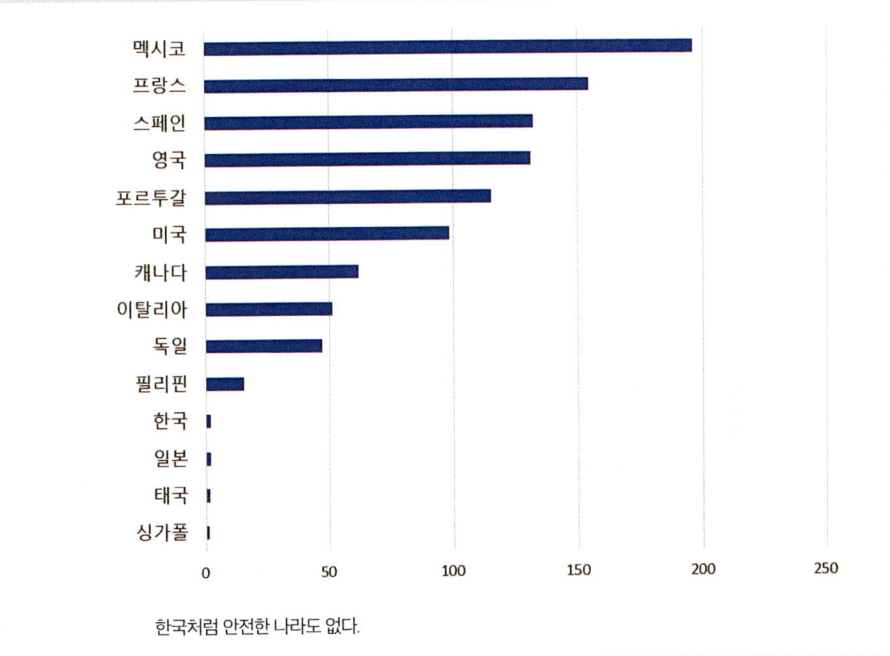

한국처럼 안전한 나라도 없다.

한다. 잠시라도 차를 떠날 때 차 안에는 아무것도 놓아두면 안 되고 야외 주차장보다는 실내 주차장이 안전하다. 불량해 보이는 사람들이 여기저기 눈에 띄는 동네라면 서둘러 그곳을 벗어나야 한다. 백인, 흑인, 멕시칸 같은 건 아무 상관없는 문제다. 불량한 사람은 어느 인종에나 있으니까. 요즘엔 베트남 갱이 제일 무섭다는 말도 있다.

이렇게 잘 알고 있는 나도 로마의 지하철에서 카메라를 도둑맞았고, 미국에서 점심 먹는 사이 차를 털렸다. 여행경험이 많지 않은 일반 여행자들의 경우는 말할 것도 없다. 세상에 한국같은 나라는 없다.